中央高校基本科研业务费资助（项目编号：3142020007）；
教育部人文社科青年项目资助（项目编号：20YJCZH151）；
河北省省级科技计划资助（项目编号：20555401D）

前沿·学术·经典
经管文库·管理类

企业产品创新战略研究
——基于网络位置与关系视角

Research on enterprise product innovation strategy
—from the perspective of network location and relationship

王建平／著

经济管理出版社
ECONOMY & MANAGEMENT PUBLISHING HOUSE

图书在版编目（CIP）数据

企业产品创新战略研究：基于网络位置与关系视角/王建平著．—北京：经济管理出版社，2021.5

ISBN 978 - 7 - 5096 - 7975 - 3

Ⅰ．①企…　Ⅱ．①王…　Ⅲ．①企业管理—产品管理—研究　Ⅳ．①F273.2

中国版本图书馆 CIP 数据核字(2021)第 082687 号

组稿编辑：赵天宇
责任编辑：赵天宇
责任印制：黄章平
责任校对：陈　颖

出版发行：经济管理出版社
（北京市海淀区北蜂窝 8 号中雅大厦 A 座 11 层　100038）
网　　址：www. E - mp. com. cn
电　　话：(010) 51915602
印　　刷：唐山昊达印刷有限公司
经　　销：新华书店
开　　本：720mm × 1000mm/16
印　　张：15.5
字　　数：270 千字
版　　次：2021 年 8 月第 1 版　　2021 年 8 月第 1 次印刷
书　　号：ISBN 978 - 7 - 5096 - 7975 - 3
定　　价：98.00 元

前　言

伴随全球经济一体化和互联网信息技术的迅猛发展，信息、知识的生产、传播和共享更加便捷，全球消费者的需求也随之更加个性化和多样化，消费形式也更加复杂多变。面对新经济、新技术，以及消费需求的转型升级所带来的挑战和变化，中国制造类企业如何借助外部资源推动产品创新，进而在全球市场构建核心竞争力、促进绩效提升，成为中国制造企业在全球范围内继续扩张和保持持续竞争优势的关键问题和“瓶颈”环节。然而，对于大多数中国制造企业而言，由于基础研发能力不强、内部创新资源有限，单纯依靠内部研发资源很难在短期内取得重要的技术突破和高水平创新。因此，在全球范围积极利用价值网络资源进行产品创新，可以为中国制造企业选择和实施正确的产品创新战略，进而促进企业绩效持续增长提供必要的外生性资源保障。从理论角度来看，将企业的价值网络属性特征看作一种资源，从资源理论出发，研究价值网络特征属性对企业产品创新战略的选择及其绩效提升的影响机制，对推动价值网络理论与战略理论的交叉融合，以及网络理论在企业战略创新过程中的应用具有重要价值。因此，从资源与网络视角研究企业在价值网络中的位置与关系如何影响企业的产品创新战略选择及其绩效提升，具有重要的理论价值和实践意义。

鉴于上述背景和问题，本书从网络和资源视角，以资源基础和资源依赖理论、价值网络理论、开放创新理论等为理论基础，遵循“资源—战略—绩效”的经典研究框架，构建理论研究模型，并通过实地访谈、问卷调研等方法获得279 份中国制造企业的样本数据，通过 SPSS21.0 和 AMOS19.0 等统计软件对调研数据进行多元线性回归分析和实证研究。

本书主要从以下方面进行分析和论证：①从资源和网络的双元视角，研究了企业的网络位置和网络关系特征对企业产品创新战略选择和实施的影响；②从产品创新的角度，研究了企业的网络位置和网络关系特征影响企业绩效的内在机理；③研究了网络封闭性结构特征对于网络位置和网络关系特征与企业产品创新战略之间关系的作用机制。简言之，本书通过理论推导和实证分析主要对价值网络位置和关系特征、产品创新战略以及企业绩效之间的关系及其内在的作用机理进行了实证研究。对于企业处于不同网络位置和网络关系条件下，如何对技术推动型、市场拉动型以及设计驱动型产品创新进行选择、配置和平衡进行了实证分析，对于三种产品创新战略对企业绩效的影响以及网络封闭性的作用机制进行了实证研究，从而对以往研究做出了有益补充和完善。

在实证分析的基础上，本书主要得到以下研究结论：第一，企业在价值网络中的位置和关系特征对企业的产品创新战略以及企业绩效均具有显著的积极影响；第二，技术推动型、市场拉动型以及设计驱动型三种产品创新战略在网络位置和网络关系影响企业绩效过程中分别起到中介作用，成为网络位置和网络关系影响企业绩效的中间机制；第三，网络封闭性对网络关系和网络位置与产品创新战略之间的关系具有不同程度的影响和调节效应。

本书的理论贡献主要在于：第一，从网络和资源的双元视角，探讨了网络位置和网络关系对企业产品创新战略选择的影响及其内在差异。促进了价值网络理论与企业创新战略理论之间的交叉融合；第二，从产品创新角度，揭示了价值网络位置和关系特征属性影响企业绩效提升的内在机理，进一步深化了价值网络理论在企业战略实施中的应用，丰富了战略管理理论的知识体系；第三，将设计驱动型创新作为第三种创新模式纳入企业产品创新战略，并从技术、市场、设计三个维度将产品创新战略划分为技术推动型、市场拉动型和设计驱动型产品创新战略，进一步深化了企业创新理论，为企业产品创新问题的研究提供了有益的补充，丰富了现有研究和理论知识体系。

目 录

第一章 绪论

本书从互联网信息化背景下中国制造企业产品创新战略的选择和实施的现实背景出发，将价值网络理论与企业产品创新战略相关理论相结合，着重研究价值网络特征属性中的网络位置和网络关系对企业产品创新战略选择及其绩效的影响机制问题，力图继续深化价值网络理论与创新战略理论的交叉融合，不断丰富其理论内涵并拓宽理论研究边界，进一步推动价值网络理论与企业战略理论的互动与结合。本章是研究的开篇部分，将重点介绍三方面内容：

首先，对本书的研究背景进行了阐述和介绍，主要包括现实背景和理论背景；其次，在研究背景的基础上，提出本书的主要研究问题，并对本书的研究意义进行阐述；最后，简要介绍本书的主要研究内容，重点阐述本书的主要创新点，并简要介绍本书的研究方法和技术路线，以展示研究的整体框架和思路。

第一节 研究背景

本部分内容主要从商业实践的现实需要与发展趋势、理论研究现状及不足等方面，分现实与理论两个层面介绍本书的研究背景，为后续研究问题的提出奠定理论和现实基础。

现实背景主要包括三部分，即全球制造业的发展现状和未来趋势，对未来全球经济持续发展的重要推动作用；中国制造业的发展现状、极端重要性及其未来发展瓶颈；产品创新在中国制造业发展中的重要性及其智能制造时代企业获取持续竞争优势中的关键作用和地位。

理论背景也主要包括三部分，即由于产品创新问题对于企业获取竞争优势和未来战略发展的重要性，国内外均将其作为研究热点和重点展开研究；价值网络成为企业产品创新的重要创新资源和要素来源，但当前价值网络特征属性与产品创新战略间的逻辑连接和理论框架仍需进一步构建和完善；对于三种产品创新战略仍需进行系统整合与进一步探讨，尤其对设计驱动型产品创新战略国内研究十分匮乏，仍需要进一步深入研究。

一、现实背景

互联网信息技术以及全球经济一体化加剧了商业环境的动态性和复杂性，消费者的需求逐步向个性化、多样性和快速多变特征演进，消费需求和趋势更加难以准确把握，进而导致产品生命周期不断缩短、企业间竞争持续加剧。在此背景下，企业产品的重要性更加凸显，企业资源配置和竞争的重点开始由市场探索和扩张转变为产品创新。但企业产品创新离不开资源、知识的获取、整合与配置，通过价值网络获取、整合企业产品创新所需的外生性资源以弥补内部研发和资源的不足成为企业维持持续创新和竞争优势的重要途径和来源。同时，从中国经济的整体布局和产业特征来看，在当前中国经济进入深化改革和结构转型的特定阶段，中国制造企业在推动经济结构转型升级和经济发展中的作用举足轻重，而产品创新问题是制约中国制造企业获得并维持长期竞争优势的瓶颈与关键。因此，在新的信息工业化时代，借助价值网络资源进行产品创新是中国制造类企业不断突破现有发展瓶颈、构建企业全球核心竞争优势并促进企业绩效持续提升的重要战略举措，也是通过助力企业发展全面推动中国经济深化改革、转型升级和持续健康发展的重要抓手和关键战略。

（一）全球经济回暖，世界各国更加重视实体经济尤其是制造业发展，纷纷采取措施提升本国制造业竞争力，抢占国际市场

世界银行 2017 年度全球发展报告显示，2017 年全球经济增速为 3.5%，较 2016 年有所提高。发达国家增长 2%，其中美国经济增速为 2.3%，发展中国家与新兴市场增速 4.5%，比 2016 年高 0.4%。其中，中国与印度仍然是全球经济体中增长最快的国家，分别达到 6.6% 和 7.2%，巴西与俄罗斯的经济增长预计也将重新走上增长轨道，增速预计分别为 0.2% 和 1.4%。世界银行预测 2018 年

全球经济将继续保持增长，预计全年增速达 3.6%[①]。

2017 年全球经济回暖有赖于实体经济的复苏与发展，特别是各国高度重视本国制造业发展，并纷纷制定国家产业政策支持制造业发展，提升国际竞争力。美国提出先进制造业国家战略计划、国家制造业创新网络计划等重要举措，德国大力推动工业 4.0 战略，英国也提出工业战略的十大支柱行业，日本提出实体经济新增长战略，多个新兴经济体均根据本国情况提出各自的制造业发展战略。伴随各国对制造业的大力支持和战略措施的实施，加之新兴产业随之崛起，近年全球制造业发展提速，成为世界经济未来发展的主要动力。2016 年主要经济体制造业均出现稳步回升的态势，代表制造业发展态势的全球制造业采购经理指数（PMI）保持稳步增长。截至 2017 年 3 月，中国的 PMI 达到 51.8，连续 8 个月在枯荣线之上；美国的 PMI 达到 57.2，连续 7 个月在枯荣线之上；印度的 PMI 为 52.5，创 5 个月来的新高；欧元区尽管受到英国"脱欧"的影响，但欧元区 PMI 依然达到 56.8，创 72 个月以来新高（见图 1－1）。摩根大通预计全球制造业 2017 年的平均产出可达到 2.5%，全球制造业活跃，将进一步推动世界经济未来持续增长[②]。

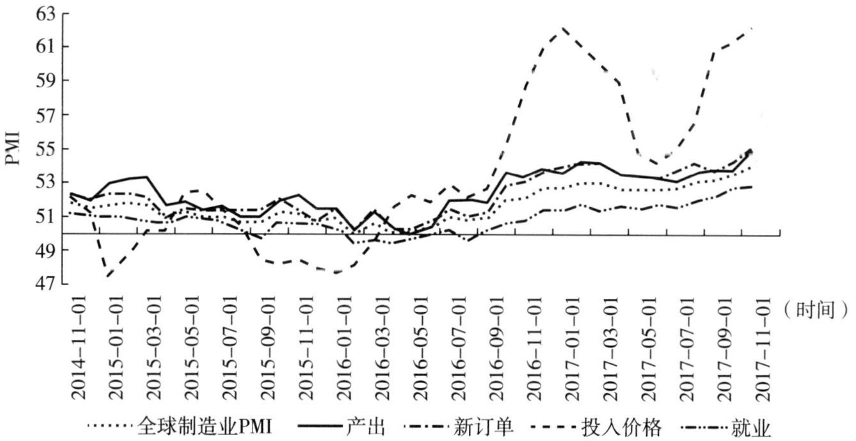

图 1－1　全球制造业 PMI 指数及分项指标

资料来源：Wind 中信期货研究部。

① 资料来源于世界银行 2017 年度全球发展报告。

② 资料来源于国家商务部发布的《中国对外贸易形式报告》。

从各国制造业的投入产出情况看，原材料投入价格和产品产出价格均在加速增长，超过长期均值水平，价格上涨将带动通胀。新增订单持续增长，叠加全球贸易量上升，导致全球制造业生产正在以 2011 年 2 月以来最快的速度扩张。强劲需求促进了就业的稳健增长，新增岗位扩张速度达到 2011～2017 年以来的新高。从各国制造业的情况来看，几乎所有国家都维持扩张态势，平均来看，发达国家增长态势高于新兴市场。发达国家中，制造业订单数量持续增长，欧元区表现依旧强势，日本连续 44 个月增长、英国创 51 个月以来新高、澳大利亚达到 8 个月以来新高、加拿大近 2 个月加速增长、美国增速小幅放缓但维持稳健。新兴市场中，中国制造业增速落至 5 个月以来低位，但是印度、俄罗斯、巴西情况改善。从全球范围看，各国高度重视制造业对实体经济的推动作用，纷纷通过刺激措施鼓励制造业发展并稳定就业。由此可见，制造业在国家经济发展、劳动力稳定就业和社会安定中的作用举足轻重。

（二）中国制造业持续快速发展，但与世界先进水平相比，仍然存在大而不强、创新能力不足以及产业结构不合理等问题，转型升级和跨越发展的任务紧迫而艰巨

国务院颁布的《中国制造 2025》中明确指出：制造业是国民经济的主体，是立国之本、兴国之器、强国之基。世界各国的发展史表明，没有制造业的强大就不可能有国家经济的持续发展。因此，打造具有国际竞争力的制造业，是不断增强国家经济实力和提升综合国力的必然要求。① 经过几十年的发展，我国制造业取得了长足进步，并且发展迅速，在某些领域尤其在基本消费品方面产能巨大，比如家电、棉纺、制鞋、化纤、服装等行业中国制造的产能大约占全球市场份额的 50%。中国是全球制造业出口第一大国，2015 年，中国制造业出口占全球制造业出口比重达 20.2%，进而巩固了全球制造业第一大国的地位。从具体子行业和产品上看，根据中华人民共和国工业和信息化部统计，2016 年中国海洋工程装备接单量占海外市场份额的 29.5%，保险柜及安全设备出口占全球出口比重达 41.7%，而计算机通信电子设备等出口交货值占全部销售总产值的 50% 以上；从区域上看，中国制造业绝大部分产品遍布全球，即便在美国市场，来自中国制造的玩具、自动数据处理设备、通信设备等占其全部进口产品的比例也在

① 转引自国务院发布的《中国制造 2025》报告。

60%以上[①]；“中国制造”已经成功走出国门，遍布全球。但2015年以来随着工业4.0为代表的新工业革命的到来，中国制造类企业面临巨大挑战，集中表现为“大而不强”和创新能力不足。因此，如何提升中国制造类企业的持续创新能力，进而推动中国制造由“制造大国”向“制造强国”转变是中国制造业未来发展的基本方向。

在互联网信息技术飞速发展的背景下，全球产业形态日益复杂，竞争格局发生重大变化，中国制造业在新一轮的全球化竞争和经济增长中面临巨大的发展瓶颈和挑战。特别是在全球金融危机后，欧美、日本等发达国家和地区充分重视制造业在经济发展中的战略地位，纷纷实施“再工业化”战略，重塑制造业全球竞争新优势，进一步推动了制造业在全球范围内的竞争强度和资源争夺。此外，以东南亚国家为代表的发展中国家近年来不断加快制造业战略布局和发展。他们利用劳动力成本较低的相对优势，积极地参与到全球产业分工体系中，承接中国的产业形态和资本转移，进而在全球市场占有一席之地。比如，越南在劳动密集型制造业方面优势突出，正在不断承接中国制造业升级过程中的原有产业基础。因此，中国制造业当前面临其他发展中国家和发达国家“双向挤压”的严峻挑战，未来必须着眼全局、统筹规划，不断强化企业的创新能力，才能在未来全球竞争中立于不败之地。随着信息化与互联网的发展，全球制造业竞争日益加剧。世界各国均在加人科技创新与产品开发力度，三维（3D）打印、新能源、新材料、物联网、移动互联网、大数据、生物工程等领域方兴未艾，正在推动全球制造业深度变革。此外，可穿戴智能产品、无人驾驶汽车、智能家电等智能终端产品也在不断拓展制造业新领域。面对新科技革命带来的机遇与挑战，中国制造业仍然存在“大而不强”、创新能力不足、产业结构不合理等严峻问题，抓住本次新一轮技术革命的浪潮，积极参与技术变革和产品创新，成为中国制造业转型升级、创新发展面临的重大机遇。

面对全球制造业大变革的格局，各国均出台相应鼓励制造业发展的“在工业化”政策，美国的“智能制造和先进制造计划”、德国的“工业4.0计划”、日本的“新增长”制造计划等纷纷出炉。而中国作为制造业大国，围绕实现制造强国的战略目标积极质制定并实施了《中国制造2025》的长期战略规划，该规划明确提出必须强化工业基础能力，推动中国制造业国际化水平和产品创新能

① 根据中国工业与信息化部网站相关资料整理。

力，规模以上制造业研发经费内部支出占主营业务收入比重由 2015 年的 0.95% 提高到 2025 年的 1.68%①。由此可以看出，提升制造业的创新能力是未来中国制造业发展的首要任务和关键环节，因此，大力实施创新战略、不断提升中国制造企业的创新能力是未来中国制造企业的战略重心和发展重点。

（三）新一轮的消费升级推动制造企业升级，产品创新成为企业进行市场扩张以及获取新的竞争优势的重要手段，产品创新不足成为制约中国制造企业在全球范围内打造核心竞争力的瓶颈和关键

全球消费者正在趋向需求多样化与个性化，消费者对于产品品质与创新性得以要求日益增加。新一轮的消费升级也推动了中国制造业的生产者升级，企业需要更加注重生产个性化产品，创造独特的产品系列，从而来满足消费者的选择和需求。根据中国国际金融股份有限公司研究咨询部的研究，2015 年以来的消费升级和以往的消费推动力有很大不同，上一轮是大众市场普通商品的普及，与收入增长和城市化密切相关；本轮则是商品与服务的品质升级，与财富积累、人口结构的变化紧密相关。消费者需求的升级和消费文化的多元性要求制造类企业充分关注产品创新，产品创新作为企业获取核心竞争优势的来源更加突出。

在新的消费形势和消费升级背景下，针对当前中国制造企业产品创新能力不足的问题，中华人民共和国国务院印发的《中国制造 2025》长期规划中明确提出，要形成并完善以企业为主体、市场为导向、政产学研用相结合的制造业创新体系，其本质就是一张创新的价值网络。从宏观层面看，围绕核心产业链进行资源配置和技术研发，不断提高企业的创新能力和综合实力，尤其需要加强企业的产品创新能力，因为产品是连接企业与市场的纽带和载体，同时还要注重发挥科研院所和社会创新机构的优势，积极开展政产学研用协同创新，形成开放式、协同创新的价值网络体系，借助整体网络和外部资源提升企业的产品创新能力。从微观层面看，企业要提升自身的创新与设计能力。传统制造企业应该积极吸收全球制造企业的先进技术和经验，加大对全球先进技术的研发投入，在国内外积极寻找研发和创新的合作者，形成优势互补。换言之，作为企业个体要积极构建创新价值网络，利用网络资源获取创新资源和提升创新能力，不断促进企业的产品创新多元化、个性化发展。

伴随互联网技术的并不断深入和发展，“互联网 + 先进制造业”推动制造业

① 转引自国务院发布的《中国制造 2025》。

向智能化方向发展成为现实。互联网时代的制造企业应该顺应消费时尚，不断进行企业和产品升级以满足消费者对商品多样化与个性化的要求。消费升级推动生产者升级，生产者必须生产优质产品和个性化产品才能足够吸引消费者，这里面可以包括产品功能创新，产品外观创新甚至是产品包装的创新等。

（1）产品功能创新。产品功能创新涉及技术进步、产品设计等多个领域，产品功能始终是产品创新的核心与关键，因此，运用先进技术或者先进的设计理念对产品功能进行创新是企业产品创新战略的重要组成部分。以手机的发展为例，从1983年世界上第一台移动电话问世，到2000年全球首款搭载内置11万像素CCD摄像头的手机诞生，到2007年的iPhone，再到最新的苹果、三星、华为竞争的日趋白热化，手机需求智能化的升级必然带来生产者技术的革命。舜宇光学就是这样一家跟随手机摄像头技术不断更新而发展起来的公司，该公司在光学非球面技术、AF/ZOOM和多层镀膜等多项核心技术的研究和应用上处于领先水平，2007年下半年上市，股价大幅上涨，顺应消费者需求的市场与不断的技术进步是其成功的关键①。

（2）产品外观创新。随着消费需求的多样化与个性化发展，消费者对于产品外观的重视程度日益提升，产品外观创新是产品创新的重要方面。以空调外观艺术化为例，2012年格力首先在市场上推出超薄挂机，圆柱形的柜机，引领艺术空调的普及；海尔天樽空调采用了"风洞"式外观设计；美的儿童空调具有粉色和蓝色的卡通外观，艺术化空调目前占柜机零售量约40%；消费者的选择让生产者不断更新进步。

（3）产品包装创新。伴随消费升级、终端品牌商需求多元化等因素，精品、智能、绿色等创意性包装越来越受到消费者的喜爱。比如，裕同科技公司就是定位于中高端品牌包装整体方案提供商，是受益于中国消费电子产业的发展而快速崛起的精品包装龙头企业，产品模式创新、效率提升与行业整合将为裕同科技共同打造广阔的成长空间②。由此，从宏观层面看，创新对中国未来经济发展起到举足轻重的作用，根据麦肯锡全球研究院的研究表明，未来十年创新对中国经济持续增长的贡献率将在40%以上。

综上所述，中国制造企业正处于全球消费升级和制造业创新变革的关键机遇

---

① 2017年麦肯锡全球研究院发布的《中国创新报告》。

② 根据毕马威咨询公司《2017年全球制造业调查》和中金公司《2017中国制造业消费升级与产品创新咨询报告》整理。

期。在全球消费者需求越来越多样化与个性化的时代，产品创新成为制造企业不断获取竞争优势和持续满足消费者需求的必要手段，也是提升企业绩效的根本方法。因此，无论从技术、市场还是从设计角度看，制造企业面向区域或全球市场制定和实施适合自身未来发展需要的产品创新战略是制造企业适应外部环境和未来全球化发展的必要举措和关键战略。由此，从制造企业发展的现实背景来看，深入研究在全球消费升级和市场需求多变的信息化、网络化环境下制造企业的产品创新问题具有重要的现实意义，对于指导中国制造企业选择和实施正确的产品创新战略并不断增强核心竞争力、持续提升企业绩效具有重要的现实价值。

二、理论背景

产品是连接企业与消费者的纽带和载体，企业的产品创新水平直接体现了企业的综合实力和竞争优势。近年来，无论是实践界还是理论界对于产品创新的关注日益增多，产品创新成为营销学界近十年的研究热点和难点。综观以往的研究，中外学者基本从影响产品创新的因素、产品创新战略对绩效的影响等方面展开研究。从影响产品创新的因素角度看，基本从外部影响因素和内部影响因素两方面展开讨论。Lyytinen 等（2016）从网络的视角着重分析了影响企业产品创新的外部网络因素，研究将影响企业产品数字化创新的外部网络资源分为四个方面，并分别从这四个方面研究了影响产品创新的外部网络因素并认为外部网络特征是影响产品创新的重要因素。

（1）从网络视角看，价值网络特征是影响企业产品创新的重要影响因素，外部网络的关系与结构特征均与企业产品创新存在密切关联（Roger et al.，2016）。

（2）从内部影响因素来看，组织自身的资源、能力，以及来自组织内部研发的意愿和动机等均会影响企业的产品创新及其创新战略的实施（Peppard and Rylander，2006；Roger et al.，2016；张超，2012）。

（3）从研究现状看，现有研究仍然存在以下不足和问题需要继续探讨和补充：首先，对于企业所处价值网络的特征属性对于产品创新的内在影响和深层原因缺乏具体深入的研究，尤其对于网络特征中最为关键的网络位置和网络关系资源如何影响产品创新战略及其绩效提升缺乏深入探讨；其次，对于价值网络位置和关系特征影响企业绩效提升的内在机理问题，缺乏从产品创新视角的深入研究；再次，从整体网络结构看，对于处于不同网络封闭程度下价值网络位置和关系特征与企业产品创新战略间的关系存在何种差异和变化趋势，当前研究仍然没有涉及或作出深入探索；最后，现有的研究缺乏在互联网信息技术和新工业时代背景下专门针对中国制造业的网络特征和产品创新问题展开研究。鉴于此，本书将价值网络理论与企业战略创新理论相结合，既将价值网络特征属性看作是一种外生性资源，又兼顾其网络视角，从资源与网络的双元视角研究价值网络的位置和关系资源对企业产品创新战略的影响。

（4）从产品创新的视角，研究价值网络位置和关系资源影响企业绩效提升的内在机理问题，并分别对三种产品创新战略进行详细的对比分析，以期对中国制造企业的产品创新问题开展更加深入详细的拓展与探索研究。

（一）产品创新成为近年理论研究的热点和重点，但仍然缺乏网络与资源双元视角的相关研究

产品创新是企业在智能制造时代获取竞争优势的重要手段和必然选择，也是企业应对未来竞争挑战和推动绩效持续提升的关键战略举措，近年来逐步成为理论界的研究热点和焦点。尽管如此，在开放创新的背景下，借助价值网络理论，从网络和资源的双元视角进行深入挖掘和探索的相关研究仍然匮乏。

产品创新是企业创新行为的集中体现和企业创新战略的重要组成部分（Azadegan，2011）。伴随竞争全球化和同质化的日益加剧，如何通过产品创新不断满足全球消费者日益多样化和个性化的市场需求以获得持续的竞争优势成为企业面临的巨大挑战。在此背景下，理论界对产品创新问题日益重视，产品创新也成为近年来理论研究的重点和热点问题。学者们从不同角度展开研究，李晓翔和霍国庆（2015）从资源与知识获取的视角研究了组织冗余对于企业产品创新的作用机理问题。研究表明，知识搜寻在组织冗余影响产品创新的过程中发挥中介效应，适度的组织资源的冗余有利于企业进行产品创新。Ozer 和 Zhang（2015）则从网络视角出发，着重研究了地理因素和网络连接对于渐进式和突破式产品创新的影响和其内在差异。研究表明，焦点企业与其供应商和销售商间的网络连接削弱了企业集群与探索性产品创新之间的关系，同时强化了企业集群与开发性产品创新间的关系。杜威剑和李梦洁（2016）则研究了环境规制对企业创新的非线性影响，研究结论表明，企业的环境规制对企业产品创新具有显著影响，这种影响并非线性关系，而是非线性的倒“U”型曲线。Mu 和 Di Benedetto（2012）则从能力和网络视角出发，认为企业新产品的开发与企业的网络能力密切相关，企业的网络构建和网络关系维护能力是企业进行产品创新和获取外部资源的重要的动态

能力，对企业的产品创新具有重要的显著正向影响。综合以往的研究来看，主要从资源、能力和网络视角对产品创新进行研究（Ahuja，2000；Andrew，2001）。学者普遍认为产品创新是企业获取竞争优势的重要选择和手段，产品创新战略的选择和实施是企业持续不断提升企业绩效和保持竞争优势的战略性举措（Michael et al.，2016；Yoo and Frankwick，2012）。由此可见，尽管部分研究涉及价值网络与产品创新之间的内在联系，但是仅从单一视角切入，并没有将价值网络特征从资源和网络的双元视角展开分析。而价值网络既是企业获取竞争优势的外生性资源，也是一种网络平台，因此，它具有资源与网络的双元属性（Anastasios and Karamanos，2016）。从网络与资源的双元视角对产品创新展开研究，有利于构建价值网络特征属性与产品创新之间的理论连接和逻辑关联。

总之，尽管近几年对于产品创新的研究逐渐成为学界研究热点和重点。但以往研究仍然存在一些不足有待补充和探讨。首先，以往研究大多从资源内生性的视角展开研究，大多认为产品创新主要依靠企业内部资源和自身能力的开发，而从资源外生性角度展开研究的较少（Allee，2008）。资源内生性的视角实际上是将企业的产品创新过程看作一种近乎封闭式的创新过程，这种创新模式主要适用于传统工业时代的企业创新行为（Slywotzky，1998），对于互联网信息技术普及的智能制造时代则不再适用，互联网商业环境下更应该关注企业外生性资源的开发和利用，以开放式创新促进企业产品创新的快速更迭。因此，从网络视角研究产品创新战略仍具有进一步探讨和发掘的理论价值和意义。其次，以往研究没有将价值网络的构建和网络特征作为一种资源与产品创新过程进行理论连接和逻辑构建。最后，以往研究对于产品创新的模式或战略类型缺少系统、全面的分类和总结。鉴于此，本书将通过理论综述和分析以及实证研究弥补以上不足。

（二）价值网络资源与企业产品创新之间的理论逻辑和内在关系仍需探索和深化

开放式创新驱动企业产品创新必须充分利用外部资源要素，因此价值网络成为企业获取产品创新要素与外生性资源的重要平台和来源。而价值网络特征属性则对企业创新过程中获取外生性资源具有重要影响。然而，作为价值网络最为重要的位置和关系特征，网络位置和网络关系特征与企业产品创新战略之间的理论逻辑和深层关系尚未充分构建和厘清，因此有必要对两者之间的理论逻辑和内在关系进行系统的梳理和论证。

正如前文所述，尽管以往也有从网络视角对产品创新展开的研究，但该研究并未将价值网络的特征属性看作一种创新资源和资源获取平台与企业的产品创新过程进行有效的连接和逻辑构建。王玮等（2016）从网络视角研究了企业的产品创新与网络适配度对于企业产品创新绩效的影响，着重研究了供应商网络的封闭性和开放性与开发式和利用式产品创新的交互对于企业产品创新绩效的影响（Capaldo，2007）。任胜钢等（2011）则重点研究了企业的网络嵌入结构对于企业创新行为的影响，研究表明，网络位置、网络密度等价值网络特征对于企业创新行为具有重要影响，处于网络中心位置的企业可以获得更多的创新资源，拥有更强的创新能力，因此，网络位置越靠近网络中心、网络开放度越高则越有利于促进企业的创新行为的产生。Azadegan（2011）从供应商的演化和吸收能力的视角展开研究，认为产品创新是企业获得竞争优势的重要手段，但产品创新不是企业进行封闭式开发的结果，产品创新需要综合考虑供应商和企业自身的吸收能力。换言之，企业的产品创新成功与否要求企业必须将自身能力与企业的外部网络关系相结合，整合企业内外部资源展开创新才能不断提高产品创新成功的概率。Thomaz 和 Swaminathan（2015）从营销联盟中的风险和网络特征出发，研究了在价值网络中企业间的营销联盟如何影响公司的创新风险程度，同时研究了网络特征中的网络密度对于二者关系的调节效应。Fang 等（2016）从网络视角出发研究了多元营销联盟结构对于联盟绩效的影响，着重强调了企业联盟网络的结构方面——中心性、网络密度或结构洞等网络特征对于多个合作伙伴之间的相互作用和创新行为的影响。该研究揭示了多元结构中多个合作伙伴之间独特的相互作用，即网络结构中企业之间的垂直和水平关系因素之间的相互作用（Ahuja，2000；Owen－Smith and Powell，2004）。认为价值网络特征不仅表现了网络本身的属性，同时对于焦点企业而言也是一种重要的合作资源和创新资源，最终对于企业绩效的整体联盟绩效具有重要的影响。

综上所述，尽管以往研究在对产品创新进行研究时涉及价值网络，也有学者从网络视角对产品创新进行研究并涉及价值网络特征与产品创新的关系，但对于价值网络的位置与关系资源与不同产品创新战略间的内在关系仍然没有提供清晰的解释。从资源外生性角度看，当前企业的产品创新过程是一种开放式的创新，需要借助价值网络提供的外生性资源和能力完成创新过程（Baker and Sinkula，1999；Cusumano，2010）。因此，价值网络是企业获取产品创新要素与外生性资源的重要平台和来源之一。此外，从现有研究来看，价值网络的位置和关系特征与企业产品创新间的理论关系和逻辑仍然没有清晰的构建和深入的发掘。对于企业价值网络中的位置和网络关系是如何影响企业的产品创新行为的？二者之间具有怎样的逻辑和数量关系？价值网络位置和关系特征对于三种产品创新战略存在怎样的影响，其存在哪些内在机制和内部差异？对于以上问题，现有研究仍然没有给出合理的解释和清晰的界定。鉴于此，通过研究价值网络特征属性与产品创新战略间的关系，进一步揭示两者之间的理论逻辑及深层原因，并在此基础上研究两者对于企业绩效的持续提升的影响，具有重要的理论价值和研究意义。

（三）设计驱动型创新成为近年国外理论研究的重点和热点，但国内相关研究极为匮乏

社会文化的演化发展和消费者情感的复杂性及多样性致使设计驱动型产品创新成为一种新型的创新模式。Vergant（2008）认为，设计驱动型创新是继技术推动型创新和市场拉动型创新之后的第三种创新模式。但将三种创新模式纳入同一战略体系进行深度整合与深入分析的研究仍然极少，设计驱动型产品创新相关研究在国内极为匮乏。

以往研究中，对于技术推动型创新和市场拉动型创新的研究较多，但对于设计驱动型创新的研究较为匮乏。尤其国内近几年对于设计驱动型创新的研究刚刚起步，仍然缺乏深入具体的相关研究。但伴随商业实践和国外理论研究的不断深入，设计驱动型创新的重要性逐渐被发现。国外著名创新学者 Vergant（2008）主张将设计驱动型创新作为继技术推动型创新和市场拉动型创新之后的第三种创新模式。换言之，设计驱动型创新是与技术推动型和市场拉动型创新相并列的一种创新模式。但现有研究仍然没有将三种创新模式同时纳入同一战略框架进行整合与深入研究。根据 Vergant（2008）、Paik（2014）等的研究，本书将企业的产品创新战略划分为技术推动型产品创新、市场拉动型产品创新和设计驱动型产品创新，将三种产品创新模式纳入同一产品创新战略，并着重研究价值网络的位置和关系资源对于三种产品创新战略的影响和内在差异。

以往研究大多将产品创新作为结果变量或者前置因素，将其作为中介变量的研究并不多见，但近年来却有逐年增加的趋势。国内外对于技术推动型和市场拉动型产品创新的研究较多，比如，Yalcinkaya 等（2007）研究了企业对于技术的探索和开发能力对于企业产品创新和市场绩效的影响，研究表明企业对于技术的探索性能力更加有利于企业进行产品创新而未必会产生良好的市场绩效，但企业的开发性能力往往更加有利于企业市场绩效的提升。Turner 等（2010）则从市场拉动与竞争互补的角度研究了面对竞争者的竞争与能力互补，市场集中如何塑造

企业的产品创新战略。对于竞争者的角色定位关系的企业的产品领域，在同质化的领域企业与竞争对手是一种对抗关系，但在有些领域也可以基于能力资源的互补展开合作，这主要视市场的集中程度和市场拉动需求的情况而定。Abril 等（2015）将产品创新作为前置因素研究了产品创新、促销和价格对消费者转向自有品牌的影响。从上述文献分析可见，以往将技术推动型和市场拉动型产品创新作为结果变量的研究较多，少量研究将其作为前置因素，但将其作为中介变量进行研究则较为匮乏，鉴于此，本书将三种产品创新战略作为中介变量展开研究，以弥补现有研究的不足。

对于设计驱动型产品创新，近年逐渐引起国外学者的关注与重视，但国内相关研究匮乏，这为国内对于设计驱动式创新的研究提供了契机。从以往的研究看，Farhana 和 Bimenyimana（2015）通过对汽车工业进行研究发现，尽管在汽车工业中技术被认为是创新和发展的源泉，但消费者感知的新变化使工业界开始关注设计的作用。这一产业的发展与技术和设计的融合密切相关。在这样的背景下，设计驱动的创新战略在汽车工业中的应用潜力逐步被发掘，并通过平衡客户的需求、技术机会和产品意义来创造持续的竞争优势（Griffith and Rubera，2014）。该研究通过对汽车行业的研究发现：产品设计创新影响消费者对产品的感知，进而会影响消费者的购买行为；从企业战略视角看，设计驱动式创新战略对企业的产品开发和创新具有重要影响，进而会影响企业的市场绩效和创新绩效。Liedtka（2015）的研究也表明，“设计思维”对企业的创新产出具有重要影响，目前在实践领域，营销人员和产品设计人员已经开始持续关注设计思维在产品创新和企业成长中的重要地位和推动作用。设计思维在实践中可以通过减少设计决策者和营销人员的认知偏差以增加企业的创新产出。但是，在理论研究方面，对设计思维与企业创新产出间关系的研究仍然十分匮乏，未来研究重点应该逐步构建设计思维促进企业创新产出的逻辑路径，厘清两者的逻辑关系和内在机理。研究发现通过在需求发现阶段不断提升设计决策者的想象力可以减少消费者移情和关注焦点偏移等消费行为，从而进一步促进企业市场绩效的提升（Danneels and Kleinschmidtb，2001）。此外，从产品设计创新与市场绩效的角度看，产品设计创新对于企业的品牌价值和企业绩效的提升均具有重要影响。品牌价值本身也是企业市场绩效的重要组成部分。产品设计是品牌的重要组成部分，是品牌资产的重要驱动力。对于品牌而言，产品设计是驱动差异化和消费者偏好的重要工具，为消费者和企业创造价值，为企业创造可持续的竞争优势（Michael et al.，2016）。在企业层面，投资于设计创新的重要性已经得到证实，研究表明，能够进行持续的设计创新的企业可以提供更加卓越的消费者价值，其市场表现更佳。因此，产品设计可以促进企业品牌与消费者之间的情感沟通并推动各企业绩效提升。Kumar 等（2015）将产品层面以设计为基础的价值观与品牌层面品牌情感建立起因果联系，研究了产品设计对企业品牌和绩效的影响。产品情感的驱动因素包括社会价值、利他价值、功能价值、情感价值和经济价值。同时提出品牌情感结构的概念，即消费者对其所拥有品牌的激情以及自豪感。研究结果发现，设计提供给消费者的社会价值和情感价值比单纯的交易价值，如功能价值或经济价值对品牌情感的影响更大。产品设计相关的价值观是多方面的，并有助于两者关系的构建。同时，在实践方面也强调设计作为一种战略工具，是一种与消费者建立持久关系的手段，并为管理人员提供一个产品设计价值观与营销品牌结构的整体框架，使其更加清楚消费者如何在产品层面了解产品设计的价值，从而有助于与品牌建立持久的关系。

由此可见，国外对于设计驱动型创新的研究逐渐深入，产品设计创新与产品技术及市场创新成为企业进行产品创新的主要方式。但国内对于产品设计创新的研究仍然匮乏，在国内权威期刊发表的关于设计驱动式创新的研究成果仅寥寥数篇。其中，叶伟巍等（2013）探索性地从知识与学习的视角研究了设计驱动型创新促进企业创新绩效的内在机理问题，陈雪颂和陈劲（2016）对国内外近几年对于设计驱动型创新的研究进行了梳理和展望，并指出从网络视角出发，将网络特征属性与设计创新相结合开展研究是未来该领域的重要研究方向。因此，无论是从国内外研究现状还是从未来研究趋势看，从技术、市场和设计三个构面进行划分，将技术驱动型、市场拉动型和设计驱动型的产品创新纳入统一的企业产品创新战略，以设计驱动型创新战略为重点，并且结合价值网络特征进行研究具有重要的理论价值。

第二节　研究问题与研究意义

前文已经从现实和理论两个层面对本书的研究背景进行了较为详细的描述和介绍。本节将在前文研究背景的基础上对本书的研究问题进行清晰的界定和分析，同时对本书的研究意义从理论和现实两方面进行总结和阐述。

一、研究问题

通过对上述的现实和理论背景分析不难发现，产品创新问题已成为近几年理论界的研究热点，尤其是对于设计驱动型创新的研究方兴未艾。将技术推动型、市场拉动型以及设计驱动型三种创新模式运用于产品创新领域，统一纳入企业的创新战略，对于更加深入系统地研究制造企业的产品创新问题具有重要的理论整合和探索意义，也更加有利于提升理论对于现实的指导水平。通过前文的分析，综观中外对于产品创新问题的研究，以价值网络与开放创新为理论基础，将产品创新战略与价值网络特征属性相结合，研究价值网络位置和关系对三种产品创新战略及其绩效的不同影响和内在关系成为未来该领域重要的研究方向和发展趋势，对于整合网络理论与创新理论，拓展研究边界、深化研究内容具有重要的价值。具体而言，本书将具体研究以下几方面问题：

（一）从网络与资源的双元视角，研究和探讨拥有不同网络位置和网络关系的企业应该如何选择合适的产品创新战略以及两者间的因果关系和内在差异

价值网络是社会网络理论在管理学领域的应用和延伸。将价值网络与企业战略理论相结合本身属于一种网络视角的研究范式（Bian and Yanjie，1997），但本书不仅从网络视角切入展开研究，而且也以资源理论为基础，既将价值网网络看作一种网络载体，也将企业的网络特征属性看作一种外生性资源（Fang et al.，2016），因此，从资源与网络的双元视角研究价值网络特征属性对三种产品创新战略及其绩效的影响。之所以将价值网络的特征属性看作一种资源，其理论依据在于资源基础和资源依赖理论。资源基础理论认为企业本质上是一系列资源的集合体，拥有核心资源是企业获取竞争优势的重要来源（Barney，2002）。该理论主要强调了资源在企业战略发展中的核心作用和重要性，但其视角主要集中在组织内部。资源依赖理论同样认为资源是企业发展的核心要素和基础，但其不同之处在于，资源依赖理论将研究视角扩展到组织之外，认为组织的战略行为和创新活动需要借助外部环境中的资源，同时整合内外部资源才能真正获得竞争优势（Barney，1991）。依据资源理论的主张，企业在价值网络中位置和网络关系不同在一定程度上决定了企业获取资源的能力以及获取资源的数量和类型（Wernerfelt，2015）。网络位置和网络关系本身并不能带来资源，但附着在价值网络上的社会资本是企业创新所需要的一种重要的外生性资源。因此，企业拥有的价值网

络的特征属性可以被看作是一种资源，同时价值网络本身也是一种独特的研究视角，由此，本书从资源与网络的双元视角，既将企业拥有的网络特征属性看作是一种资源，又关注整体网络本身特征。从该视角出发研究价值网络特征属性与产品创新战略及其绩效的关系。

从具体的网络特征来看，拥有不同网络位置和关系的企业所能够获得创新资源是不同的（Allee，2008）。比如，处于价值网络中心位置的企业所能够获取的资源和能力明显不同于处于网络边缘位置的企业，那么，它所采取的产品创新战略也相应地会产生差异（Mu and Benedetto，2012）。企业根据自身所有用的网络位置和关系资源的不同选择适合自身发展的产品创新战略，才能够不断促进企业绩效的持续提升。因此，研究企业在价值网络中的位置和关系资源对产品创新战略的影响，探讨拥有不同的网络位置和网络关系的企业应该如何选择适应自身发展所需要的产品创新战略，以及不同的网络位置和网络关系特征与三种产品创新战略之间的因果关系和内在差异是什么，成为本书的重要的研究问题之一。

（二）从产品创新视角，探索和研究企业的网络位置和关系特征影响企业绩效提升的具体路径和过程机制

推动企业绩效的持续提升是企业战略发展的最终目标。企业在价值网络中所处的位置以及构建的网络关系的不同直接决定了企业的资源获取与能力形成，从而最终会影响企业绩效的持续增长（Fang et al.，2015）。但是，企业的网络位置和网络关系的不同如何影响企业绩效的提升？其内在机制是什么？尽管学术界存在多种解释，但从产品创新这一重要的视角进行深入研究和解释的仍然匮乏。不同网络位置和网络关系会影响企业绩效提升，中间的内在过程可能存在多条路径，从不同角度和视角切入会有不同的过程机理和影响路径（Fu and Zhang，2012），但为何要从产品创新的视角展开研究以揭示网络位置和关系资源影响企业绩效的过程“黑箱”？其原因部分在研究背景中已经进行过阐述和分析，总体而言在于互联网信息技术的发展已经推动企业进入智能制造时代，消费者的需求不断升级，需求的多样化和个性化趋势已经势不可当，该情境下产品生命周期快速缩短，传统工业时代的产品理念已经失效，企业必须进行持续不断的产品创新以满足快速更迭和多样化的消费者需求，产品创新的重要性和紧迫性日益凸显并直接决定了企业的持续发展甚至生死存亡。从理论研究过程来看，尽管有学者涉及网络位置和网络关系影响企业绩效的问题，但多从能力和外部环境角度展开研究（Brian et al.，2009；Abril et al.，2015），鲜有将产品创新战略或模式作为中

介路径进行深入研究。因此，无论从现实还是理论的发展来看，必须重视产品创新的研究。从产品创新视角研究和解释企业的价值网络位置和关系资源影响企业绩效提升的内在机制问题，既是商业现实发展的驱动，也是营销理论研究的需要（Martin et al.，2015）。

由此，本书将三种产品创新战略作为研究模型的中介部分，从产品创新的角度着重研究产品创新战略在网络位置和网络关系影响企业绩效的过程中发挥的中介效应，即从产品创新着手揭示网络位置与关系特征影响企业绩效的内在机制问题。

（三）网络的整体封闭程度是否会影响网络位置和网络关系对产品创新战略的选择，在不同网络封闭程度下网络位置和网络关系对产品创新战略的影响会发生怎样的变化，其变化过程和深层次原因是什么

价值网络的封闭性程度代表了网络整体的开放度，封闭程度越高则网络整体的开放程度越低，网络外部的信息、知识越难以流入网络内部，外部企业要想加入网络内部展开竞争或合作也就越困难（Capaldo，2007）。在理论上，网络封闭性会对网络特征属性与企业创新战略和创新行为间的关系产生一定程度的影响（Homaz and Swaminathan，2015）。比如，当网络处于较为封闭状态时，由于网络外部新的信息和知识难以流入，网络内部成员更加依赖于处于网络中心位置的领导者企业的信息传递和创新行为，而网络中心位置的企业也更加迫切地需要通过创新打破网络封闭对其带来的束缚，由此可能会强化网络中心位置对产品创新战略的影响（Chesbrough and Brunswicker，2013）。当企业处于网络中介位置时，网络封闭程度则会对该位置与产品创新战略间的关系产生其他相应影响和调节（Cusumano，2010）。同样，网络封闭性对于网络关系与产品创新战略之间的关系也可能产生不同程度的影响，因为作为价值网络的整体外部结构特征，网络封闭性必然对网络内部企业成员之间的彼此交流和相互关系产生不同程度的影响。

由此可见，网络整体的封闭性程度对网络位置和网络关系资源与产品创新战略之间的关系可能会具有调节作用（Abril et al.，2015），在不同网络封闭性程度的情境下，网络位置和网络关系对产品创新战略的影响和选择会出现怎样的差异，产生这种感差异的深层次原因是什么？这一问题对于深入具体地研究企业价值网络位置和关系资源与产品创新战略及其绩效间的关系具有重要影响。因此，网络封闭性在整个研究模型中处于调节变量的位置，在不同网络封闭程度情景下模型主效应的关系会发生变化并存在内在差异。

（四）技术推动型、市场拉动型和设计驱动型三种产品创新战略对企业绩效有何影响，其内在差异是什么

综观以往的研究，对于产品创新的研究主要从技术、市场和设计三个方面展开（Liedtka，2015）。但以往的研究没有将技术、市场和设计三个维度同时纳入产品创新战略，而将三种创新方式纳入统一的产品创新战略对于进一步深入研究企业的产品创新过程和不同产品创新战略对企业绩效提升的作用和内在差异具有重要作用，因此，综合和吸收以往研究的核心观点和先进理论，将三种创新方式统一纳入产品创新战略，对于更加深入研究企业的产品创新和核心竞争力的获取十分必要和重要。

对于技术推动型和市场拉动型产品创新，以往国内外研究较多。但对于设计驱动型产品创新，尽管逐步得到国外学者的重视和关注，但国内学者的相关研究十分匮乏。但研究设计驱动型创新的权威学者 Vergant（2008）、Luchs 和 Swan（2011）等认为，设计驱动型创新在智能制造时代越来越受到消费者的青睐，对于企业绩效的提升也越来越重要，已经成为继技术推动型和市场拉动型创新的第三种创新模式（Gnyawali and Srivastava，2013）。因此，技术推动型、市场拉动型和设计驱动型三种产品创新战略分别对企业绩效的提升产生怎样的影响，这些影响的内在差异和产生的深层原因是什么？都将成为具有重要理论和实践研究价值的问题。

以上四个研究问题之间存在密切关联，构成一个有机的整体框架。从资源外生和网络视角出发，将网络位置和网络关系作为前置因素，并依据以往研究将产品创新战略划分为三种类型。在此基础上，首先研究网络位置和网络关系与三种产品创新战略之间的关系，构建价值网络与产品创新战略之间的理论连接；其次，将三种产品创新战略作为从价值网络资源到企业绩效之间的中介机制，从产品创新角度研究网络位置和网络关系如何影响企业绩效的提升，其内在机理是什么；最后，从价值网络整体结构特征着手，研究网络封闭性特征对以上过程的外在影响和作用机制。由此，以上研究问题按照上述理论推演逻辑成为密切相连的有机整体。

二、研究意义

通过前文对于研究背景和研究问题的阐述和分析，下面将对本书的研究意义进行阐述，主要包括理论意义和实践意义两部分。

（一）理论意义

1. 基于网络位置和网络关系的独特前置因素和研究视角，构建了系统完善的产品创新战略理论分析框架和科学严谨的逻辑结构

本书将价值网络理论与企业创新理论相结合，构建了价值网络特征属性与企业产品创新战略及其绩效之间的理论连接和逻辑框架，进一步促进了价值网络理论与企业创新理论间的交叉融合，对整合并拓展现有研究的理论边界具有积极作用。

本书重要的理论价值之一在于通过对以往研究的回顾和梳理，在以往研究基础之上并结合本书研究主题，开发和构建了基于价值网络位置和关系的产品创新战略模型。将价值网络理论与企业创新理论相结合，并将价值网络理论运用到企业的战略制定和选择过程中，进一步深化了价值网络理论在企业战略和创新行为中的应用。以往对于产品创新战略的研究大多都以交易成本理论、动态能力理论等为基础展开研究，对于价值网络理论的结合与应用较少涉及。运用交易成本、动态能力理论等理论的研究秉持一种资源内生性的观点，主要认为企业的创新行为主要来自企业内部的资源投入与内部研发，而外部资源和能力并非创新行为的重要来源。不同于以往研究，本书认为在互联网技术飞速发展的全球化背景下，仅依靠企业自身的内部资源和单个企业的能力已经无法支撑重大的产品创新。当前的产品创新必须借助外部环境资源，构建企业创新的价值网络并且借助价值网络所提供的外生性资源展开创新活动，才能不断满足快速更迭的消费升级和消费需求。因此，本书将价值网络理论与企业创新战略理论相结合，构建了价值网络特征属性与企业产品创新战略及其绩效间的理论连接和内在逻辑框架，进一步促进了价值网络理论与企业创新理论间的交叉融合，整合并拓展了现有研究的理论边界。

2. 对企业产品创新战略类型进行了系统的梳理和分类，进一步丰富产品创新战略理论的研究内容和理论知识

本书根据以往研究，从技术、市场、设计三个维度对产品创新进行划分，从而分别形成了技术推动型、市场拉动型和设计驱动型产品创新战略。并且将设计驱动式产品创新作为继技术推动型和市场拉动型创新的第三种创新模式，统一纳入企业的产品创新战略，对于丰富和拓宽现有产品创新类型，进一步完善和补充现有企业创新战略理论具有积极促进作用。

产品创新不仅可以优化产品性能、满足消费者的需求，还要对产品内在意义

进行创新，并向消费者传达一种全新的理念和愿景。而这种新的产品理念和愿景主要依靠设计驱动型创新来实现。设计驱动型创新要求企业的产品设计师对社会文化趋势和消费群情感具有深刻的体验和把握，因为产品的内在意义是人类心理和文化的反射，人们赋予产品意义的方式与其价值观、个人信仰、社会文化规范以及历史传统有密切的关系。因此，设计驱动型产品创新是一种不同于技术与市场创新的独特的创新方式。

技术推动型产品创新反映了科技领域的最新成果，是科学技术的进步与变革带来的产品改进或全新的创造；市场拉动型创新建立在对消费者需求进行周密的分析和理解之上，其目标不是改变或重新界定产品的内在含义，而是准确理解并诠释消费者的现实需求；而设计驱动型创新则是对产品内在意义的一种构建或颠覆式创新，是由企业提出和倡导的全新理念进行推动并向消费者传达并教育消费者接受的一种全新的产品理念和愿景。因此，三种产品创新模式具有自身的侧重点和创新方式，是目前理论与商业界现存的三种主要的创新模式。就企业的产品创新而言，三种创新模式在产品创新过程中的应用构成三种产品创新战略。由此，将设计驱动型创新与技术推动与市场拉动型创新模式统一纳入企业的产品创新战略，具有理论与现实的必要性和依据，对于研究不同产品创新战略对企业绩效的影响和内在差异具有重要理论意义。

3. 对价值网络和产品创新战略进行了系统的文献梳理总结，并对相关变量进行了量表开发，是对现有文献和理论的补充、完善和发展

本书将价值网络理论与企业创新战略理论相结合，构建了基于价值网络位置与关系的产品创新战略。在构建上述两个理论之间的逻辑关系和理论连接过程中，本书对价值网络理论的发展脉络、研究现状和未来研究进行了系统的总结和梳理，为后续研究奠定了理论基础。同时，本书还从技术、市场、设计三个方面系统地梳理了企业创新战略的相关理论，对于技术推动型、市场拉动型和设计驱动型产品创新战略的研究现状和未来研究也进行了梳理。更重要的是，本书将价值网络与产品创新战略之间的理论联系和相关研究进行了总结归纳和分析，这对于未来将价值网络与企业创新战略相联系进行深入、细致的研究提供了很好的开端，也奠定了相应的理论基础。

在对价值网络和企业创新战略进行系统梳理、总结的基础上，本书借鉴以往研究，对相关变量的测量部分进行量表的自主开发，并运用实证的方式对逻辑模型进行检验。该过程是对现有研究的深化和拓展，同时也为后续更加深入地研究

提供了理论依据。

（二）现实意义

1. 为中国制造企业积极恰当地利用价值网络资源获取竞争优势、持续不断提升企业绩效提供理论指导和参考

信息技术的飞速发展和全球经济的一体化进程不断演变，导致全球市场环境变得日趋复杂和动荡，企业间的竞争也变得更加激烈。在竞争如此激烈的市场中，企业必须不断向市场推出新产品，才能持续保持竞争优势。面对新的全球商业环境和新的技术变革，企业的创新过程和创新行为也变得更加复杂，原有的主要依靠单个企业的研发资源投入和内部研发等方式已经难以维持当前复杂商业环境下企业的创新要求。在互联网信息化飞速发展的全球环境下，企业的创新开始由从前的“封闭式创新”向当前的“开放式创新”转变。无论是从技术、市场，还是设计维度考虑，开放式的创新都离不开外部资源和能力的支持。因此，构建和借助价值网络获取创新所需要的外部资源和能力，通过与网络内部企业合作以达到资源整合与能力互补的目的，从而为企业的产品创新提供必要的资源和要素禀赋，已成为中国制造类企业应对全球消费升级和环境变化的重要手段和方法。

企业为获得和保持持续的竞争优势，必须不断进行创新以满足不断变化的消费者需求。积极合理地利用价值网络资源，为企业竞争优势的获取和保持以及绩效的增长提供资源保障是中国制造企业未来在全球市场不断扩张的必然选择。尽管价值网络本身并不是一种有形资源，但是附着在价值网络中的社会资本是企业创新所需要的有效资源，也是企业提升自身绩效水平的重要基础。企业借助价值网络可以获得创新战略所需要的外生性创新资源，比如有价值的商业信息、创新所需的新知识，以及合适的合作伙伴等。通过价值网络获得的这些外生性资源与企业内部资源进行整合，最终形成企业创新所需要的重要的知识和要素，既为企业创新战略的实施提供保障，也为企业绩效的提升奠定了基础。因此，本书可以为中国制造企业积极恰当地利用价值网络资源获取竞争优势、持续不断提升企业绩效提供理论指导和参考。

2. 为中国制造类企业依据所拥有的价值网络资源的不同而选择适合自身创新需要和未来发展的产品创新战略提供理论指导与参考

近年来，随着中国经济的不断发展，中国制造业在全球竞争中取得了良好的绩效，中国制造已经成为全球经济中不可或缺的重要组成部分，中国制造企业的变革与创新也成为推动中国经济发展的重要原动力。但是审视中国制造企业创新

的实际成效，在全球市场及未来发展中仍然面临巨大挑战。在品牌医药和汽车等行业，由于对创新的要求大多属于原创性发明或工程设计的突破，中国在全球市场所占有的份额较小。而如果创新领域是有关发现未被满足的消费需求或者是提高制造效率，诸如家电和太阳能电池板等领域，中国制造企业的表现则相对出色。中国庞大的消费市场以及难以匹敌的制造业生态体系，无疑给这些行业带来了独特的优势。但是对于一些高度依赖于创新发展的高端行业，比如高端装备、生物制药、飞机制造等行业，中国制造企业的创新力度仍然有限，在全球的竞争力也有待继续提升。

通过以上分析表明，中国制造企业的创新力度仍需加强。但是企业的产品创新过程并不单纯取决于企业个体自身的资源和能力，还与外部资源和关系以及选择正确的创新战略密切相关。从网络角度看，处于不同网络位置和拥有不同网络关系的企业获取外部资源的能力存在巨大差异，处于网络中心位置并且具有良好网络合作关系的企业可以获得更多的优质资源，从而具有更多的创新机会和更佳的创新效果。因此，应该选择设计驱动型或者技术推动型产品创新战略，而处于网络边缘位置或者无法获得有利的网络关系与合作伙伴的企业只能选择市场拉动型产品创新战略。所以，拥有不同价值网络资源的企业在进行产品创新战略选择时会存在明显差异。本书的现实价值之一也在于为中国制造类企业依据所拥有的价值网络资源的不同而选择适合自身发展的产品创新战略提供理论指导与参考。

第三节　研究内容、创新点与研究方法

本节主要在前文阐述的基础上，重点介绍以下内容：第一，对于本书的研究内容进行清晰而简洁的概括；第二，着重对本书的主要创新点进行阐述和分析；第三，对于本书采用的研究方法和技术路线图进行简单介绍。

一、研究内容

本书的主要内容包括六部分，具体如下：

第一章，绪论。本章作为整篇文章的概览，主要阐释了本书的研究背景、研究问题，以及研究意义。同时阐述了文章的主要研究内容，并重点阐述了本研究

的主要创新点。另外，对文章的研究方法以及技术路线进行了简要说明。

第二章，文献回顾与评述。本章内容对有关价值网络和产品创新的相关理论与文献进行回顾和梳理。首先，对价值网络的概念、价值网络理论的演进与发展脉络以及相关研究进行了梳理和评述；其次，对产品创新战略的相关研究和文献进行了梳理和评述，并重点对设计驱动型产品创新进行了文献综述；最后，对价值网络资源与产品创新之间的关系和逻辑连接进行了文献回顾和整体评述，以期为后文研究奠定理论基础。

第三章，企业产品创新战略研究的概念模型和研究假设。对以往相关理论和文献进行梳理和回顾，并对以往研究中存在的难点和不足进行总结，在此基础上提出了本书的研究模型，重点阐释了研究模型的构建逻辑以及模型各部分内容之间的逻辑关系，对价值网络位置、价值网络关系、产品创新战略、网络封闭性、企业绩效等研究内容的构成及测量维度进行界定。具体而言，主要包括以下内容：①重点阐述概念模型的构建过程和内在理论逻辑，主要包括模型提出的理论基础、概念模型的具体内容以及模型构建的逻辑思路等。②概念模型中各部分的具体构成、内容以及测量维度，包括价值网络位置、价值网络关系、产品创新战略、网络封闭性、企业绩效等。③基于模型各部分之间的关系及其探讨，提出本书的研究假设：价值网络位置和关系资源对于企业绩效的影响；价值网络位置和关系资源对企业产品创新战略的影响；三种产品创新战略的中介作用；网络封闭性对价值网络资源与产品创新战略间关系的调节效应；以上理论推导部分均分别提出了相应研究假设。

第四章，数据获取与模型测量。该部分主要阐述了本书的设计思路以及调研过程，主要包括：首先，对本书的调研流程设计、调研对象、受访者以及样本选择进行了界定、选择和描述；其次，展开预调研，并在此基础上对初始量表进行修正，最终形成正式量表；最后，介绍了本研究的调研过程和调研方法。

第五章，企业产品创新战略研究的实证分析与数据结果。该部分内容主要是对数据实证分析和统计结果的分析和阐述，主要包括四部分内容：第一，利用统计手段并结合调研数据对样本企业进行特征分析；第二，对本书中变量进行描述性统计分析和探索性因子分析；第三，利用 AMOS19.0 进行验证性因子分析以检验研究量表的效度；第四，利用多元回归方法对文中假设进行实证检验，并汇总所有检验结果。

第六章，研究结论与管理启示。本章内容主要总结了研究的主要结论和理论贡献，并在此结论基础上，对企业制定和实施产品创新战略带来的管理启示进行阐述，彰显研究的实践价值。最后，探讨了本书的研究局限和未来可能的研究方向。

二、主要创新点

本书的创新点主要从研究视角、文献总结与内容创新、理论整合与深化等方面展开。在研究视角方面，本书既将价值网络位置和关系作为一种网络特征，也作为一种资源，从资源和网络的双元视角展开研究；在文献总结与内容创新方面，本书总结梳理了相关理论文章，是对以往研究和知识体系的总结和补充；在理论整合方面，本书整合了价值网络理论与企业创新战略理论，拓展了两者的结合和研究边界。具体而言，本书的创新点主要有以下几点：

（一）从网络和资源的双元视角，整合价值网络与产品创新战略理论并创新性地构建了价值网络特征影响产品创新战略的理论逻辑模型

本书将价值网络理论与企业创新战略理论相结合，建立了价值网络与产品创新之间的理论连接并构建了“价值网络资源—产品创新战略—企业绩效”的完整逻辑框架，在研究视角和理论整合方面均是对以往研究的有益补充和完善创新。

从研究视角看，以往研究大多从单一视角切入，鲜有研究从双元或者多元视角展开研究。然而，企业产品创新的过程及产品创新战略的选择与实施是一个极其复杂多变的过程，尽管从单一视角展开研究便于进行纵深研究以利于理论深化和挖掘，却容易受到研究范围过窄、研究视角单一的限制，从而造成顾此失彼、无法全面综合考虑问题的影响因素甚至导致以偏概全的研究结论。因此，适度扩展研究视角、从多角度对透视研究问题并展开深入研究对于推动理论探索和理论整合大有裨益。从以往对产品创新的研究来看，学者主要从资源、能力、制度和外部环境等视角展开研究（Kim et al.，2013；Gulati，1999），但这些研究大多都从单一视角展开。比如，研究动态能力对于企业创新行为的影响，研究外部制度因素对于企业创新行为的影响等。也有学者从网络视角对企业产品创新行为展开研究，比如，Eric Fang 等（2016）以社会网络理论为基础，从价值网络视角着重研究了网络位置特征对企业渐进式和突破式产品创新的影响机制问题。不同于以往研究的是，本书的研究不仅从网络的视角切入看待产品创新过程，而且把企业在网络中的位置和关系特征看作一种获取创新要素的资源和资本，从资源和

网络的双元视角研究企业如何借助价值网络系统并充分利用其在网络中的位置和关系资源获取创新资源和互补能力以促进企业产品创新战略的选择与实施，进而如何促进企业绩效的持续提升。依据“资源—战略—绩效”的研究范式，本书构建了“价值网络资源—创新战略—企业绩效”的完整的研究框架和理论模型，对于整合价值网络理论和企业创新战略理论，促进二者的交叉融合、拓展理论研究边界、推动理论创新具有重要的理论价值。

（二）从产品创新视角，探索和揭示了价值网络位置和关系特征影响企业绩效提升的过程机制和内在机理

通过产品创新战略的选择和配置，可以更加充分地利用价值网络资源以提升企业绩效。本书揭示了价值网络位置和关系特征影响企业绩效的内在机理，明确了从价值网络资源到企业绩效的过程机制，深化了价值网络理论在企业战略选择和绩效提升中的应用，是对价值网络理论应用范围和研究深度的探索与创新。

以往研究表明，价值网络资源对企业绩效的提升具有重要影响（Lee，2007；Westergren and Holmstrom，2012），但存在两个问题没有提供清晰的解释：一是价值网络的哪些特征属性会影响企业绩效提升，其影响过程和机理是怎样的？二是从不同视角看，价值网络特征属性影响企业绩效的中间过程或者内在机制存在多种方式和多条路径，如何选择最为恰当合理的过程路径以最大效用地解释其内在机理和过程？鉴于此，本书认为，无论现实环境还是理论研究均表明，在当前和未来很长时间的全球企业竞争中，中国制造企业面临的最大瓶颈或者关键障碍在于产品创新。一方面，从中国制造企业的发展过程和现实来看，中国制造在产值数量方面已经位居全球首位，但同时也要看到，中国制造企业的产品无论从技术还是设计等方面其创新度均整体落后于发达国家，随着智能制造时代和消费者需求多样化、个性化升级的到来，产品创新成为决定中国制造企业未来在全球持续发展甚至生死存亡的关键环节。另一方面，从理论研究看，产品创新问题成为近年来国内外学者研究和关注的重点和热点问题，尤其对于后工业时代商业环境下的技术变革和设计创新（Danneels and Kleinschmidtb，2001），更是被中外营销学者高度关注。因此，现实和理论均表明，无论从技术、市场还是设计等方面，产品创新始终是阻碍中国制造企业在全球市场进行战略扩张和持续发展的关键环节和瓶颈。因此，从产品创新视角切入研究中国制造企业的价值网络特征影响企业绩效提升的内在机理问题，具有现实与理论的必要性、紧迫性和重要性。从技术、市场、设计三方面划分为三种产品创新战略，并将其作为中介变量，研究价

值网络的位置和关系特征影响企业绩效提升的内在机理，解释并揭示了问题形成的过程机理，是对现有理论的深化与创新。

（三）将设计驱动型创新作为继技术推动型和市场拉动型之后的第三种创新战略统一纳入企业产品创新战略体系，是对企业创新战略理论内容的拓展和创新

设计驱动型创新是不同于技术推动型和市场拉动型的新的创新模式，本书将设计驱动型创新纳入企业产品创新战略，并从技术、市场和设计三个维度将产品创新战略划分为技术推动型、市场拉动型和设计驱动型三种产品创新战略，丰富并完善了产品创新战略的内容，是对企业创新战略理论知识的拓展和创新。

在以往研究的基础上，本书结合研究主题和产品创新战略的具体内涵和内容，分别从技术、市场、设计三个维度将企业的产品创新战略划分为技术推动型、市场拉动型和设计驱动型产品创新战略，并将三种产品创新战略作为研究模型的中介部分，着重研究三种产品创新战略在价值网络位置和关系资源影响企业绩效提升过程中所发挥的中间机制的作用。以往研究对于技术推动型创新和市场拉动型创新的研究较多，分别从不同的视角针对具体的问题展开研究，比如，对于技术推动型创新的研究，以往多从技术进步、内部研发、合作研发，以及研发资源投入与创新产出的关系等方面展开研究，取得了较为丰硕的成果（Dougherty and Hardy，1996）；对于市场拉动型产品创新则主要从消费者需求的变化和特征、竞争对手的战略影响或者消费者需求导向和竞争者战略导向等方面展开研究（Cusumano，2010），同样取得了丰富的成果。对于设计驱动型产品创新，现有研究多从社会文化和创意及创新网络等方面展开研究，但国内研究成果匮乏。

综上所述，尽管以往研究对于三种产品创新模式均有所涉及，对每种创新模式的研究也分别取得了较为宝贵的成果，但整体而言对三种创新战略的研究仍然不够系统和完整，没有将三种产品创新战略作为整体进行统一、系统的研究，尤其对于设计驱动型产品创新，国内研究较为匮乏，更加缺少将其与技术推动型和市场拉动型并列纳入统一创新战略体系的研究。鉴于此，本书将三种产品创新战略纳入同一产品创新范畴，分别从技术、市场、设计三方面对产品创新战略进行较为完整、系统的研究，进而丰富、完善现有产品创新战略的内容和理论体系。

（四）将网络封闭性这一价值网络整体特征属性引入到网络位置和网络关系影响产品创新战略选择的过程中，进一步揭示了网络封闭性对于价值网络资源与产品创新之间逻辑关系的作用机制

价值网络的封闭性代表了网络整体的开放程度。一般而言，整体价值网络封

闭程度越高意味着网络内部的密度越大，网络成员间交流和关系互动越频繁，进而导致价值网络整体较为封闭，外部全新的知识、信息无法迅速流入网络内部，网络内部成员获取最新的创新知识和资源则会受到阻碍（Bovet and Martha，2000）。网络封闭程度较低时则相反，价值网络整体处于比较开放的状态，网络内部成员较容易接触到网络外部的新的信息和知识，对于网络内部企业寻找新的合作伙伴，开展突破式创新较为有利。但是，网络封闭程度较低的情况下，会导致网络成员间关系较为疏松，企业间的交互和沟通频率较低，不利于企业间建立彼此信任和承诺，对于企业间的互惠关系或者强关系的形成是不利的，进而导致复杂知识和缄默知识的分享和传播受阻，不利于企业间进行较为复杂、利益攸关的创新活动（Osarenkhoe，2010）。网络整体封闭性越高究竟能否越有利于产品创新，目前学界仍然存在一定争议。本书认为，在互联网信息时代，传统工业时代的信息不对称被迅速打破，互联网时代几乎所有价值网络都可以被视为开放式的价值网络，封闭程度相对较高更加有利于企业间建立信任和共享知识，也更有利于企业借助价值网络资源进行产品创新。

由此可见，将整体价值网络的封闭性特征作为研究模型的调节变量，研究在不同网络封闭程度情境下，网络位置和网络关系对三种产品创新战略的影响会出现哪些变化和差异，对于进一步揭示网络封闭性对于价值网络资源与产品创新之间逻辑关系的作用机制，更加深入地理解价值网络特征在企业战略选择中作用和影响具有重要意义，是对现有研究的补充和创新。

三、研究方法

本书在研究的过程中主要运用了文献分析、现场访谈、问卷调查，以及数据统计分析等方法：

（一）文献分析

结合本书的研究主题和研究变量，本书收集了相关文献并进行了归纳整理，主要以国外近十年相关领域在权威刊物上发表的经典论文为主，兼顾国内一流期刊的中文文献。利用图书馆的相关数据库、百度学术等数据库资源，包括 EB-SCO、JSTOR、Wiley 等全文电子期刊数据库，CNKI、万方等中文数据库，文献多来源于国内外管理、营销和创新领域的权威期刊，如 *Academy of Management Journal*、*Academy of Management Review*、*Administrative Science Quarterly*、*Journal of International Business Studies*、*Organizaiton Science*、*Journal of Management Studies*、

Journal of Marketing、*Journal of Business Research*、*Journal of Marketing Research*、*Journal of Product Innovation Management*、*Harvard Business Review*、《管理世界》、《南开管理评论》、《中国工业经济》等。

本书的文献研究搜集和研读过程如下：

首先，利用关键词进行搜索，对于价值网络（Value network）、网络位置（Network Position）、网络关系（Network Relationship）、关系强度（Tie Strength）、产品创新（Product Innovation）、设计驱动（Design Driven）等关键词进行搜索，并进行组合搜索和间接搜索。将搜索到的文献进行筛选和归类。其次，对收集到的该领域内的文献进行阅读、分类归纳和分析总结。最后，本书通过书籍报刊和相关权威网站，收集了与中国制造业、产品创新和价值网络等相关的数据资料，以及最近几年企业实施产品创新战略的案例。同时，从工业和信息化部、国家商务部、国家统计局、世界银行网站等相关部门的分析报告中获取了近几年制造业发展的相关数据资料，以确保对中国制造企业的发展和创新情况具有更加实际的了解。

（二）现场访谈

在对以往研究进行梳理后，本书对相关企业管理人员、产品设计人员和营销人员进行了实地访谈，于2017年2～6月对中国兵器工业集团（总部）、中国航空工业集团（总部）、联想控股股份有限公司、中国中车集团公司、天津渤海化工集团有限责任公司、北方重工业集团、潍柴控股集团有限公司、天津塑力线缆集团有限公司、天津力神电池股份有限公司、山东胜通集团股份有限公司10家样本企业的30位中高层管理者进行深度访谈，为调研问题的进一步界定和调研问卷的科学设计提供了有益借鉴。

（三）问卷调查

问卷调查是本书最为主要的调研方法之一。针对具体的研究问题，调研团队首先对调研对象进行筛选，而后主要通过现场发放问卷、面谈、邮寄、电子邮件、微信和电话直接调研等方式进行，调研团队分工明确，并安排专人对调研进度进行控制。对于调研获取的数据，研究过程中做了较为细致的审查，对无效问卷进行剔除，以最大限度保证数据的效度。

（四）数据统计分析

对于研究数据使用SPSS21.0软件和AMOS17.0软件进行数据统计分析。主要运用SPSS21.0软件对数据进行描述性统计分析、信度分析、探索性因子分析和假设检验，运用 AMOS17.0 软件对数据进行效度检验，并对数据检验结果进行了分析和讨论。

四、技术路线

结合研究主题及前文所述，本书的主要内容和整体思路可通过以下的技术路线图简要表述，具体如图 1－2 所示。

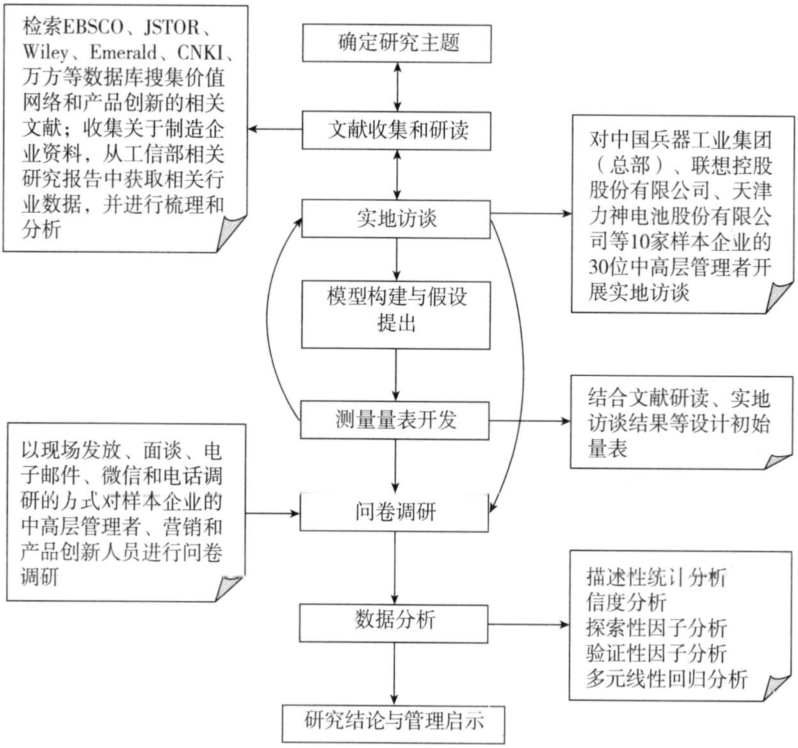

图 1－2 技术路线

资料来源：笔者整理设计。

第二章　文献回顾与评述

本章内容主要对研究所涉及的主要文献进行回顾和评述，首先，对价值网络相关理论和研究进行回顾和评述，主要从价值网络的概念、理论发展脉络及当前研究现状和未来研究等方面进行回顾和梳理，进而对以往研究进行简要评述；其次，对企业产品创新战略的有关研究和文献进行回顾，分别对技术推动型、市场拉动型和设计驱动型产品创新的相关研究进行综述；最后对现有文献进行总结和总体评述。

第一节　价值网络相关理论

全球化和信息化的迅猛发展，加剧了企业间的竞争态势和竞争强度，研发创新成为企业谋求长远发展和维持长期竞争优势的主要战略手段。然而，在当前商业环境复杂多变和网络信息愈加便利的情境下，企业间的关系更加动态多变和错综复杂，单纯依靠单个企业进行研发创新已经很难满足市场和竞争的需要。由此，企业间彼此合作形成价值网络，共同创造价值、分配价值成为未来企业间竞争与合作的主流模式。从资源视角来看，价值网络已成为企业发展最为重要的外部资源之一，因此，为了发掘和厘清价值网络资源与研发创新间的逻辑关系，促进企业绩效的持续提升，需要对价值网络理论进行清晰的梳理和总结。该部分主要从以下四方面对价值网络理论进行梳理：

其一，价值网络的概念界定与理论发展脉络；其二，价值网络理论的形成动因、基本内容以及核心思想；其三，价值网络企业的内生性与外生性竞争优势来源；其四，价值网络的研究现状、理论贡献及其述评。

一、价值网络的概念界定与理论发展脉络

（一）价值网络的概念界定

在新技术、新产品快速涌现的环境下，企业仅将资源布局在自身的战略价值活动上是远远不够的，还必须在提升自身战略价值的基础上关注整个网络战略价值系统的整体效率。在市场瞬息万变的商业环境下，企业个体的知识搜寻能力、知识认知能力、知识吸收能力和知识整合能力都是十分有限的。在此情景下，如何通过合作形成价值网络并从中获取知识和资源以促进企业持续发展，成为当今全球企业资源配置和关注的热点和难点。因此，通过分工合作形成有效的价值网络可以为行业整体效率的提升创造更大价值，从而使企业个体从中获得更大、更持久的价值和利益。

价值网络（Value Network）的概念最早是由美国 Mercer 咨询公司的 Adrian Slywotzky 于 1998 年提出，并在 *The Profit Zone* 一书中具体阐释了价值网络的基本特征。他认为，价值网络是运用数字化手段，将顾客与企业进行灵活的、低成本的连接，从而为满足顾客需求更加而提供的更加直接的付定制解决方案，从而在不断变化的商业环境中持续提升企业的运营效率（Adrian，1998）。因此，价值网络是一种企业快速高效地满足消费者需求的业务模式。Adrian 对价值网络的定义主要从战略和顾客需求的视角展开，并没有从价值生成和创造的视角对价值网络的本质特征进行详细阐述。

从价值网络形成的过程中资源能力互补的动机角度看，价值网络是企业通过发挥各自的资源和能力优势彼此合作形成的价值创造网。这一价值创造过程以企业彼此能力、资源的互补为基础，通过网络内企业间的紧密的彼此合作和连接以创造更加高效、系统的顾客价值和企业价值（周煊，2005）。它的本质是一套由利益相关者组成的价值生成、价值分配和价值传递系统。

从企业参与价值创造和分工协作的价值链组合角度看，价值网络实际上是不同纵横交错的价值链的组合，不同价值链根据各自的功能和业务彼此相互合作、竞争，从而产生密切关联，最终形成共同创造价值、分配价值的网络体系。因此，价值网络的形成与网络内部企业间的彼此协作是基于不同的价值链功能的组合（袁青燕，2013）。其中，最为重要的是纵向价值链与横向价值链的交叉与融合，纵向价值链是指企业的上游供应商、原料商及下游的销售商等，横向价值链

则是指不在纵向价值链环节上，同时与企业进行合作和竞争的其他网络成员（Arvind，2006），比如，金融机构、媒体、高校、研究院所等，但横向价值链上最为主要的网络成员是竞争对手，在价值网络环境下竞争对手之间不再是单纯的竞争关系，而是一种既竞争又合作的竞合关系。

综上所述，以往研究分别从顾客需求、资源能力互补、价值链组合等方面对价值网络的概念内涵进行了阐述和讨论，从而不断加深了该领域对价值网络的理解和应用，为价值网络与企业战略的结合在概念的内涵与外延上界定了较为清晰的边界，提供了逻辑分析的概念基础。表2-1是学者对价值网络概念的描述与界定，主要可以分为：顾客需求驱动视角、资源与能力互补视角、价值链提升与组合视角三个方面。

表2-1　价值网络的概念界定梳理总结

研究视角	文献来源	概念界定
顾客需求驱动视角	Adrian（1998）	运用数字信息技术将各环节企业连接起来，以便高效、低廉地向顾客提供产品和服务，是一种为顾客创造价值的新型业务模式
	Andrews等（1996） Bovet等（2000）	利用数字化媒体技术形成及时供应链，并将不同空间、时间的顾客相互连接，形成企业—顾客整体系统，以便为顾客创造更大价值，同时获得超额利润
	Lambertet，Pohlen（2001）；Kathand-araman等（2001）	一种以顾客为中心的、不断增加顾客价值的价值创造体系，为顾客提供定制化解决方案，同时，通过网络内部合作培养企业间关系及核心竞争力
	周煊（2005），吴海平和宣国良（2002）	价值网络的核心是顾客，通过构建企业之间的合作伙伴关系来满足顾客的需求、创造价值。由顾客、核心企业以及供应商等所有合作成员共同组成的价值网络系统。其目的是不断创造顾客价值
价值链升级与整合视角	Simmie（1999）	在全球化背景下，企业之间的关系发生较大变化，竞争与合作并存，但以价值链优势逐步减弱，价值网络则是由多条相互作用的价值链节整合而成的系统
	Nalebuff和Branden-burger（1997）	价值网络是指企业的供应商、最终客户以及其他诸如高校研究机构和政府机构，广告商、商业伙伴以及中介等具有价值的社会关系的总和。企业间的关系由竞争为主转变为合作为主
	迟晓英（2003）	多条纵横交错的核心价值链组成价值网络，其内部企业利用各自网络资源和能力优势相互合作、协同价值创造

续表

研究视角	文献来源	概念界定
价值链升级与整合视角	王琴（2011）	不同于价值链的竞争观点，价值网络更加强调合作。这不但体现在企业间的资源能力互补方面，也体现在竞争与合作的共存
价值链升级与整合视角	余东华（2008）	价值网络是企业之间进行信息、资源交换和互补而组成的复杂网络，它影响价值的生成、分配和应用
价值链升级与整合视角	袁青燕（2013）	价值网络的竞争优势来源主要集中在两方面：企业的内生性优势和外生性优势
资源与能力互补视角	Achrol 和 Kotler（1999）	价值网络是协调企业间相互关系，整合各自资源和能力优势，从而汇集能力与资源并创造最终价值的合作体系
资源与能力互补视角	Allee（2008）	价值网络实质上是一个价值交换系统，网络价值的创造与传递过程就是一个或多个企业、顾客、供应商、战略伙伴之间复杂的动态交易过程
资源与能力互补视角	陈占夺、齐丽云和牟莉莉（2013）	价值网络观念超出了价值链的线性思维，基于资源与能力的互补，将企业关注的重心从企业个体利益转向价值网络整体，从而实现了企业由价值分配向价值创造转变
资源与能力互补视角	李海舰和陈小勇（2011）	当前价值网络主要表现为：避免资源短缺带来的约束，专注于整合网络，以网络化平台优势获利
资源与能力互补视角	苟昂和廖飞（2005）	价值网络是企业之间的动态网络，网络中各成员在不同阶段存在不同的匹配和动态变化

资料来源：笔者总结整理。

（二）价值网络理论的发展脉络

以往研究表明，价值网络理论在管理学领域的研究和应用方兴未艾，将价值网络与企业战略结合必将是未来研究的重要方向。从理论发展脉络来看，价值网络理论的主要理论来源是社会学领域的社会网络理论和管理学领域的价值链理论。该理论的主要研究视角、核心概念与核心思想等基本来源于社会网络理论，而主要研究对象和研究内容则来源于价值链理论。

1. 社会网络理论引入管理学领域推动了价值网络理论的形成

自 20 世纪 70 年代社会网络分析引入管理学领域以来，从网络视角研究战略与管理的问题成为快速发展的热门领域（Parkhe et al.，2006）。社会网络分析在管理学领域的运用和研究不同于管理学传统研究方法和研究范式，管理学领域的研究主要集中于研究组织本身或组织中个体本身的属性，而社会网络研究的关注点从个体成员的本身属性转向关注网络结构和网络成员间的关系，这一研究关注点和范式与管理学传统研究方法的结合对推动管理学理论发展具有重要的推动作用。社会网络理论与管理学领域的融合催生了管理学领域的一种新理论——价值网络理论。社会网络的核心概念被借鉴到价值网络的研究中，比如，社会网络中的网络位置、网络结构、网络关系等核心概念在研究组织管理和战略发展过程中经常被当作研究变量用以解释管理现象和组织行为结果的重要机制（孟庆红等，2011）；同时，社会网络理论中的核心思想也成为价值网络理论的重要思想来源（Low and Johnston，2009），这一思想在价值网络的研究中完全适用，只是价值网络理论中的研究对象受到研究领域和管理情景限定一般多为企业组织，而社会网络中的研究对象则更加广泛而已。

2. 从价值链理论到价值网络理论的演进

价值网络理论的另一个重要的理论来源是波特的价值链理论。在管理领域，Michael Porter（1980，1985）在其著作《竞争战略》和《竞争优势》中建构了产业竞争理论框架，三种基本竞争战略、五力分析模型和价值链等概念的提出象征着以价值链为核心的完整竞争框架的形成。价值链理论将企业的职能划分为基本价值活动与辅助价值活动（见图 2-1），将企业的优势集中于产业链的某一环节已形成特定的分工和竞争优势，但过分关注“竞争”而忽略“合作”的价值链理念主要聚焦于产业链价值的分配，而非价值创造（Nalebuff and Brandenburger，2009）。伴随互联网和信息技术的发展，这势必造成企业战略增长的放缓并遭遇挑战与瓶颈。因此，波特的价值链理论更加适合用来分析传统的制造企业的在情况，对与互联网、信息技术联系比较密切的高科技企业则适用程度不佳。

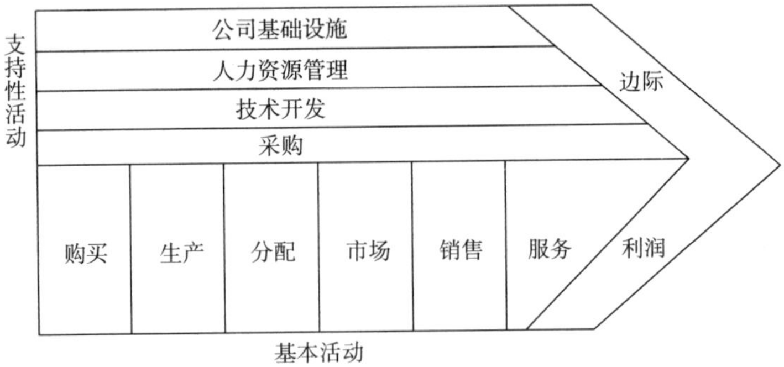

图 2-1 波特的价值链模型

资料来源：Porter，Michael E. Competitive Strategy：Techniques for Analyzing Industriesand Competitors［M］. NewYork：The Free Press，1980.

针对价值链理论的不足，理论界的研究不断深入，随后 Normann 和 Ramirez（1993）提出了价值星系的概念，价值星系在价值链理论的基础上进行了扩展，将顾客和企业比作恒星和行星，认为企业必须以顾客为中心构建价值系统才能使企业最终价值最大化。价值星系理论将价值链的概念从专注于企业内部延伸到企业外部。企业之间优势互补、通力合作共同为顾客创造价值，为顾客创造价值的同时也在为企业创造价值，该理论在一定程度上阐述了企业间的共生关系，已经开始关注网络与合作的问题，是对价值链理论的有力补充。随后，Rayport（1995）提出了虚拟价值链和价值矩阵理论，是对价值链理论的进一步完善，推动价值链理论向价值网络理论不断迈进。虚拟价值链理论认为价值链理论过分关注企业发展过程中的“实体”要素，而忽略了知识、信息、关系等软性要素对于企业竞争与合作的影响，因此，虚拟价值链更加注重信息、知识和技术的传播、共享和运用，以软资源为中介，将软资源与实体价值链相结合并构成价值网络以提升企业的资源共享水平（吴海平和宣国良，2003）。虚拟价值链与实物价值链的相互融合与交织最终形成价值矩阵，进一步增强价值增值能力，为顾客创造更多价值。

价值星系、虚拟价值链、价值矩阵等理论的发展，促使企业实物价值链和虚拟价值链的交汇融合，逐渐由价值链的线性思维方式向网络化模式推进。由于企业资源和能力的差异化，企业总是在寻找优势互补、资源整合的机会，不同企业价值链相互交叉最终形成复杂的网络关系，最终从价值链理论全面升级和演进到了价值网络理论（钟运动，2013），具体演进过程如图 2－2 所示。价值网络理论的产生和发展，为企业在信息技术和网络环境下，分析和挖掘企业的相对优势和特定资源提供了理论依据，也为企业改进战略发展模式，制定适合自身发展的研发创新战略提供了独特资源和竞争优势来源。

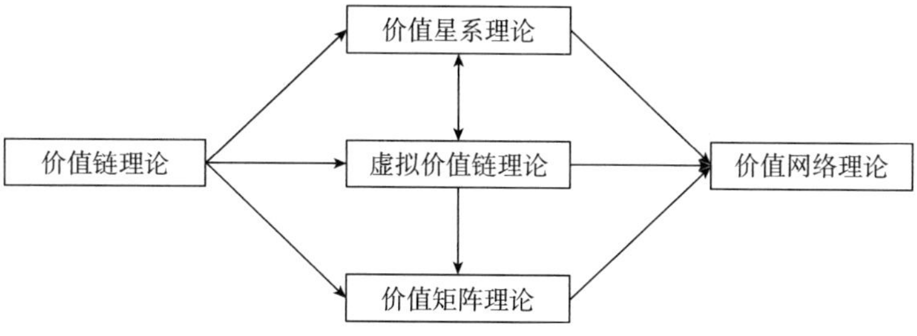

图 2－2 价值链理论向价值网络理论的演进

资料来源：袁青燕．价值网的竞争优势形成机理研究［D］．江西财经大学，2013.

综上所述，价值网络理论实际上存在两个理论来源，其研究视角和基本概念、核心思想主要借鉴了社会学领域的社会网络理论，而它的研究对象、主要构成成员和研究内容主要沿用和发展了战略管理领域的价值链理论，并且从价值链理论逐步发展、演化为价值网络理论需要在诸多环节和领域进行变革、完善，最终全面升级为企业的价值网络理论（卢福财和胡平波，2008）。因此，经过不断演进和发展，价值网络理论已经全面超越价值链理论成为一种与价值链理论存在较大差别的全新的管理理论（见表2－2）。伴随研究的不断深入，学者将价值网络理论的应用范围不断拓展，逐步延伸到组织内部层面、组织层面、组织间层面，以及产业层面，在组织行为、战略联盟、营销渠道等研究领域广泛应用（张闯，2011）。其中，最值得关注的研究是将价值网络的属性特征与企业的发展战略相结合，两者的结合不仅能够从关系和网络的双元视角看待外部驱动因素对企业战略的影响，而且更加有利于揭示网络特征影响企业绩效的内在机制，对进一步促进价值网络理论与企业战略理论的交叉融合、拓展各自理论边界和适用范围具有积极的理论价值和理论贡献。

表2－2　价值链理论与价值网络理论对比

对比点	价值链理论	价值网络理论
基本结构	链式连接，纵向关系	纵横交错，复杂网络关系
思维方式	单向的线性的思维模式	交互的、多向的价值创造思维模式
价值驱动要素	企业个体利润最大化，价值分配	知识、资源合作共享，价值创造
实践运用中的优势	分工协调明确，便于运营、管理	资源、能力互补，发挥整体优势
实践运用中的不足	过分关注效率与竞争，难以持续	边界模糊、网络复杂，难以管理
价值创造的原理	分工协调下单个企业的投入产出	顾客价值为核心的协同价值创造
管理模式	制度化的内部等级、科层式管理	信任为基础的非制度化的契约式管理
企业基本活动	分工基础上的内部生产运营、营销服务	资源互补、合作创新以及网络治理
价值增值重点	以竞争为核心的价值分配模式	以合作为手段的价值创造模式

资料来源：本书总结整理。

二、价值网络理论的形成动因、基本内容及核心思想

（一）价值网络的形成动因

在企业实践和理论发展的过程中，价值网络的形成既有外部环境因素也有价

值网络本身的内在因素。总体而言，价值网络的形成过程是网络外部环境与价值网络内部驱动因素共同作用的结果。其中，外部动因包括：经济全球化带来的机会与冲击；互联网信息技术、人工智能、大数据等产业的发展和推动；以客户为导向的企业价值观的持续深入；竞合思维的不断形成以及企业平台生态系统的出现等。价值网络形成的内部动因则包括：资源、能力优势互补与共享；降低经营成本与经营风险；知识学习与创新驱动；协同效应产生的竞争优势和超额利润等。

1. 价值网络形成的外部动因

（1）经济全球化带来的机会与冲击。伴随全球经济一体化发展，企业之间的竞争逐步由区域内的竞争扩展到全球化竞争，因此，当今企业间的关系在全球范围内的联系更加密切，企业的发展战略必须具有全球视野和网络视角。经济全球化对企业在全球范围内的扩张和发展提供了宝贵的机会，尤其是资本与技术的全球化流动打破了地域间的壁垒，企业间相互依赖和资源共享的程度进一步提高，导致企业间的相互连接范围逐步扩展。同时，全球化也带来了较大挑战，传统的单纯依靠企业个体独立创新和能力开发已经很难取得持续的竞争优势和未来发展（Kothandaraman and Wilson，2000）。因此，无论从机会方面还是挑战方面，企业间都需要在全球范围内充分发挥各自的资源和能力优势，取长补短、优势互补，进而形成相互联系、相互依赖的价值网络系统。

（2）互联网信息技术、人工智能、大数据等产业的发展和推动。在世界历史发展进程中，每一次大的社会转型都会带来巨大机会与挑战。互联网、人数据和人工智能等高科技的出现，正在改变深刻改变整个社会环境和商业世界，经济的主导力量正在由工业时代的资源品与资本，向数据经济时代的互联网、大数据和人工智能方向演进。伴随互联网时代高新技术的发展，由此引发的基于数据、技术及商业模式的垄断会比过去按照行业和地域划分的垄断，对商业社会的影响更加剧烈（卢泰宏等 2012）。由此可见，信息技术、大数据等的发展打破了原有企业、行业、地域的边界，企业之间的连接更加便利和必要，泛中心化的未来商业形态，应该会成为一个多中心并且中心动态均衡化的商业形态，即形成价值网络形态，这将对未来企业间的竞争与合作以及核心竞争的来源产生新的、深远的影响。

（3）以顾客为导向的企业价值观的持续深入。过去 30 年的企业发展史表明，企业唯有为顾客持续不断地创造和提供价值才能保持持续增长，价值网络系统本身便是一个以顾客需求为核心、顾客价值驱动的价值增值和创造系统（Ranjay Gulati，1995）。因此，伴随全球商业发展的不断推进，以顾客为中心、为顾客持续创造价值成为几乎所有企业的根本宗旨和长期追求，而随着顾客需求的个性化、多样化的不断加强，仅靠个别企业已经无法满足顾客的要求（Bruce Kogut，2000），此时，企业间需要通过发挥各自的资源和能力优势，形成错综复杂的价值网络系统才能不断持续改进并创造更大的顾客价值和企业价值。

（4）竞合思维的不断形成以及企业平台生态系统的出现。在全球化商业环境急剧变化和复杂程度不断增强的背景下，企业间的关系逐步由过去的竞争关系向竞合关系转化，竞合战略成为公司维持长期发展的重要战略选择。所谓竞合战略（Co－opetion）是指两个公司在一些活动中合作（如战略联盟）而在另一些活动中相互竞争的公司战略。竞合思维的形成及竞合战略的实施必然对企业参与和构建价值网络系统起到积极推动作用（Tsai et al.，1998）。价值网络系统的生成和发展与竞合战略的实施相互支撑。从价值网络的资源整合视角来看，竞合战略的构建过程也是资源重新配置和网络要素优化组合的过程，企业的资源提供者决定了竞合战略的结盟对象，最终，企业之间形成相互依赖、相互补充的网络平台生态系统，平台生态系统其本质就是复杂的价值网络系统（余东华和芮明杰，2007），因此，企业之间竞合战略的形成是对稀缺资源的配置和创造，从而催生和发展更加高层次的价值网络的重构和生成。

2. 价值网络形成的内部动因

价值网络生成的内在驱动力在于稀缺资源的共享和企业间优势的互补，企业参与价值网络分工可以获取信息、知识及其他优势资源，同时获取单个企业参与竞争和内部发展难以取得的超额利润。由此价值网络形成的内部动因主要包括：

（1）资源、能力优势互补与共享。经济学理论早已证实资源始终是稀缺的，在这个前提下，企业如何不断自我发展并持续满足消费者多样化的动态需求，是作为所有微观个体的企业面临的共同难题和挑战。在经济全球化和市场环境日益复杂的情境下，没有任何一家企业拥有可以完全满足消费者需求的所有资源，任何单一企业的力量都是有限的（Xiao and Tsui，2007）。因此，如何借助与整合企业外部资源以弥补自身资源、能力的缺陷，实现企业内部与外部资源的互补，成为企业克服资源、能力约束的关键环节（Manne，1965）。在此情景下，越来越多的企业开始选择参与和构建价值网络系统以实现资源、能力的互补与共享，最终实现网络整体利益和企业自身利益的均衡最大化和可持续发展。

（2）降低运营成本与经营风险。互联网信息技术、大数据等高端科技的发展促使市场环境更加动荡，商业形态和竞争格局急剧变化，单一企业经营的成本和风险在不断上升。而价值网络本身具有敏捷柔性和动态适应的特点，可以充分借助和整合外部资源，协同各企业优势分摊企业运营成本、降低经营风险，比如，企业间联合研发可以降低研发成本和失败带来的风险损失（Coleman，1988）。因此，构建和参与价值网络是企业降低运营成本和经营风险的重要战略手段和部署。

（3）知识学习与创新驱动。知识经济时代，创新与学习能力成为企业最为核心的能力之一，企业知识的存量积累和新知识的获取对企业的创新发展极为重要。当前，在中国社会创新创业大趋势的驱动下，企业如何快速、准确地获取和整合知识资源，为企业创新提供足够的知识储备和创新元素，是企业打造核心竞争力的关键（Gulati，1998）。价值网络正是一种具备高度柔性、敏捷性、学习性和动态性特征的新型企业商业组织模式，它具有针对不断变化的市场环境对企业资源进行快速组合的能力（Sturat，1998），价值网络的动态重构可以迅速实现知识资源在各网络成员之间进行有效集成和动态开发，进而促进企业学习和创新能力的不断提升和企业绩效的持续增长。

（4）协同效应产生的竞争优势和超额利润。价值网络系统是一种错综复杂的价值共生和资源能力协同系统。协同效应使企业间的合作能够产生更大价值，从哲学角度看，事物内部要素的结构性组合与优势互补可以产生整体价值大于部分价值之和的效果，价值网络正是通过内部企业间相互协同与合作，从而共同创造比各自价值之和更大的价值（Lei Xu，2013）。因此，企业为了在新的商业环境下快速获取竞争优势和超额利润，需要彼此合作与协同并最终组成价值网络，从而为企业绩效的提升获取更多的优势资源与核心能力。

（二）价值网络理论的基本内容

价值网络理论认为，社会网络分析中的概念和维度被应用于价值网络后，企业作为网络中的节点嵌入在网络中，与其他网络内利益相关者共同构成了价值网络，形成了价值网络的不同结构特征和关系特征。价值网络构建形成后其本身的特征和属性便成为产业中观层面影响企业发展的重要外部资源，这些网络资源对网络中企业成员的战略发展产生重要影响。因此，研究价值网络特征和属性与企业战略的关系及其对企业绩效提升影响对作为微观个体的企业而言意义重大。鉴于此，总结和厘清价值网络理论的基本内容与核心思想，有助于将价值网络理论应用到企业战略发展过程中，并且能够促进两者的交叉融合和相互补充，对于深刻认识和解释网络经济环境下企业外部资源促进企业创新行为和绩效提升的内在机制和深层原因具有重要价值。下面将从价值网络的构成主体和基本分析维度对价值网络理论的基本内容进行阐述和分析：

1. 价值网络的构成主体

价值网络是一种高度开放和动态变化的价值创造和分配体系，从自我中心网的视角看，它主要由网络核心企业、客户、供应商、竞争者、互补者，以及辅助性组织构成（见图2－3）。核心企业主要是指价值网络中处于主导地位或中心位置的企业，该类企业在整个价值网络的构建和运行具有重要影响（Nader Salman and Anne－Laure Saive，2005）。一般而言，核心企业负责协调组织各方面复杂关系、制定和执行网络规则、建立整个价值网络的价值观和文化体系，负责维护整个网络体系网络规则、协议和关系。核心企业的这一权威地位和责任主要体现在对纵向和横向价值链的影响和控制，供应商、客户与核心企业构成纵向价值链，核心企业必须不断提升整条纵向价值链的分工与合作水平，不断提高纵向价值链的运行效率（Lambert and Pohlen，2001）。同时，在商业环境日趋复杂的情况下横向价值链的构建与维护更加重要和复杂，它主要包括竞争者和互补者。核心企业与竞争者之间不但可以形成传统的竞争关系，同时也会在某些领域进行合作共同拓展市场或开发新的产品领域，比如，可口可乐与百事可乐、麦当劳与肯德基等企业不但同在一个行业进行竞争，同时也进行合作共同开拓新市场、打击第三方竞争对手。再如，戴姆勒—奔驰汽车公司和克莱斯勒汽车公司是汽车领域的竞争对手，但两者也开展合作共同开发新技术和新产品以对抗丰田公司的竞争。由此可见，核心企业与竞争者形成的新型的竞合关系对核心企业构建和维护价值网络尤其重要。另一类与核心企业关系密切的是互补者，顾名思义，互补者与核心企业的关系主要是互补，两者往往可以相互提供对方需要的资源（Kogut，2000），举例来说，书店旁边的学校很可能是书店的互补者，两者的联盟会产生积极的效果。因此，核心企业与竞争者和互补者是构成横向价值链的主体。而围绕在价值网络周边的金融机构、新闻媒介、科研机构、政府部门，以及中介机构等则属于价值网络的外围。

价值网络是由不同性质的组织形态构成的价值创造和分配系统。因为价值网络本身是一个开放的系统，一般价值网络成员可以较为容易地进入或退出价值网络系统，因此，加剧了价值网络的动态性和变化性（王树祥等，2014）。对此，价值网络系统必须构建和维护自身的规则、协议和关系才能维持价值网络在不断动态变化过程中的相对稳定性。这些价值网络规则和行为惯例的形成是伴随价值网络的产生而固化和生成的。伴随价值网络各参与者不断形成共同的网络价值观、行为惯例和规范，价值网络内的规则、各种协议和关系随之确立。通过这些规则、惯例、惩罚、奖励等规范的形成，价值网络成员间的关系随着开始固化，网络成员间也开始寻找到规则之下的合适的合作方式，以实现取长补短、优势互补的合作目的（吴海平和宣国良，2002）。企业间的网络关系本身也是一种企业发展的宝贵资源，对于实现网络企业的合作与价值创造和分配具有重要价值。因此，近几年学者开始关注价值网络在价值创造和分配中的重要作用机制，尤其对于其价值创造功能更是企业不断扩大整体价值、开发市场潜能的重要手段和方法。

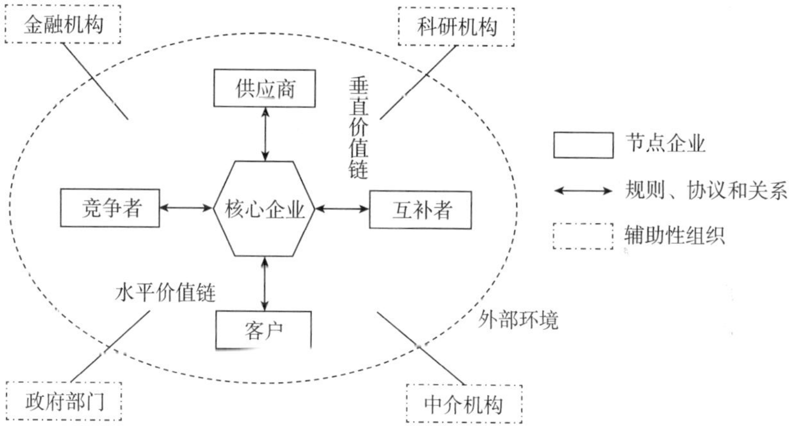

图 2-3 价值网络的构成内容

资料来源：张欣妍. 价值网络资源及企业动态能力对服务创新战略的影响机制研究［D］. 天津：南开大学，2016.

2. 价值网络的分析维度

对于价值网络理论的研究，其基本分析维度均直接借用了社会网络理论的分析维度和基本概念。从价值网络的研究层次来看，对于价值网络的研究包括：整体网络（Whole Network）和自我中心网络（Egocentric Network）两个层面。其中，自我中心网络侧重研究成员个体的运行方式与其拥有的网络特征之间的关系。而整体网络则重点研究在一个相对封闭的网络系统中，网络自身的整体特征对网络运行的影响，比如价值网络的关系强度、密度和规模等。从价值网络的研究维度和结构来看，以往研究基本从价值网络的结构、关系、位置三个维度展开分析，以研究价值网络特征与企业行为和绩效的结合。

美国著名社会学家 Granovetter 于 1973 年在《弱连接的力量》一文中首次提出了“社会连接”及其“关系强度”的概念，由此成为社会网络分析的基本单元。随后 Burt（1982）提出了“关系—位置”的社会网络分析模式，并将关系密度和关系模式纳入分析框架。伴随研究的不断深入，Granovetter（1985，1992）又提出了“嵌入性”的分析框架，并将“嵌入性”分为“关系嵌入”和“结构嵌入”的二元结构特征。此后，“嵌入性”视角在经济学和管理学中得到广泛应用。尤其是在 Burt（1992）提出了“结构洞”的概念后，对于社会网络的核心概念进行了基本的界定，进一步丰富了网络理论。结构洞具体是指行动者在网络结构中的位置会影响其资源的获取，占据结构洞位置的行动者或参与者，就是占据了网络交换的中介位置，能够比其他网络成员更具信息先得优势而控制利益。综观以往研究，主要从“关系”“结构”和“位置”三个方面展开分析（Ahuja，2000），并形成了较为完整的网络特征分析方法体系。以上网络特征均对企业的创新行为和战略形成产生重要影响。下面对价值网络的分析维度进行详细阐述。

（1）网络连接。网络连接是价值网络最基本特征之一，是指企业在构建和维持价值网络过程中与合作伙伴形成的联结方式，主要内容包括关系强度、关系质量等（洪茹燕，2012）。对于网络连接，Granovetter（1973）认为弱连接比强连接更可能带来更多的异质性信息和资源，因此对于组织成员获取对自身有利的信息和利益更加有效，而且连接不同组织之间的“桥”也必定是弱连接，即结构洞位置的中介联系必然是弱连接。由此便形成了网络关系强度的概念，网络关系强度是指网络成员间互动交换的频率和密切程度（Bian Yanjie，1997）。在本书中我们将使用“网络关系强度”作为衡量企业间价值网络关系特征的重要指标之一。

（2）网络结构。网络结构是网络内企业间相互连接而形成的整体结构特征，主要包括网络规模、网络密度等指标（Zaheer and Bell，2005）。其中网络规模是指价值网络内部网络连接的数量和信息丰富程度（Coleman，1988；Allee，2000）。联结密度则是指网络内部企业之间相互交流和互动的频率和规模（Laursen and Salter，2006）。以上指标均反映了价值网络的总体网络结构特征，是测量价值网络结构的基本和主要指标之一。

（3）网络位置。网络位置主要是指企业在价值网络中所处的地位，体现了网络成员企业获取互补性资源和控制信息传递等方面的能力（Lin，2001）。显然，企业在价值网络中所处的位置不同，则意味着企业所获取和拥有的资源的不同，以此为基础所采取的竞争和创新战略也会相应有所不同。比如，处于网络中心位置的企业必然会获得数量和质量上更具优势的创新资源和经济利益（Owen - Smith and Powell，2004），而占据中介位置的企业也可能获得信息优势和额外利益，但处于边缘位置的企业则可能无法获得优势资源和信息，从而只能采取跟随或者模仿战略。对于企业网络位置的测量，社会学与管理学领域存在基本共识，一般采用结构洞和中心度两个指标加以测量。网络中心度是指企业通过不同方式占据网络中心位置的程度；而结构洞则是指网络中的空隙或者“桥接”位置。较高的企业网络中心度可以提高企业在网络中的声望和权力，企业的网络中心度越高，越有利于企业间的交互学习和创新，同时也增加了其获取多样化和新兴信息的可能性（Shipilovl and Li，2008）。而处于结构洞位置的企业或者说拥有更加丰富结构洞位置的企业，由于具有信息中介和“桥接”的功能，因此，往往可以获得额外的信息优势和超额利润。对于网络位置测量的具体方法等内容本书将在后续章节展开介绍，在此不再赘述。

（三）价值网络理论的核心思想

在管理学领域，价值网络理论的发展过程较短，其发展模式是从理论复制到理论发展再到理论创新的渐进式过程。在价值网络理论的不断发展过程中，其基本的核心思想逐步形成。总结起来主要有以下几点：①价值网络是以顾客需求为核心的动态网络系统；②与传统价值链相比，价值网络理论的核心关注点在于价值创造而不在于价值分配，企业间关系由竞争为主转变为竞合相依；③网络资源与能力的共享与优势互补是价值网络构建的根本原因和内在核心机制；④知识的传播、共享和创新是价值网络不断优化和持续发展的根本动能。

1. 价值网络是以顾客需求为核心的动态网络系统

从价值网络的概念界定可以看出，价值网络不断发展的核心动力之一就是持续满足顾客的需求，通过比其他网络系统及竞争对手更好地满足顾客需求来维持企业竞争优势并实现企业绩效增长（陈占夺等，2013），因此，满足顾客需求、创造顾客价值的同时创造更大的企业价值是价值网络不断完善和发展的核心理念和根本动能。价值网络系统不是单一、静止的网络状态，而是一种开放动态的网络系统，随着竞争强度和商业环境的不断变化，价值网络中的企业成员可以比较自由地退出和进入网络，即价值网络始终处于不断动态优化的过程中（Aihie Osarenkhoe，2010）。如果企业无法从价值网络中获得互补资源和能力便可以考虑退出该网络并加入新的价值网络之中，同样，原网络外的企业也可以随时进入该价值网并组成新的网络，企业进入和退出的门槛和成本取决于企业自身的利益与网络变动成本间的投入产出比，以及企业自身的意愿。因此，价值网络是一种开放动态的网络系统，伴随商业环境变化和企业内部环境变化，价值网络处于不断动态变化和调整过程中，以促进整个网络价值最大化。

2. 与传统价值链相比，价值网络理论的核心关注点在于价值创造而不在于价值分配，企业间关系由竞争为主转变为竞合相依

价值网络本质上是一种价值创造系统，它不同于价值链理论之处在于：价值链理论过度关注竞争，即价值的分配问题（迟晓英，2003），而对于价值创造过程的理解和关注不够，从而忽略了合作带来的价值创造和价值增值空间。价值网络不仅关注网络内的分工和各自优势资源和能力的发挥，而且更加关注网络整体的价值增值和创造过程，因此，价值网络更加倾向于资源能力互补企业间的合作，网络内企业在市场、研发以及其他环节的知识共享和合作创新可以成倍放大价值网络的整体价值和企业自身的价值所得（Geoffrey Martin et al.，2015）。竞争与合作并存，形成竞合相依的良性互动是价值网络催生价值创造的重要手段和方式，也是其促进企业价值增值的核心思想之一。

3. 网络资源与能力的共享与优势互补是价值网络构建的根本原因和内在核心机制

伴随互联网信息技术的发展，企业所处的商业环境愈加复杂，消费者的需求也更加多样化和个性化，企业单纯依靠自身的实力已经难以完全满足消费者的差异化需求并处于优势竞争地位。价值网络为企业之间进行能力和资源的优势互补创造了条件，成为一种企业间进行价值交换和价值创造的有效机制（Gulati，1998）。基于资源和能力的互补，企业关注的重点不再是自身规模经济和范围经济的问题，而是如何在价值网络边界之内充分利用已有的网络资源和网络能力，并不断优化自身的整体价值创造系统，以便促使自身的价值创造能力达到最优化和自身利益最大化（洪茹燕，2012）。换言之，价值网络的资源与能力的互补和共享提高了企业价值创造的效率和效果，是一种集约型的价值增值和创造过程，而不是粗放式的资源投入带来的价值增加。因此，资源与能力的互补、优化是价

值网络构建的根本原因和价值创造的内在核心机制。

4. 知识的传播、共享和创新是价值网络不断优化和持续发展的根本动能

知识经济新时代，知识是企业拥有的核心资源，同时也是组织创新发展不竭动力。价值网络之所以可以不断动态变化和完善，根本原因在于企业可以在价值网络获取自身竞争和发展所需要的资源（李泽等，2017），而从创新的角度来看，这些资源中最为重要的核心资源是企业创新所需的知识要素。不论是探索式创新还是渐进式创新，都需要以知识作为基本创新元素和基础才能够顺利完成整个创新过程（王海花和谢富纪，2012）。因此，价值网络的构建可以为网络内企业提供多样化和异质性的外部信息和知识来源，知识传播和获取的成本大幅降低，而知识共享和利用的效率却持续倍增，价值网络是企业进行创新的重要知识来源和创新推动机制。

三、价值网络企业的内生性与外生性竞争优势来源

目前学界普遍认为，价值网络资源是企业的核心资源之一，已成为企业竞争优势的重要来源，因此，成为价值网络型企业是企业未来发展的主要目标之一。价值网络打破了行业界限，使行业间的边界不再清晰（卢泰宏等，2012）。价值网络并不是固定不变的，相反，它是一种动态网络。而该动态网络中占主导地位或中心位置的企业，被称为“价值网络型企业”。能否成为价值网络型企业，主要取决于消费者的需求与企业的网络能力（Shipilov，2009）。同时，由于价值网络型企业在整个价值网络中占据主导地位，因此，可以获得许多额外的信息和资源利益。可见“价值网络型企业”可以比一般企业获取更多的内外部资源，具备更强的内生性和外生性竞争优势。内生性竞争优势是价值网络企业的内在基础优势，而外生性竞争优势是价值网络型企业的外向发展优势（Sturat，1998）。简言之，从价值网络角度看，企业的竞争优势来源可以分为内生性和外生性两种。内生性优势是指价值网络中企业的优势的形成和发挥必须通过企业自身的消化吸收，是价值网络和企业内部生发而来的，并非主要依靠外部环境的影响而产生。相反，外生性优势则是指该企业的优势来源主要得益于外部机制和外部环境的影响而产生。内生性优势是企业发展的基础，外生性优势是企业成长的关键。下面将分别对价值网络企业的内生性和外生性竞争优势来源分别进行阐述。

（一）价值网络企业的内生性竞争优势来源

1. 核心知识与能力的互补与共享

企业的核心知识与能力是内生性的，任何核心知识和能力的生成、维持都需要长期积累的过程。价值网络企业的内生性竞争优势主要源于企业自身形成的核心知识和能力，这一竞争优势的形成既需要企业自身存量知识和能力的积累，又需要企业借助外部资源并且加以吸收整合不断形成增量知识和能力，从而最终形成企业整体的核心知识与核心能力（吴晓云和张欣研，2015）。一方面，核心知识与能力可以通过企业的持续学习和创新得到不断提升，将持续强化企业获取网络资源的能力。另一方面，企业核心知识与能力的生成也是一个随机过程，因为价值网络本身处于不断动态变化的过程中，这决定了企业核心知识与能力也是动态的发展的（Tiwana，2008）。因此，在价值网络系统中，企业可以通过网络内部学习，促进知识的传播与获取，进而与企业内部知识进行整合形成新的核心知识，最终这些核心知识和能力的生成将会成为促进企业创新的基础和动力，推动企业发现问题、解决问题的能力不断提升，最终促进企业绩效的持续增长。

2. 核心能力的识别与升级以及不同能力类型的优化组合

价值网络内企业间存在不断竞争与合作关系，在这种动态变化的企业关系中企业间的知识、资源形成共享、交互的互动机制，从而促进各自资源和能力的不断形成和完善。在此过程中，价值网络企业逐步识别自身的核心能力与核心优势，并且不断从外部获取知识和资源强化自身核心能力，最终形成企业核心竞争优势（Ritter and Gemünden，2003）。企业不但强化核心能力的生成和提升，对于不同类型能力的组合也通过与网络内部企业的竞合过程而不断得到优化组合，使企业在整体上形成能力效能最大化的格局，为企业创新和未来发展提供能力保障，从而最终形成持久的内生性竞争优势。

（二）价值网络企业的外生性竞争优势来源

价值网络型企业的外生性竞争优势来源主要包括：分工协同效应带来的多战略的并行实施和价值网络整体运行效率的提升；网络经济效益与价值网络的动态组合与重构；价值网络形成的内部市场和企业整体风险的降低。

1. 分工协同效应带来的多战略的并行实施及价值网络整体运行效率的提升

价值网络企业根据各自优势展开分工合作，推动价值网络整体效率提升，最终产生成分工协同效应。系统论哲学认为，在系统各个构成要素和整体结构进行优化组合情况下，各部分效应之和大于整体效应价值。因此，若将整个价值网络组织看作一个整体系统，那么网络内企业个体便可看作局部的，而通过整体网络系统的结构优化组合，局部个体企业则可以获得更大的竞争优势。企业在核心知识与能力既定的前提下，以互补与协同原则构建的价值网络系统可以持续提升企业现有的竞争能力（Allee，2008）。核心知识与能力的分工与协同体现在三个层面：战略层面、资源层面、价值链协同的一体化层面。

从战略层面看，波特的经典理论中提出的三种基本竞争战略：总成本领先战略、差异化战略、聚焦战略，三者之间所需要的核心知识和能力是不同的，甚至是矛盾的，因此，在价值链理论的视角下，单个企业只能在三种战略中选其一，比如，低成本战略与差异化战略间就很难协调，同时实施。但是，在价值网络中则不同，企业可以同时实施两种甚至三种战略（Dyer and Singh，1998），这是因为在价值网络中企业可以选择合适的合作伙伴进行全面的分工协作，优势互补形成完整的价值创造体系，从而使企业的信息成本、交易成本、生产成本降到最低水平，同时企业还可以发挥自身特长和优势实施差异化的战略定位（郑晓博等，2011）。因此，在价值网络系统中企业之间的分工协同效应可以促进企业的多战略并行实施和网络整体经济效率的提升。

2. 网络经济效益与价值网络的动态组合与重构

价值网络中企业之间既可以形成资源、能力互补，也可以形成行业、产业互补，比如，汽车生产商与橡胶轮胎生产商是纵向价值链的上下游关系，两者可以处于同一价值网络系统，并且形成互补或者对接，当更多的汽车生产商和轮胎生产商处于该价值网络时，两类企业间合作的选择空间大大增加，同时由于处于同一价值网络之内，资源、能力优势可以互补、共享和优化组合，从而会产生巨大的网络经济效益（Dovev Lavie，2007），这种网络经济效益成为价值网络型企业的重要竞争优势来源之一（Eric Fang et al.，2016）。同时，价值网络作为一种动态网络，伴随竞争与合作的不断变化，价值网络也在不断地解构与重构的循环中动态变化，正是这种动态的解构与重构才使价值网络成为一种持续完善和优化的价值创造和增值系统，也是价值网络企业的重要的外生性竞争优势来源之一。

3. 价值网络形成内部市场以及企业整体风险的降低

由于价值网络的延伸性和整合性特征，多条纵向价值链与横向价值链纵横交错，形成较为复杂、系统的价值创造和分配体系，因此，网络内企业间存在较为复杂的竞合关系，价值网络内部便可以形成一定范围的内部市场。内部市场的存在可以使网络中众多企业在价值网络边界之内找到合作伙伴、实现产品销售

（Capaldo，2007），因此，内部市场的存在是对外部市场和风险冲击的缓冲地带，众多企业可以根据外部风险调整自身战略和企业间关系，最终价值网络的动态调整无形中降低了网络内企业的整体风险（Normann and Ramirez，1993）。因此，内部市场的形成和整体风险的缓冲成为价值网络型企业外生性竞争优势的重要来源之一。

四、价值网络的研究现状、理论贡献及其评述

本部分内容将对近期价值网络的研究现状进行总结梳理，同时对于价值网络理论的理论贡献和未来研究趋势进行适当的评述，以期对价值网络理论的完善和发展作出有益的补充，使其更好地与企业战略相结合以推动企业绩效提升和未来发展。

（一）价值网络的研究现状

目前，管理学领域对于价值网络的研究从不同角度划分具有多种研究思路，比如，从研究的组织层面划分，现有研究对价值网络在个体层面、组织层面、组织间层面以及产业层面的研究均有分布，此外从价值网络的研究边界来看，多数研究集中在对自我中心网络的研究，对整体网络的研究仍然不多（张闯，2011）。重要的是，从本书的研究主题和研究内容出发，以上划分方法的研究讨论并不重要。根据本书研究主题和重点，我们重点从价值网络与管理问题的结合方面进行划分以系统梳理价值网络与企业的行为、能力和结果的结合与关系。从目前国内外研究来看，对于价值网络与企业管理相结合的研究主要从以下几个视角展开：价值网络本身的特征及其价值创造的内在机制；价值网络特征和属性与企业绩效的关系及其内在影响机制；从知识获取整合角度研究价值网络资源及其嵌入方式与知识管理的关系；价值网络与企业创新行为及创新模式的关系等。

1. 价值网络本身的特征及其价值创造的内在机制

近年来，对于价值网络本身的特征及其价值创造的内在机制的研究逐渐增多。比如，孟庆红等（2011）对价值网络的价值创造过程、特征、本质及其锁定效应进行了较为系统全面的论述和解释。并且通过归纳和提炼价值网络中的关系模式和网络定位两大权变因素，揭示了网络企业的价值创造与正面和负面两种锁定效应的权变关系，为价值网络的整体演进、发展完善、衰退消亡，以及价值网络内部成员间的发展差异提供了系统的理论解释。从价值产生和创造角度看，对于价值网络模型的研究和探讨已经较为成熟，其中得到学界普遍认可的主要有

David Bovet 模型、Prabakar & David 模型、Nalebuff & Brandenburger 模型。

（1）David Bovet 的价值网络模型。Bovet（2001）提出了 David Bovet 模型的网络模型，该模型是价值网络模型中较为基础和原始的模型，它主要反映了价值网络的概念特征与核心本质（Bovet and Martha，2000）。该模型由顾客、供应商和相关利益者构成（见图 2－4），其中，顾客处于价值网络的中心位置，外围的供应商和相关利益者通过与顾客的互动和交流，获取顾客信息并为顾客提供相关服务。价值网络环状结构的外围利益相关者和供应商通力合作，可以有效降低原料成本、信息成本、交易成本等，从而不断提高为顾客服务的效率而获得价值利益。David Bovet 模型是较早通过揭示价值网络的核心概念，以价值创造和顾客价值为核心构建理论模型，较好地表达了价值网络的核心要素与思想，为后续其他更加复杂和完善的理论模型的提出奠定了基础。

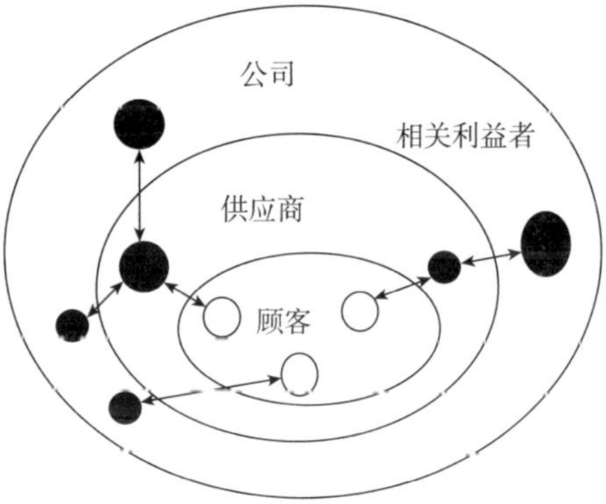

图 2－4　David Bovet 价值网络模型

资料来源：Bovet D. and Martha J. Value nets：Breaking the supply chain to unlock hidden profits［M］. Chichester：John Wiley，2000.

（2）Prabakar & David 价值网络模型。在 David Bovet 模型的基础上，Prabakar 和 David 于 2001 年提出了 Prabakar & David 模型，该模型引入了相互关系、卓越顾客价值和核心能力等概念，并揭示了三者之间的关系和价值创造过程（见图 2－5）。首先，核心能力是企业在价值网络中与其他网络成员开展合作关系的重要基础和关键能力。该能力直接限制和制约了单个企业与其他合作伙伴之间的关系质量（Low et al.，2009）。在价值网络中，单个企业核心能力的强弱，在很大程度上影响了它与其他网络成员建立联盟与合作关系的空间与可能。同时，顾客价值是该模型的核心要素。为了满足顾客对于卓越价值的需求，企业之间必须保持良好的合作关系和相互依赖，此时，核心能力强的企业处于主导地位，而核心能力弱的企业则处于被控制和被主导的地位。因此，良好的核心能力，对于维持网络成员间的关系至关重要。换言之，核心能力也是制约企业与其他网络成员形成合作关系的关键因素。反过来，合作伙伴之间相互关系对维持企业的核心能力也具有一定的推动和促进作用（Bovet and Martha，2000）。核心能力是创造顾客价值的基础，而顾客价值反作用于核心能力，并成为企业不断提升核心能力的激励因素，在一定程度上决定了企业核心能力的提升。其次，卓越的顾客价值强化了企业之间的合作关系；反之，良好的合作关系也促进了顾客价值的创造和扩张。企业的核心能力、网络企业间的相互关系以及卓越的顾客价值之间，均是互为反馈的关系（李海舰和陈小勇，2011）。因此，在价值网络中，要同时提升单个企业的核心能力，促进企业合作伙伴之间的相互关系达到动态平衡，才能够更好地创造顾客价值，从而得到更多的企业利益和价值。该模型中，卓越的顾客价值是整个模型的核心点和出发点，卓越的顾客价值、相互之间的关系质量以及核心能力之间的关系，构成一个完整的相互反馈机制，鲜明地体现出了价值网络的运行模式和运行特点。

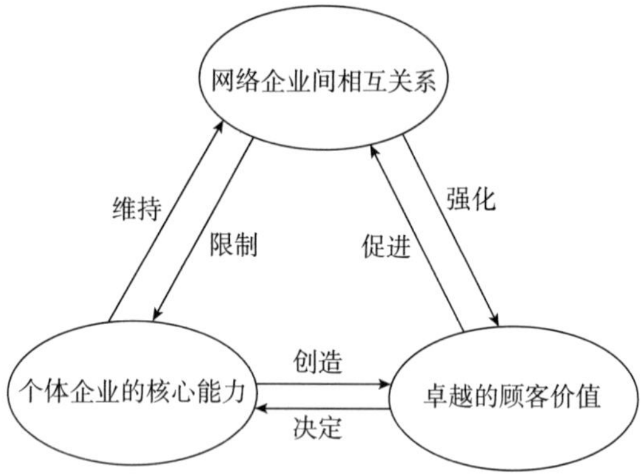

图 2-5 Prabakar & David 的价值网络模型

资料来源：Prabakar Kathandaraman，David T. Wilson. The future of Competition - Value - Creating Networks [J]. Industrial Marketing Management，2001 (30)：12-53.

（3）Nalebuff & Brandenburger 价值网络模型。David Bovet 模型和 Prabakar & David 模型均是从价值创造过程和网络内部企业间相互关系角度提出的，而 Nalebuff & Brandenburger 模型则不同，该模型是 Nalebuff & Brandenburger（2004）基于经济学中博弈论理论构建和提出的。该模型认为企业在传统商业环境中过分注重竞争的理念是一种基于价值分配的对抗性理念，该过程忽略了合作对企业发展和效率提升的重要作用，进而提出了“竞合”的重要理念，认为合作可以创造价值，竞争是为了分配价值。Nalebuff & Brandenburger 模型对价值创造的关注从产业链内部的价值活动转向宽广的所有商业活动参与者间的关系，突破了传统价值链纵向一体化和垂直合作的单一合作分工模式，而是从网络视角转向组织间合作及其企业利润间的关系，更加强调网络内企业间的合作与竞争共存，即竞合的理念（Cusumano，2000）。他们认为，每个企业都处在一个由利益相关者共同构成的价值网络中，网络中参与者之间的相互合作和竞争促成了企业的价值创造和利润实现，这种网络内的价值创造主要由供应商、客户、竞争者和互补者四类核心成员组成，他们通过博弈和竞合共同创造价值，致使整个价值网络的运行效率和价值创造均有所提升（Verna Allee，2000）。该模型在将商业环境和网络格局高度抽象的基础上构建形成，如图 2－6 所示。

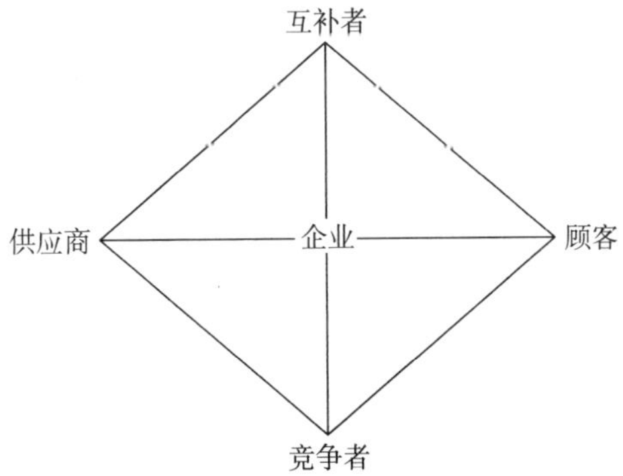

图 2－6 Nalebuff & Brandenburger 价值网络模型

资料来源：Nalebuff，Brandenburger. Co－opetition：A Revolution Mindset That Combines Competition and Cooperation：The Game Theory Strategy That's Changing the Game of Business［M］. Crown Business，1997.

随着对价值网络研究的逐步深入，学者对价值网络的本质和整体特征有了较为清晰的界定和普遍共识，于是开始向理论纵深延伸和探索，主要集中关注价值网络的特征和属性，以及这些网络特征与技术的融合与演化等问题。比如，Low和Johnston（2009）对价值网络在技术形成和技术融合过程的地位演变进行了研究，他们认为，企业需要充分了解现有专有技术为什么会被新兴技术或开放技术所取代，在此过程中，价值网络结构和网络位置在技术演变过程中发挥怎样的作用，其价值创造机制是什么？同时如何伴随技术的演变而不断调整自身的网络结构和网络位置（网络结构与位置模型见图2－7）。

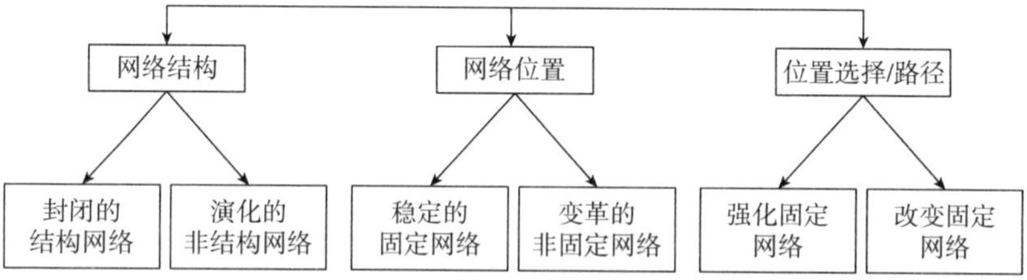

图2－7　价值网络结构与位置在技术融合生成中的演化

资料来源：Brian Low，Wesley J. Johnston. The evolution of network positions in emerging and converging technologies［J］. Journal of Business & Industrial Marketing，2009，24（5/6）：431－438.

2. 价值网络特征和属性与企业绩效的关系及其内在影响机制

对于价值网络的特征和属性需要结合它的分析维度进行细分和归类，前文已经阐述价值网络主要从三个维度展开研究，即关系维度、位置维度、结构维度。从关系维度来看，其特征和属性主要包括网络关系强度、网络关系质量、网络关系多样性等；从位置维度来看，其特征和属性主要包括网络中心度、网络结构洞等；从结构维度来看，主要包括网络规模、网络密度、网络连接广度等。

以往在管理领域的研究对以上价值网络特征均有涉及，其中，研究较多地集中在价值网络特征和属性与企业绩效的关系及其内在影响机制方面。Shipilov和Li（2008）通过分析1992～2001年在英国的投资银行的并购交易，深入研究了企业处于结构洞位置对于市场绩效和商业地位积累的影响，结果表明，结构洞位置正向影响企业的市场地位和市场绩效，同时发现开放网络条件下，市场绩效与地位积累间存在良性互动关系。彭伟和符正平（2015）则从资源整合的视角着重研究了网络关系强度和网络位置中心性对新创企业绩效影响的内在机制问题，研究表明，联盟网络中的关系强度与位置中心性对新创企业的绩效具有正向影响，并且资源整合在其中发挥中介效应。此外，徐建中和徐莹莹（2015）以环渤海湾地区制造业企业为样本对企业协同能力、网络位置与技术创新绩效间的关系进行了研究，结果表明，协同能力与网络位置的中心性和中介性均正向影响企业的创新绩效，并且两者的关系受到企业的技术能力的影响和制约。Lavie（2007）则从价值创造的视角，通过对367家软件公司及其20779个联盟的综合面板数据进行分析，着重研究了在投资联盟组合中网络资源、网络伙伴的选择及其互补性对核心企业市场绩效的影响，并强调了联盟投资组合对寻求管理和利用联盟的公司的权衡。在以往研究中，对于价值网络特征和属性对绩效影响的研究较多，多数文献从价值网络特征对绩效的直接影响和内在机制方面入手展开，但很少有研究从资源与网络的双重视角切入，研究价值网络资源对企业绩效的影响机制问题，本书将从该视角入手着重研究价值网络的位置和关系资源对研发战略的影响和选择以及对于创新绩效的影响问题。

3. 从知识获取整合角度研究价值网络资源及其嵌入方式与知识管理的关系

从知识获取与创新的视角看，既有研究主要集中在不同网络特征对知识获取和创新行为的影响以及在知识网络中企业所拥有的网络特征对企业创新战略的影响等方面。王海花和谢富纪（2012）基于结构洞理论对企业知识网络能力结构进行测量，从战略和操作两个层面划分了企业的外部知识能力。Salman 和 Saives（2005）通过对加拿大的生物技术公司进行40余次的访谈，收集了企业与其战略合作伙伴关系的数据，通过网络分析、中心度测量和多元回归分析表明，通过在间接关系网络中占据中心位置，企业更有可能从其直接合作伙伴处获取有用的知识并增加创新。该研究认为，具备不同网络特征的企业通过对于知识的获取可以促进其创新发展，并且间接网络地位可以作为生物技术公司的无形战略资源进一步推动企业构建核心竞争优势，具体逻辑关系如图2-8所示。

除了从知识获取视角研究价值网络特征对资源获取的影响外，部分学者也从网络嵌入视角研究企业的价值网络优势对企业战略行为及其资源获取的影响和内在机制问题。Ozdemir（2016）从企业家个体网络层面切入，对结构嵌入和关系嵌入对价值网络延伸和企业资源获取机制进行了探讨。研究表明，企业家不但会对自我网络进行管理，同时还会进行网络延伸，通过将网络延伸到所需要的资源的其他网络而获取资源。这种网络延伸一般是通过关系嵌入和结构嵌入的方式，通过分享彼此间的信任和理解深入其他网络并获取所需资源的（见图2-9）。

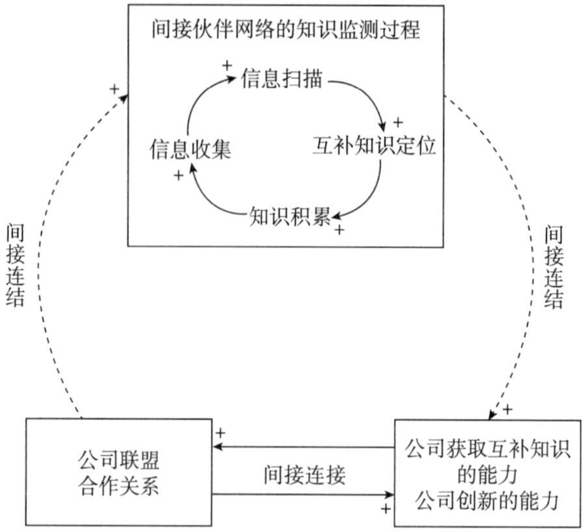

图 2－8　公司网络关系、知识获取与创新过程

资料来源：Nader Salman and Anne－Laure Saives. Indirect networks：an intangible resource for biotechnology innovation［J］. R&D Management，2005，35（2）：203－215.

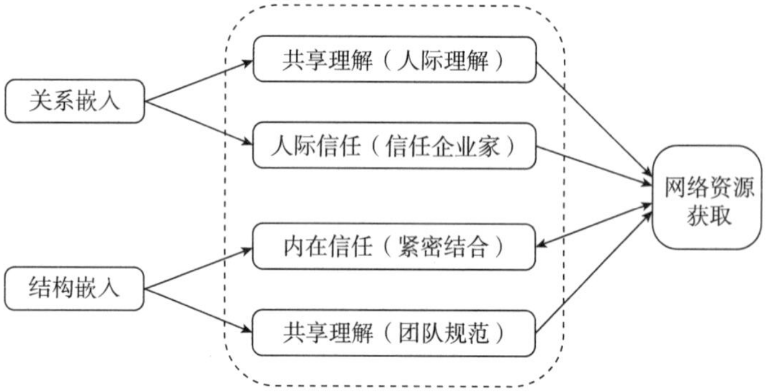

图 2－9　关系嵌入与结构嵌入对企业资源获取的影响机制

资料来源：Salih Zeki Ozdemir，Peter Moran，Xing Zhong，Martin J. Bliemel. Reaching and Acquiring Valuable Resources：The Entrepreneur's Use of Brokerage，Cohesion，and Embeddedness［J］. Entrepreneurship Theory and Practice，2016，1：49－70.

4. 价值网络与企业创新行为及创新模式的关系

既有研究中，对于价值网络与企业创新行为和创新模式的研究逐步深入，近年来研究较多是从创新的双元视角切入，研究价值网络特征对于渐进式和突破式创新的关系及其内在的影响机理和作用机制问题。比如，章丹和胡祖光（2013）对结构洞对企业技术创新活动的影响及其作用机制展开研究，通过对技术创新企业的调研发现，信任是调节结构洞与创新活动的重要调节变量。企业在网络中的结构洞位置对企业的探索式技术创新活动具有正向的影响，而对于利用式技术创新活动则具有负向影响作用，在此过程中网络成员间的信任正向调节了前者的关系，而负向调节了后者的关系。伴随研究的不断深入和演进，研究的层次和视角也越来越微观、深化，近期对价值网络特征与创新模式和行为研究更加具体、细致的是 Eric（Er）Fang 等（2016）的研究，该研究从微观企业、个体网络和整体网络三个层面对网络中心位置对突破式产品创新和渐进式产品创新的影响和作用机制展开细致研究。研究表明，企业在网络中的位置对产品创新具有重要影响，接近中心性正向影响企业的突破式和渐进式产品创新，而中介中心性则负向影响企业的突破式和渐进式产品创新。同时，从个体自我中心网络角度出发，自我中心网络的密度、网络多样性以及企业个体的研发能力等对以上关系存在不同程度的调节作用（见图 2－10）。此外，Lei Xu（2013）探讨了网络地位和创新之间关系的内在嵌入影响机制。并解释了并购、战略联盟和创新之间的关系，创新是如何被并购以及战略联盟与网络地位影响的。研究表明，企业利用资源获取机制和市场控制机制，编织他们的社会网络进而影响社会资本积累，这反过来又影响企业的创新能力。该研究突出了战略联盟和网络地位的关系及其对创新行为的影响。正如 Stuart（1998）与 Chun（2000）的发现，网络地位越高，战略联盟的形成率就越高，因为高声望的公司享有能够向公众证明公司的原创能力的优势。另外，公司之间形成合作，是企业获取互补性资源进而形成战略联盟的重要方式。换言之，战略联盟的形成是一种资源获取机制。而网络地位是这一机制的驱动力。Manne（1965）也指出并购有助于公司获得市场垄断权。因此，企业并购活动可以被看作在价值网络条件下的一种市场控制机制。

（二）价值网络的理论贡献及其评述

价值网络理论是将社会学领域的社会网络理论应用到管理学领域，运用管理学的知识内容与社会网络的理论框架相结合而产生的。价值网络理论对传统管理学研究具有较大贡献，主要集中在对企业战略管理理论的拓展和整合方面，其主要理论贡献可以总结为以下三方面：一是价值网络理论的构建与应用为传统企业战略研究提供了新的研究视角；二是价值网络理论的构建与应用为传统企业战略研究提供了新的研究方法；三是价值网络理论与传统管理理论的结合促进了原有理论的深化发展、拓展了原有理论的研究边界。

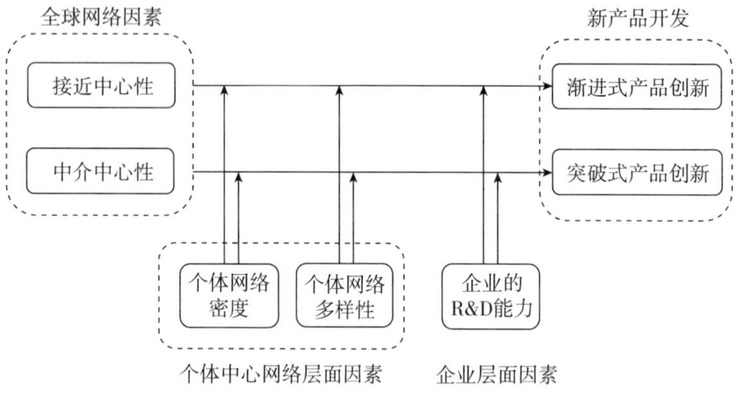

图 2－10　三个研究层面交互影响的网络中心性对产品创新模式的影响

资料来源：Eric（Er）Fang，Jongkuk Lee，Robert Palmatier，and Shunping Han. If It Takes a Village to Foster Innovation，Success Depends on the Neighbors：The Effects of Global and Ego Networks on New Product Launches［J］. Journal of Marketing Research，2016，53（6）：319－337.

首先，价值网络理论提供了一个与传统组织和管理研究不同的视角以及严谨、定量的研究方法（张闯，2011）。传统研究范式的研究重点在于组织或者个体的自身属性对于组织行为和绩效的影响，而价值网络范式与传统研究范式则不同，它从网络的视角出发，将组织、个体等通过网络的形式联系起来，把研究的重点集中在网络成员（个人、群体、组织）之间的关系及其所嵌入的网络中。网络理论认为，企业所在网络中的位置、结构，以及具备的社会关系背景决定了网络成员（组织或个人）的行为，而不是网络企业的个体属性决定了其战略行为（Capaldo，2007）。因此，价值网络理论的构建和研究为管理理论的发展提供了新的视角和研究范式。此外，从研究方法来看，价值网络理论已经形成一套较为完整的变量测量方法，在计量统计方面也发展出诸如 CINET6.0 软件等计量软件，为价值网络理论与企业战略理论的结合研究提供了计量保障和基础。

其次，从价值网络与传统战略理论的融合方面看，价值网络理论拓展了原有战略理论的理论边界和适用范围，将企业的竞争优势由强调内生性的内部的资源、能力的积累扩展为内外部资源的动态整合，由此企业内生性的资源和能力已经不再是其获取持久竞争优势的唯一来源（Grudinschi et al.，2015）。通过内生性和外生性资源的整合，网络内企业之间可以形成资源优化组合，进一步完善和发展了企业战略理论。此外，从资源的角度看，价值网络可以为企业带来丰富的内外部资源和互补能力，因此，价值网络本身就是一种重要的网络资源，并且进一步丰富、完善了资源基础理论，是资源基础理论由关注组织内部资源扩展的组织外部和组织之间的资源整合与流动，并且伴随组织资源的不断获取和动态调整，企业的网络能力会随之提升，而该能力的不断提升和变化则是一种企业动态能力的体现，因此，价值网络与动态能力理论的结合同样丰富和完善了动态能力理论的发展。

最后，将价值网络特征与企业创新行为和创新战略相结合丰富和拓展了企业创新理论的发展和完善，企业的创新行为特别强调外部知识和资源的获取与整合，传统创新理论更加注重企业内部研发和资源整合的作用，而价值网络则使企业的创新资源的获取方式更加广泛和多样，为企业的创新资源的获取提供了更加多样化的渠道和更加广阔的研究视角，因此，价值网络理论拓展了创新理论的理论边界和研究视角、丰富了企业创新理论的内容。

综上所述，价值网络理论在管理学领域的构建和应用不仅为传统战略管理理论的发展提供了新的研究视角和研究范式，而且也促进了资源基础理论、创新理论和动态能力理论的研究边界的拓展，进而使以上理论与价值网络理论相互整合与交叉，进一步丰富和推动了战略管理理论的发展和完善。

第二节 企业产品创新战略相关研究

全球一体化与互联网信息化的发展促进了企业间协作与分工网络的形成，最终导致企业的产品创新更加多样化和复杂化。在快速变化的动态商业环境中，产品的创新过程也更加复杂多变。但伴随竞争的不断加剧和升级，产品创新成为企业最重要的竞争优势之一。以往对于产品创新的研究主要关注技术推动型的产品创新和市场拉动型的产品创新（Liehtenthaler，2011）。技术推动型的产品创新主要依靠技术的变革和研发促进产品创新。市场驱动型的产品创新则主要关注消费者需求的变化及竞争者的战略动向，该创新模式是一种被动式和改进式的创新模式，短期内可以维持企业的竞争优势，但难以维持长期的持续的竞争优势。两种创新模式各有利弊，但不论是市场驱动型还是技术推动型产品创新都存在自身固有的局限（Westergren and Holmstrom，2012）。在此创新情境下，设计驱动型创新逐渐得到企业和学界的重视，也成为当前发达国家企业产品创新的主流方式。设计驱动型产品创新是以设计师为主要创新主体的各种创意在产品中的体现，该产品创新模式创新成本低、持续性强，是一种企业进行创新的可持续的产品创新模式。然而，目前国内对于设计驱动型创新的研究明显不足，不仅研究数量缺乏，而且在理论引进与推动发展方面也仍处于起步阶段（陈雪颂和陈劲，2016），因此，从网络角度加强对企业设计驱动型产品创新的研究十分必要和迫切。鉴于此，在研读以往文献和研究的基础上结合国外学者的理论发现，本书将技术、市场、设计作为三种重要的产品创新驱动力，并将设计驱动型产品创新与市场驱动型产品创新和技术推动型产品创新作为三种重要战略模式，重点研究价值网络资源对三种产品创新战略及其绩效的影响差异和影响机制。本节内容将主要从产品创新的概念和模式比较；市场驱动型产品创新的概念及理论综述；技术推动型产品创新的概念及理论综述；设计驱动型产品创新的概念及相关研究；三种产品创新模式的比较分析与评述等方面进行详细的梳理和论述。

一、产品创新的概念界定及三种产品创新战略

目前，动态变化与消费需求多样化和个性化的商业环境下，产品创新已经成为企业获取持续竞争优势最主要的方式和手段，尤其伴随信息技术的迅猛发展以及全球经济一体化程度的深化，企业竞争战略的重点已经从过去“以生产和营销为中心”转向了“以产品创新为中心”的阶段。因此，新的全球商业环境下产品创新成为企业获取核心竞争力和绩效提升的关键手段和途径。

（一）产品创新的概念界定及观点描述

学界存在诸多学科对“创新”进行概念的阐述和清晰界定，通常在工程、市场营销、管理甚至经济学中均提供了独特的视角对创新进行学科内的界定。同时对于创新也存在各种分类方法。根据其相对新颖的程度，学者和实践界有着不同的名称：创新和非创新的，不连续的创新与连续创新，演化创新与突破创新，增量创新与基础创新等。然而，关于以上分类的标准是什么，主要从公司还是顾客角度出发看待问题等，仍存在一定的模糊性，许多研究都集中在顾客如何看待新事物，以及这种感知如何影响新产品的采用和传播方面。对于产品创新而言，

更多是从营销学的角度展开的。在营销领域所谓产品创新主要存在两种定义方式：第一种是根据结果来定义，认为产品创新用企业推出的满足消费者需求的新产品的数量加以衡量，从数量角度界定产品的创新程度（Chesbrough，2013）。第二种定义则是根据产品本身的属性加以界定的，认为产品创新是企业开发的满足消费者需求的产品的新颖程度和独特程度，从产品的创新力度和新颖度进行衡量。本书较为认同第二种定义方式，从新颖性和独特性角度对新产品开发进行界定（Griffith and Rubera，2014）。从产品的新颖程度角度看，可以将产品的创新分为渐进式创新和突破式创新两种。渐进式创新是指在原有产品的基础上进行改进式的创新，或者通过整合现有技术、知识并加入新的元素进行改进式创新。而突破式创新则是指通过获取全新的知识、技术或者设计元素创造出原来不存在的产品，是一种技术变革推动或者设计驱动的根本性的创新（应洪斌，2016）。无论是渐进式创新还是突破式创新均可以直接应用于营销领域的产品创新。目前对于突破式创新和渐进式创新的研究较多，尤其从两种创新方式的平衡配置角度提出的双元创新理论已经应用于组织行为、战略管理、组织能力、营销能力、营销创新等多个研究领域，从双元视角研究营销活动中的产品创新问题的文献占据较大的比例。目前研究围绕产品创新从多个角度展开，其主要的观点如表2－3所示。

表2－3　不同视角下产品创新的概念及观点描述

研究问题	文献来源	概念界定或观点描述
研发投入视角	孙晓华和郑辉（2013）	主要关注产品的功能方面，认为产品创新是对产品功能进行升级或设计出全新产品，以开拓新的市场从而创造出超额利润的创新
	秦佩恒、赵兰香和万劲波（2016）	主要关注研发与创新绩效的关系，认为产品创新来源于技术和市场两方面。与高技术企业相比，中低技术企业创新更多地依赖现有知识的积累，企业增加值的主要多少取决于生产能力而非研发，进而提出R&D投入只是创新众多来源中的一个，高R&D投入未必带来高的创新绩效
	何郁冰（2011）	技术多元化影响着企业产品创新战略的选择与创新绩效，技术多元化的不断积累可以为企业产品创新提供技术创新基础，进而实施多元化的产品创新战略
	Atuahene等（2001） Gao S. 等（2012）	新产品开发过程伴随着研发投入与技术创新，但产品创新更多的是构思、开发和向市场引入新产品或新服务的过程

续表

研究问题	文献来源	概念界定或观点描述
网络特征与战略视角	Zaheer 和 Bell（2005） Coleman（1988） 应洪斌（2016）	从网络角度看，有更多结构洞的自我中心网络更有助于新产品的开发，但结构洞数量过多又会妨碍组织间的知识协调，从而不利于企业的新产品的开发。譬如，关于网络嵌入和网络封闭的相关研究发现，结构洞数量过多会阻碍网络信任机制的形成，并且降低知识源的知识分享意愿，最终增加组织获取外部知识的难度和创新的难度
	李支东和金辉（2016） Li 等（2013）	区别以往研究，以两种创新模式为前置，以网络特征为因变量，从创新企业在产品创新过程中产生的资源缺口和组织学习视角切入，研究了两类产品创新模式的网络嵌入性机制。突破式创新倾向于通过开创式学习将弱关系进行转化成为强连接，而渐进性创新则倾向于通过开发式学习与规模相对较小的强关系形成弱联结
	秦敏和梁溯（2017）	从网络平台角度，认为产品创新过程是网络社区成员互动的结果。企业在线产品创新社区，为企业充分利用外部智力资本推动内部研发提供了巨大机会，企业组织积极建立网络社区平台，鼓励终端用户通过在线方式参与产品与服务的创新活动
	Cusumano（2010） 崔晓明、姚凯和胡君辰（2014）	网络平台环境下，企业正在由产品经济向平台经济转化，尽管许多企业的创新产品仍然是其主要利润来源，但如果随意将利润来源低价化，则可能导致企业增长危机。同时由于新进入者没有变革成本，行业的新进入者便可以轻松地实现产品终端化，但是产品创新价值虽不再是利润的主要贡献者，但作为平台通道的建设者仍然有十分重要的价值
资源、知识与能力视角	张文红和赵亚普（2013） Lu Q. W.（2000）	产品创新来源于市场和技术知识的促进作用，跨界市场知识和技术知识对企业的产品创新具有较积极的正向影响。技术知识跨界搜索可以帮助企业从组织外部获取互补的技术知识和资源，而市场知识跨界搜索则可以通过与顾客间互动，建立良好的顾客关系和忠诚，因而更好地满足并预测顾客需求
	熊捷和孙道银（2017）	从社会资本与知识获取的关系切入，研究两者对产品创新的影响。在开放式创新环境下，企业不仅要通过自己的内部研发产生新技术和新产品，同时也要充分利用企业外部技术知识和资源，并且通过与外部技术企业合作来提高自身的技术研发与产品创新能力

续表

研究问题	文献来源	概念界定或观点描述
资源、知识与能力视角	李晓翔和霍国庆（2015） Tan 和 Peng（2003）	从组织冗余对产品创新的作用机制展开研究，认为不同类型的组织冗余对产品创新具有不同的作用，不同类别的组织冗余表现出不同的作用，不加区分而笼统地判断组织冗余是否有利于产品创新是不科学的。而知识的搜寻方式则对冗余与产品创新起到调节效应
	Lanep 和 Batkin（1998）	企业的研发积累和资源固然重要，但是企业必须提高监管、吸收、评估和使用新技术的能力，亦即关注吸收能力在企业产品创新中的整合作用。企业的吸收能力在决定企业竞争优势形成的过程中以及实现程度上具有关键性的作用和影响，因此，吸收能力可以将获取的互补资源进行整合，通过规范行为默契进而影响产品创新

资料来源：本书总结整理。

（二）三种不同的产品创新战略

伴随全球化和信息化的发展，企业间进行产品创新的频率和速度不断加快，新产品层出不穷，竞争也越发激烈。环境的动态变化加剧了商业形态的复杂程度，也对产品创新提出了新的挑战和要求。从以往产品创新的模式和驱动力来看，主要存在市场拉动型创新和技术推动型的创新（张文红和赵亚普，2013）。公司的产品创新通常侧重于技术导向和客户导向，因为它们被广泛认为是形成差异化优势的关键因素。当决策者关注与新的最先进技术的发展相关的问题时，公司可能可以进行产品技术创新，并将其产品与其他产品区分开来。而当决策者优先考虑收集和解释有关客户行为的问题时，公司可以更好地了解如何开发适合特定市场偏好的产品。因此，技术导向强调在新产品开发中采用最先进的技术。技术型公司倾向于投入大量资源用于研究和开发，并将管理的关注点引向技术进步。这些公司利用先进的技术可以具备开发与市场上现有产品不同的新产品的强大能力。客户导向关注客户偏好的识别和理解，为企业通过提供独特的产品满足特定客户需求奠定基础（Tan and Peng，2003）。由于公司优先考虑与客户相关的问题，因此，一个以客户为导向的公司非常注重收集客户信息，预测市场变化和满足潜在的客户需求。最终面向客户的公司可以快速响应不断变化的客户偏好，为客户开发量身定制的产品。

由此可见，技术推动型和市场拉动型是企业产品创新的两种重要创新模式，但两者均存在自身的局限性，从创新的新颖程度来看，市场拉动式创新多是渐进式的创新，即根据消费者现实需求的变化在原有产品基础上进行修正和完善的过程，渐进式创新可以维持企业的短期竞争优势，促进企业取得短期经济效益，但是渐进式创新生成的竞争优势往往无法维持长久的竞争优势，需要企业不断进行产品改进和创新，进而推高企业创新难度和创新成本，最终将被突破式创新产品所取代。同时，技术推动型创新模式尽管以突破式创新为主，即重大技术的突破促使企业生产出全新的产品，但重大技术的出现具有高度不确定性，并且从技术形成到产品创新仍存在较远的距离，也无法保障全新产品适销对路。因此，尽管技术推动型创新可能为企业带来超额利润，但也是高风险、高成本的创新模式。相比以上两种创新模式，设计驱动的产品创新则具有较为明显的创新优势。同样从创新程度来看，设计驱动式的创新以突破式创新为主，主要包括产品功能创新和产品语义创新。设计创新具有创新成本低廉、创新可持续性强和成功率高等优势，目前国内理论界已经开始关注设计驱动式产品创新发展和理论研究。综上所述，三种创新模式各自具有优劣势，下面将分别对每一种产品创新模式进行文献综述，最后对三种模式进行比较分析和评述。

二、市场拉动型产品创新的概念界定及相关研究

在互联网环境下，产品生命周期不断缩短。不断进行产品创新以适应多样化消费需求是企业保持持续竞争优势的重要手段，这种通过不断调整和创新产品以适应市场变化的产品创新方式本质上是一种市场驱动的产品创新。具体而言，所谓市场拉动型创新是指从市场需求和消费趋势出发进行产品的改进和完善，以满足消费者的需要的创新模式。因此，市场驱动型创新本质上是一种市场导向的产品创新模式，Narver 和 Slater（1990）从组织内部文化视角将市场导向界定为一种组织文化，该组织文化可以较为有效地诱发创造和开发顾客价值所必需的组织行动。他们认为，组织市场导向的实施是纯粹的行为主义，在一定程度上显示了企业战略经营单位（SBU）在顾客导向、竞争者导向和组织职能三者间协调等相关活动中的参与程度。Kohli 和 Jaworski（1990）则从组织行为的视角，将市场导向界定为三种活动的组合：企业组织范围内与当前及未来消费者需要相关的市场情报信息的产生；市场信息情报在企业内部部门间的传播及扩散；在组织层面，企业对市场情报做出的反应。具体而言，市场导向的创新价值观将最终导致市场导向的行为规范，并产生以市场为驱动动力的创新行为的发生（Homburg and

Plesser，2000）。显然，企业对于顾客或者竞争者的高度关注可能影响它们思考如何通过产品创新以响应市场的动态变化；此外，组织内部职能部门之间的协调程度也会在一定程度上决定产品创新倾向和创新绩效的高低。

目前，对于市场驱动型产品创新的研究主要集中在市场导向与竞争导向对企业创新战略和创新绩效的影响方面。国内学者姚山季等（2017）的研究表明，从客户协同产品创新的视角研究了与客户协同进行产品创新对企业新产品开发绩效的内在影响机制（见图2－11）。研究将客户协同产品创新这一创新性的构念划分为心智模式协同和网络结构协同两个维度，并且将中介变量转化式学习划分为知识维持与知识激活两个维度，通过实证研究表明，客户协同产品创新情景下，心智模式协同并不能直接促进知识维持活动的发展，但它却可以通过转化式学习的另一个维度——维度知识激活的中介效应正向影响新产品开发和创新绩效，这一结论与Gulati（1999）的结论略有不同，Gulati（1999）认为客户协同产品创新的情境下，心智模式的协同可以直接促进新产品开发绩效的提升和发展。姚山季等（2017）的研究从客户协同产品创新对新产品开发绩效的内在影响机理展开研究，是对市场驱动型产品创新模式的一种理论拓展和深化。也为全面而深入地理解客户协同产品创新、转化式学习和新产品开发绩效三者之间关系提供了一定的理论探讨空间。

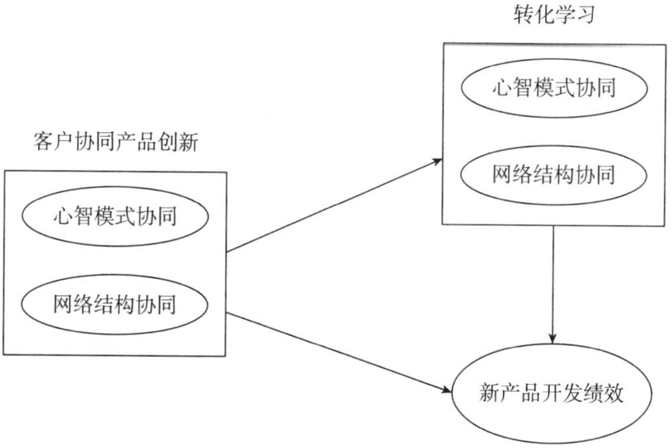

图2－11 客户协同创新对新产品开发绩效的影响机理

资料来源：姚山季，来尧静，金晔，王万竹．客户协同产品创新、转化式学习和新产品开发绩效：一项实证研究［J］．管理工程学报，2017，31（4）：63－71.

从市场驱动产品创新的角度看，大致可以将市场驱动分为两类：一类是顾客驱动型的产品创新，另一类是竞争驱动型的产品创新。张婧和段艳玲（2010）从组织学习的角度对顾客驱动型组织学习与竞争驱动型组织学习对产品创新的影响展开研究，研究表明顾客驱动和竞争驱动均正向影响企业的产品创新，并且顾客驱动型学习对产品创新的影响更加明显。张文红和赵亚普（2013）则从知识获取的视角研究了跨界知识搜寻对产品创新的影响机制，研究认为企业的产品创新主要来自知识的获取和整合，而创新的知识来源主要有两类：一类是市场知识，另一类是技术知识。两类知识均对产品创新产生重要促进作用，但实证检验结果表明技术知识对产品创新的影响更为显著。这一结论与国际学者的研究结论可以相互印证。Wu 和 Shanley（2009）的研究也表明，当企业的研发水平与技术能力相对比较薄弱时，单纯依靠自身实力往往很难成功地开发新技术，而跨界知识搜索恰恰可以从组织外部获得互补的技术知识和资源，正好弥补了企业内部技术知识匮乏的不足。此外，技术知识的跨界搜寻已经跨越了组织原有的技术边界，可以获取大量异质性和多样性的技术知识，从而避免了依赖原有技术进行修正、完善的渐进式创新过程，最终突破原有知识、技术轨道促进突破式创新并开发全新的产品或服务。Love 等（2014）的研究从动态能力的角度展开，并认为不管是技术驱动的产品创新还是市场驱动的产品创新，其本质都是企业的一种动态能力的表现，企业的动态能力是其产品创新行为的能力源泉，因此组织的动态能力对企业创新战略和产品创新具有重要的促进作用。Gnyawali 和 Srivastava（2014）则从网络的视角讨论了产业集群和网络形成的互补效应对企业创新行为的影响，并且认为企业的产品创新是一种市场和技术双重驱动的结果，市场驱动的产品创新行为与企业在整个产业集群中的网络关系和网络效应存在密切关联。同时，产品创新网络需要嵌入整个市场网络中，产品创新的网络嵌入特征一般是由企业在创新过程中生成的资源稀缺性所导致的（Fu and Zhang，2012）。换言之，资源稀缺程度和特性的不同，导致企业为了弥补资源缺口而不得不嵌入现有的市场网络中，但这种企业所需的稀缺资源之间的差异性也决定了企业间的合作关系存在相应的差异。

现有研究认为，市场驱动式的产品创新实质就是一种市场导向的创新方式。而市场导向作为一种组织观念或者企业文化，在很大程度上可以有效地提升企业的创新能力，并且加快新产品的开发速度，进而提高顾客满意度和企业创新绩效。该类研究的逻辑是将创新作为市场导向与组织绩效的中间环节，即将创新行为或者产品创新作为中介变量构建研究模型（Goksel et al.，2007）。而在研究和关注创新的中介作用时，不同的研究者所关注的重点和视角是不同的，以往研究中产品创新、管理创新、技术创新、营销创新等都曾分别被作为中介变量，也有研究同时采用企业创新行为或方式的组合模式构建多重中介以研究市场驱动与创新绩效间的关系。因此，总结以往研究可以发现，创新行为的各种形式均可作为市场驱动或市场导向与企业创新绩效和市场绩效之间的中介变量。张靖（2005）对以往研究进行了梳理，发现并划分了市场导向的三个维度，即竞争者导向、顾客导向和跨部门协作导向，通过实证研究表明，这三个维度都可以有效促进产品创新，进而推动企业创新绩效和市场绩效。

首先，顾客导向是以满足顾客需求为主导目标的，以顾客为中心的组织文化能够促进企业在技术和管理范围内的产品创新和管理创新，因此能够推动组织持续创新。而竞争者导向的目标则是关注竞争对手，并且与其保持同步甚至领先于其他同行，因此以竞争者为导向的企业文化应该加速创新（Gulati，1999），但是，以竞争者为导向的评价往往将其优势与劣势的判断标准放在产品和服务的技术含量与营销属性方面。鉴于以上原因，以竞争者为导向的产品创新可以加速技术创新的步伐，但对市场创新可能没有直接影响。其次，企业内部职能部门之间协调意味着不同职能间的开放式的沟通，这有利于增强企业对顾客需求的反应能力，进而也会促进组织和产品创新。最后，组织创新和产品创新将导致企业市场绩效和创新绩效的提升。此外，现有研究也表明，以新产品成功率为衡量指标的企业绩效结果也证实了企业的产品创新行为或能力对市场导向的新产品创新与产品创新成功或绩效间关系存在中介效应（Liedtka，2015）。由此可见，产品创新是促进企业创新绩效和市场绩效的重要动因。

综合上述结论，多数学者认为产品创新是市场导向与绩效提升间的传导机制。但也有少数学者的研究结论得到了相反的结果，这些研究从市场导向—产品创新—企业绩效的逻辑链条展开研究，实证结果表明，产品创新在市场导向与企业绩效间没有产生显著的中介效应。但认为组织学习与市场导向之间存在相辅相成的关系，市场导向或者市场驱动需要与组织学习相结合才能更加有效地提升企业绩效（Zhang et al.，2009）。对于以上争论，本书赞同多数学者的研究结论，认为产品创新或企业创新行为在企业的市场驱动导向和企业绩效间存在一定的中介效应。

市场驱动的产品创新模式包括企业以消费者需求和竞争者为导向的产品创新

模式的总称。无论是以竞争者为导向还是以消费者需求为导向，都要求企业进行持续不断的创新，但这种市场驱动式的创新，往往是一种被动创新和渐进式创新，是以发现消费者需求和竞争者动向为出发点开展产品创新，往往是在原有产品基础上进行产品改进和升级，从而更好地满足消费者的短期需求和维持企业的短期竞争优势。因此，如果企业想要维持持久的竞争优势单纯依靠市场驱动型的产品创新往往十分困难，特别是对于行业的领先企业而言，不仅要发现消费者的现实需求并牵制竞争对手，更需要发掘消费者的潜在需求或者创造和引领消费潮流，从而引领和推动整体行业的发展和消费需求的转型，而这些消费需求和转型的出现需要企业进行重要技术或者根本设计理念的突破。

三、技术推动型产品创新的概念界定及相关研究

与市场驱动的产品创新相比，技术推动型的产品创新更加具有突破性，它往往是重要技术变革或基础研究的推动、演化和升级而来，这些突破性技术应用于产品创新将会在行业领域内和消费市场产生根本性变革，从而引领市场的重大转型升级甚至创造全新的市场。从技术创新的整体视角看，“创新”是一个迭代的过程，它基于一项基于技术的发明导致的对新的市场或新的服务机会的感知，通过技术的推动和改进生成新的产品或服务并进行商业化的过程（OECD，1991）。因此，所谓技术推动型创新是指由于科学研究的进步促成技术变革而推动的新产品的出现或者产品功能的飞跃和重大改进而生成的创新模式。从商业角度看，发明与创新并不是同等概念，一项发明产生后直到生产和销售任务完成并扩散到市场中才能称为产品的创新。因此，技术推动型的产品创新并不意味着完全忽略市场的需求，而是在考虑市场需求时以技术革新和推动为主要创新手段展开的产品创新过程，该过程不仅包括基础研究，也包括应用研究。过于超前的技术创新未必能够创造预期的经济效益（Freeman，1991；Smith and Barfield，1996）。正如 Utterback 和 Abernathy（1975）所提出的产品创新模型的基本思想，他们认为产品将随着时间的推移以可预见的方式发展，最初只是强调产品的性能，然后需要强调产品的多样性，最后则着重于产品标准化和成本。技术推动的产品创新便是这样一个循环往复的过程，这种迭代性质导致各种不同的创新类型，通常被称为“激进式创新”，用于产品在产品生命周期的高级阶段的扩散以及消费者采用的早期阶段的“增量创新”。创新不仅发生在产品开发阶段，也可能发生在产品经历持续改进和升级的扩散过程中（Freeman，1994）。此外，澄清过程创新和创新

过程之间的区别是十分必要的。“创新过程是指工艺设备、劳动力、任务规范、材料投入、工作和信息流等用于生产产品或服务的系统”（Utterback and Abernathy，1975）。一旦生产过程转化为产品创新，这一过程便逐步地标准化。而过程创新则是以提高产出效率为目标的一系列活动和程序。“过程创新”的主要焦点是“产品创新”的生产过程效率的提高（Utterback，1996）。因此，有必要区分过程创新和创新过程的区别，这对于更加清晰地界定产品技术创新具有重要作用。由以上分析可见，产品创新本身既包括创新的过程也包括创新的结果，通常产品技术创新是一系列创新过程和市场结果的集合。

产品创新是组织适应市场、技术和竞争变化的一种重要方式，因此成功的产品和服务创新对于许多组织来说至关重要，但要不断适应竞争、市场和技术变革的动态变化并非易事。Dougherty 和 Hardy（1996）研究了 15 家国际大型公司的 40 个产品和服务的创新过程，结果表明，尽管创新确实发生了，但这些公司大多不是为了促进创新而可以组织起来的，创新发生在组织间系统中，而不是因为公司可以的创新活动。这表明重大的技术革新带来的产品或服务的创新带有一定的偶然性，产品创新本身是一种较为脆弱的活动，想要维持持续的创新必须具备持续不断从外界获取和资源的能力，这样才能保持创新的持续性。因此，从产品创新的持续性要求和条件来看，充分利用企业的价值网络资源不断从组织外部获取和整合创新资源，对企业开展持续的产品创新具有重要价值。对于技术推动型创新而言，知识和技术对创新的价值尤其巨大，因此借助价值网络获取知识资源和重大基础研究获取的技术资源并用于产品创新，可以大幅度增加产品创新的力度和速度，往往会产生全新产品和服务的突破式创新的效果。Zhang 等（2009）以全球跨国公司中国子公司为研究样本，通过实证研究表明产品开发策略、知识利用与产品创新绩效之间存在密切关系。知识利用在新产品开发和产品创新绩效间充当中介变量，起到中介和传递机制的作用。

当企业努力开发高创新度的产品（以突破创新为重点）时，所分配的资源量与随后的新产品创新绩效（即新产品的市场回报）的关系呈“U”型；当产品开发活动的目的是加强和保持适度创新产品（以平台为重点），资源配置的增加与产品创新绩效呈明显的正相关关系；当资源分配的目标是对现有产品的完善时（以渐进式创新为重点）则企业的资源增量与产品创新绩效没有显著关系（Tiwana，2008）。更为重要的是，知识利用是发展高度和适度创新产品效益的重要中介因素，它有助于减轻突破式创新的弊端，强化平台式创新的积极影响，新产品开发战略、知识利用与产品创新绩效三者间的关系如图 2 -12 所示。

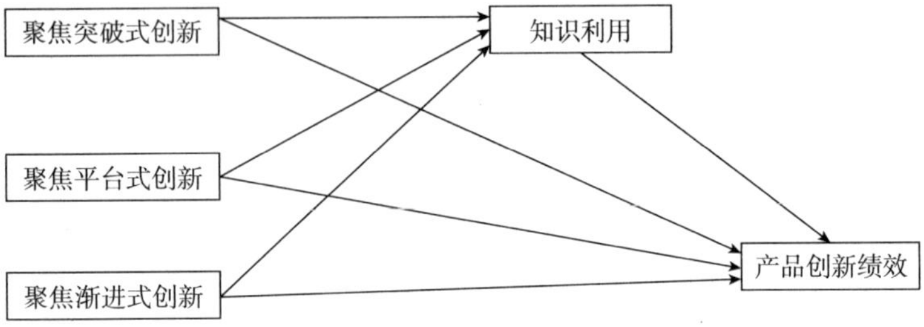

图 2 -12　新产品开发战略、知识利用与产品创新绩效三者间的关系

资料来源：Junfeng Zhang，C. Anthony Di Benedetto，and Scott Hoenig. Product Development Strategy，Product Innovation Performance，and the Mediating Role of Knowledge Utilization：Evidence from Subsidiaries in China［J］. Journal of International Marketing，2009，17（2）：42 -58.

以上分别从技术推动型产品创新的概念和知识获取与利用的视角对知识和技术资源与产品创新以及产品创新绩效的关系进行梳理。而无论是知识资源还是企业能力对创新的影响都是从企业内部出发展开研究，但伴随竞争的不断加剧和全球化趋势的愈加明显，产品创新更多地要依靠外部资源与内部资源的匹配，整合内外部资源与能力、不断利用外部网络的力量进行技术和产品创新成为互联网信息时代的主流创新方式（Jonathon，2004），因此，从网络的视角研究技术发展和变革对产品创新以及企业绩效的影响具有重要的理论和现实价值。运用网络视角研究产品技术创新问题受到越来越多学者的青睐，熊捷和孙道银（2017）从网络视角展开研究，认为社会资本的三个维度——结构维度、关系维度和认知维度对企业的产品创新具有重要影响，这三个维度的网络关系及其附着在社会网络中的资源会对企业的技术知识的获取存在影响，进而影响企业的产品技术创新能力，最终影响企业的产品创新绩效。其中，在社会资本结构维度，企业的网络关系数量对显性技术知识获取存在显著正向影响，而网络关系强度不仅会对显性技术知识的获取有正向影响，还会对更为复杂和重要的隐性技术知识的获取具有重要的正向影响。在关系和认知维度，网络成员间的信任和目标共享同样对显性知识和隐性知识的获取存在显著影响，具体的逻辑关系如图 2 -13 所示。随着企业间关系的日益多样化和密集化，价值网络的属性和特征被视为企业最为重要的外生性资源（Gulati and Others，1999），学者也因此开始关注价值网络的属性和特征对

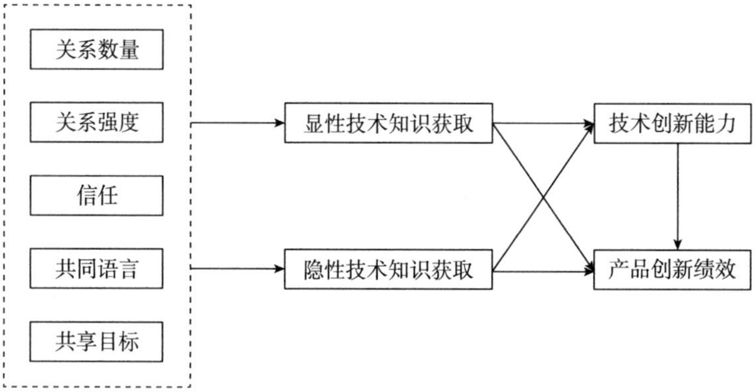

图 2-13　企业社会资本、技术知识获取与产品创新绩效关系理论模型

资料来源：熊捷，孙道银．企业社会资本、技术知识获取与产品创新绩效关系研究［J］．管理评论，2017，29（5）：23-39.

产品创新及其绩效的影响。Burt（1995）的研究表明，结构洞的存在有利于企业的产品创新，因为跨越结构洞的企业可以获得更多异质性和多样性的信息、资源，具有信息的获取和控制优势，进而有利于快速提升企业的技术创新能力并最终促进企业产品创新；此外，从知识搜寻的角度看，结构洞的存在有利于企业进行知识搜索，尤其是对于可以大幅促进创新的跨界知识搜寻具有更加明显的推动作用，因此有利于推动企业竞争能力的提升和产品创新的生成（McEvily and Zaheer，1999）。然而，Ahuja（2000）的研究则得出了相反的结论，他认为价值网络中过多的结构洞会妨碍组织间行为规范以及知识共享惯例的形成，从而对企业的产品技术创新产生不利影响。从知识转移角度看，结构洞的存在会妨碍企业间的知识共享和转移，对企业的产品创新产生负面影响。对于以上两种相互矛盾的观点，应洪斌（2016）在其最新研究中以中国制造业企业作为研究对象进行了实证研究，结果表明，企业拥有的企业结构洞与产品创新之间的关系与企业网络成员的知识需求密切相关。新产品的开发与设计是一个较为复杂的创新过程，该过程要求企业不断获取和整合不同类型的显性与隐性知识作为创新基础要素，以创造不断满足市场需求的新产品。因此，二者的关系并非线性关系，实证统计分析表明企业结构洞与产品创新绩效间呈倒“U”型关系。同时，知识搜索和知识转移对企业产品创新具有正向影响作用，但结构洞的存在有利于企业知识搜索却对知识转移具有负向影响，并且结构洞对知识搜索、知识转移产生的不同影响是形成以上倒“U”型关系的深层次原因（Anastasios and Karamanos，2016）。本书认为，尽管企业结构洞与产品创新绩效间呈倒“U”型关系的观点是一种折中的观点，并未真正解决争议的存在，两者的关系在一般情境下应该是正向相关的，但由于行业情景因素的影响也可能出现阶段性的负相关关系，但长期来看，具备网络结构洞的企业具有信息获取和控制优势，明显有利于企业进行产品创新活动的开展。

四、设计驱动型产品创新的概念界定及相关研究

尽管技术的推动和市场的拉动都可以产生创新，但是市场拉动和技术推动生成的产品创新未必能够为企业带来良好的经济效益。原因在于，重大的技术突破的超前性会造成短期内消费者存在路径依赖，造成短期内新产品难以被消费者接受的困局。此外，重要技术的研发需要高成本的投入，在短期内企业难以收回研发成本（Slywotzky，1998）。而市场拉动型需求创新，则是为迎合消费者的现有需求而对产品进行的渐进式或改进式的创新（Wal et al.，2016）。这种创新模式可以在短期内满足消费者的需求，但这种渐进式的创新是一种不断改进的连续性创新，如果长时间进行持续创新以满足消费者不断变化的需求，则会推高企业创新成本，进而造成创新成本的边际递增和创新收益的边际递减，最终不利于企业核心竞争优势的形成和突破式创新的开展（Andrews and Smith，1996）。在此背景下，技术推动型创新和市场拉动型创新的边际效用不断递减，创新成本不断上升。与此同时，伴随消费者个性化与多样化的需求增长，产品设计创新在新产品开发中的作用被充分地挖掘和认识，设计创新不但可以满足消费者的个性化需求，还可以通过持续改进和引领突破进行可持续的产品创新。设计驱动型的创新由此应运而生。

（一）设计驱动型创新的概念界定和相关内容

所谓设计驱动型创新是指通过设计人员与众多“诠释者”进行互动而产生创意，采用颠覆式创新的方式，对产品外观和功能以及产品的象征意义进行改进和创新，从而形成产品的内在意义和价值，并能够满足消费者情感个性与社会文化需求的产品的创新模式。设计驱动的产品创新模式在实践领域较早地应用于意大利、英国、瑞典、芬兰、日本等发达国家，从 20 世纪 80 年代左右才开始引起理论界注意，最早发源于英国和意大利，Utterback 和 Abernathy 最早在 1975 年探索性地研究了设计在产业创新周期中的应用和作用，并提出了主导设计（Dominant Design）这一开创性的重要概念，Utterback 认为产品种类的主导设计是赢得市场信赖的一种设计，也是竞争者和创新者为支配重要的市场追随者而必须遵从的一种设计。Gorb 和 Dumas（1987）则认为设计作为产品与人之间沟通的语言，直接承担着创造性地组合生产要素的任务，它占据所有产品和服务开发过程的关键环节。Suarez 和 Utterback（1995）进一步指出，主导设计的方式是一个特定的设计达到市场主导地位的必要前提。目前对设计驱动式创新的概念主要从其创新形式、创新因素、创新维度以及创新效果等方面进行界定，具体如表 2－4 所示。

表 2－4 对产品设计的定义

文献来源	概念描述
Antioco 等（2008）	产品设计被定义为“将一系列产品需求转化为一个工件的几何和材料特性的规范”的活动
Bloch（2011）	设计指的是产品的形式特征，为用户提供的功利性、享乐和符号效益
Camm 等（2006）	通过设计一个新产品，指的是为产品包含的每个显著属性选择一个级别的过程
Creusen（2011）	产品设计指的是确定产品的物理执行和特性安排的过程和结果。这些特性指的是功能和外观或形式
Luchs 和 Swan（2011）	产品设计：对于一个艺术性的属性集，由形式的离散特性（美学的有形产品和服务）和功能（它的能力）和集成的形式和功能的整体性能构成
Mikkola（2006）	组件被定义为产品的物理上不同的部分，它体现了核心设计概念并执行定义良好的功能
Moon、Miller 和 Kim（2012）	奥贝尔（1982）定义设计为“创新的核心，当一个新的对象是想象的，设计和形状的原型形式。”沃尔什说：“设计就是为了使之前没有或不完全形式存在的东西提供指示。”
Noble（2011）	“设计”意味着许多东西的功能单元：一个跨职能的过程中，一个人的活动，其他术语（如形式、美学）或有形资产（或无形资产）的许多设计元素的集合
Noble 和 Kumar（2011）	本研究将产品设计（PD）视为一个与消费者接触点的物理产品的功能、美学、人机工程学以及其他方面
Orth 和 Malkewitz（2008）	我们将“包装设计”定义为各种元素，并将其融入整体设计中，以达到特定的感官效果
Srinivasan 等（2012）	“设计作为关键利益的产品提供，包括这些利益与竞争产品的心理定位，以及对产品的物理特征履行的承诺。”例如，Krishnan 和 Ulrich（2001）定义产品设计的“详细设计阶段是设计参数的规范，在装配优先关系的时期，对包括材料和工艺的选择进行了详细的设计。”

续表

文献来源	概念描述
Townsend 和 Sood（2014）	在所有的研究中，当我们讨论“设计”时，我们指的是产品的纯美学和功能独立的方面。因此，审美差异只意味着产品外观的差异，而不是产品的功能性
Troung 等（2013）	现存的研究认为产品设计的过程和结果是重要的方面。流程的角度强调增强美观、实用的活动，以及产品的可制造性（Veryzer，1993）
Ulrich（2011）	产品设计是将一系列产品需求转化为一个工件的几何和材料特性的规范的活动
Verganti（2008）	我们的方法是设计处理人们给产品的含义，以及设计出的信息和产品语言来传达这些含义

资料来源：根据 Moon、Miller 和 Kim（2012）的研究修改整理。

近年来，学者们从不同视角和不同领域开始关注设计与产品创新之间的关系和链接，比如，人类学家、社会学家和心理学家，多从产品的象征意义和蕴含的社会文化角度展开研究，而市场营销学者和消费者行为专家则从消费者情感消费和创新战略以及产品创新等视角展开研究。伴随研究的不断深入，多视角的研究开始相互沟通和融合，将社会学、心理学、美学和营销学等不同学科领域进行交叉（Rodan and Galunic，2004），从而推动设计创新不断发展完善，逐步将设计的关注点上升到消费者情感和意义层面、企业战略层面和组织间行为层面，从而与企业的创新行为密切结合，最终形成设计驱动式创新理论的基本范畴和理论基础（Abril et al.，2015）。尤其是对产品设计创新的微观理解和认识方面，当前学者基本认同设计驱动型创新绝非仅仅停留在它的外观和功能层面上，消费者购买产品的意义除了满足自身对于产品功能带来的利益，更多地开始关注产品的社会文化特征和象征意义，比如，购买 LV 的包并非只是为了利用它的基本物理功用，而是为了展示一种消费理念、社会地位和身份象征。因此，消费者的购买情感和社会文化特征，是促进消费者进行购买和个性化需求得以满足的动力源头。而设计创新正是以此为出发点，通过创造和满足符合当前社会文化特点和趋势的消费需求来开展产品的创新活动。

综上所述，产品设计创新或者说设计驱动型产品创新，从注重产品的形式和功能，逐渐过渡到对产品的内涵和意义的创新，为产品创新提供了新的高度和视角，产品的设计创新不应该仅局限于产品的外形和功能，而更应该注重产品语义的创新。这种创新模式不仅会改变消费者对产品的态度情感，还会受到整个社会文化模式和文化特点的影响，从而构建出一种产品的象征意义，从而使产品与消费者之间产生深刻的关联和情感沟通。

（二）设计驱动型创新研究的现状和主要观点

目前国内对于设计驱动型创新的研究相对滞后，近几年才开始涉及产品设计创新的研究。通过在 CNKI 中进行检索可以查阅到的 CSSCI 期刊上关于“设计驱动创新”的文章仅有十余篇，而在国内权威刊物上发表相关文章更是寥寥数篇，主要来自陈劲、陈雪颂、薛捷、赖红波、陈国栋、叶伟巍等几位学者。但是，在国际权威期刊上以 Verganti、Griffith、Rubera、Homburg 等为代表的一些创新和营销领域的知名学者纷纷在 *Journal of International Marketing*、*Journal of Product Innovation Management*、*Organization Science* 等国际权威刊物上发表论文，并引起广泛关注。由此可见，对于设计驱动型创新的研究方兴未艾，对推动国内设计驱动型创新理论的发展和中国企业产品设计创新具有重要的理论和现实意义。

1. 国内对设计驱动型创新的相关研究综述

目前国内学者对创新驱动型创新的研究主要采用案例研究、理论综述以及理论推理等方法，量化实证研究处于起步阶段，仅有寥寥数篇。从研究视角来看主要从设计驱动因素对企业创新包括产品创新的影响以及内在机制问题、企业外部知识网络对产品设计创新的影响、设计创新对顾客购买行为的影响等角度展开研究。

首先，从设计驱动因素对产品或企业创新的角度看，赖红波等（2016）的研究将企业产品创新的设计行为分为三个维度——产品功能设计、产品语义设计和产品交互设计。产品功能设计主要指在产品原有功能的基础上添加一些新功能、新元素，使产品的实用价值拓展到传统功能领域之外，进而扩大了产品的应用范围以及附加值（Ziamou and Ratneshwar，2003）；产品语义创新是指产品传递给用户的情感和象征价值，也可以理解为用户选择该产品的心理、情感和文化的深层次原因。简言之，产品的功能创新满足了用户的使用需求和利益需求，而产品语义设计则满足了用户的情感表达及社会文化需求（Mutanen，2008）；交互设计创新则是指以用户为中心的设计过程，是一种交互式、系统化的产品设计方式，其核心在于它需要用户参与系统设计和开发的全过程，始终关注用户满意度和系统的可操作性。并对设计驱动的产品创新与顾客感知和购买意向间的关系进行了实证研究，结果表明，设计驱动型产品创新影响顾客感知和购买意向的内在机理与作用路径与消费者感知密切相关，创新过程中产品功能设计和产品语义设计分别对顾客的产品感知与品牌感知产生影响，而产品的交互设计则对产品感知和品牌感知同时具有正向影响。叶伟巍等（2013）通过对 177 家中国创新型企业的调研，实证研究了设计驱动型创新的内在机理问题，结果认为设计本质上是对市场需求、技术及产品语义等要素的重新整合。研究表明，来自企业外部的技术知识、市场知识以及社会文化知识均对企业的产品创新绩效产生正向影响，而企业的产品功能设计能力与产品语义设计能力则在该过程中起到中介作用。其次，从有些学者从网络视角展开研究，对设计驱动型产品创新的外部网络资源的获取与整合、网络情境下设计驱动创新的实现路径等问题展开论述和研究。其中，陈雪颂和王志玮（2016）将网络嵌入性理论、学习理论与设计驱动式创新理论相结合，对企业外部网络嵌入性特征对产品语义创新的影响机制展开研究，结果表明，社会网络的三个维度——结构嵌入性、关系嵌入性以及认知嵌入性均对产品语意创新产生重要的正向影响，而问题驱动型学习和方案驱动型学习则在其中起到中介作用。外部网络资源对产品设计创新具有重要的促进作用。卢启程等（2015）从创新网络协同的视角切入，研究了设计驱动式创新的实现路径问题。结果表明，设计驱动式创新是一种开放式的创新，挖掘和整合外部资源对于企业设计能力的提升极为重要，而以网络关系强度、网络同质性以及网络规模为特征的协同创新网络则蕴含了提升产品设计能力的丰富资源，因此，研究网络特征、产品设计创新和创新绩效之间的关系十分必要。研究结果表明，产品功能设计和产品语义设计在网络关系强度、网络同质性以及网络规模对产品创新绩效的影响过程中起到中介作用，进一步揭示了企业网络特征与产品设计创新的关系及内在机理问题。最后，也有学者从设计驱动产品创新的不同维度对用户消费行为和态度的角度展开研究，陈圻和陈国栋（2014）运用定性研究的方法，将产品创新划分为技术推动、市场拉动以及设计驱动三个维度，并设计了六条创新驱动路径和三类创新驱动路径组合，通过探索性地引入创新驱动因素和创新类型耦合以及路径组合等创新概念，阐述了主导设计产生之前各种创新路径之间的耦合关系以及创新驱动维度对产品创新路径的影响过程，表明多种驱动力组合路径是主导设计形成后解耦分支演化的结果。薛捷（2016）从顾客感知视角研究了设计驱动力对产品创新的影响，该研究将设计驱动力从美学、功能和象征意义划分为三个维度，并采用实证量化的研究方法对三个维度影响顾客感知和购买意愿的影响，结果表明设计驱动的三个维度均对顾客感知质量产生积极正向影响。此外，有的学者运用案例研究对国内企业的设计驱动型创新进行了探索和研究，俞湘珍（2011）从组织学习的视角展开研究，认为在进行设计驱动创新过程中设计密集型企业不但需要具备社会文化的学习能力，同时也必须对技术具有一定的感知和掌握，这种双重学习过程是意义创新中的核心环节。徐蕾（2015）则将设计驱动创新的过程与组织商业模式相结合，以万事利公司为案例集中研究了设计驱动型创新在浙商商业模式演化过程中的作用机制和内在逻辑。对于国内研究现状总结如表 2 –5 所示。

表 2 –5 国内有关设计驱动型创新的相关研究汇总梳理

作者与文献来源	研究视角	研究方法	核心观点
卢启程、陈俊杰和梁琳琳（2015）	协同创新网络视角	基于浙江省通信业250份问卷数据量化实证研究	网络关系强度、网络同质性和网络规模等协同创新网络特征，正向影响产品创新绩效。产品功能设计能力与语义设计能力在该过程中起到中介作用
陈国栋和陈圻（2012）	创新网络的视角	以方太集团为例的案例研究	将设计驱动创新分为产品语义创新和设计创新网络两部分，通过案例实践验证表明两种设计创新对企业价值存在明显影响
徐蕾（2015）	商业模式创新的视角	以万事利为例的纵向案例研究	设计驱动型创新沿着流程设计—产品设计—功能设计—文化设计的创新形式演进；商业模式的演化顺序为传统模式—价值链延伸模式—混合创新模式—价值网络创新型模式；商业模式伴随设计驱动创新的形式变化而不断演化
陈国栋、张海波和陈圻（2012）	设计与技术在产品创新中的关系	以 6 家创新企业为样本的案例研究和 DHGF 算法推理	从创新驱动的角度把企业分为设计主导型、技术与设计耦合型和设计辅助型。结果表明：在设计主导型企业中，设计是产品创新的主要驱动因素，技术（包括产品和工艺）创新始于产品设计；在技术与设计耦合型企业中，技术与设计相互影响和依赖，二者处于同等重要的战略地位；设计辅助型企业中，创新战略则由技术主导，企业虽然关注产品设计，但创新的主流体系仍是技术
陈雪颂和陈劲（2016）	理论引进与理论发展	最新文献综述	介绍了当前国际国内领域对于设计驱动型创新的最新研究和理论发展的趋势和方向。认为总体来看国内对设计驱动型创新的研究仍然匮乏，尤其缺少量化研究和网络视角的研究

续表

作者与文献来源	研究视角	研究方法	核心观点
叶伟巍、王翠霞和王皓白（2013）	产品设计能力与网络的视角	基于浙江省177家企业问卷调查数据的实证量化研究	构建“行为—能力—绩效”的研究框架，分析设计驱动型创新的内部机理和作用路径。技术知识、市场知识和社会文化知识的获取行为对创新绩效的影响过程中，产品功能设计能力和语义设计能力均起到中介作用
陈雪颂（2011）	企业内、外部资源视角	基于211家创新型企业的问卷调查的实证量化研究	遵循“设计资源—设计能力—创新绩效”的逻辑线路，重点研究了企业内外部设计资源对创新绩效的影响机理问题，产品语义设计能力与产品功能设计能力均在其中发挥中介作用
陈圻和陈国栋（2014）	创新网络的视角	概念提出与理论推演	将创新网络划分为技术推动、市场拉动和设计驱动三维驱动力，并提出6条创新路径和3类创新驱动路径组合，表明多种驱动力的路径组合是主导设计形成后解耦分支演化的结果
陈国栋和沈云霞（2013）	设计演化视角	案例研究和理论推演	从设计演化视角，重点研究了企业新产品研发模式与设计、技术与市场的关系。设计差异化阶段适宜采用市场拉动的创新模式；设计作为新产品开发子过程时，适合技术推动的创新模式；设计主导阶段适合产品设计驱动的创新模式
陈雪颂和王志玮（2016）	网络嵌入视角	以219家企业为数据样本的实证量化研究	企业创新网络特征对产品意义创新能力的影响机制，问题驱动型学习和方案驱动型学习在其中起到中介作用
薛捷（2016）	顾客感知视角	基于问卷调研数据的量化实证研究	将设计驱动创新分为美学维度、功能维度和象征维度三个维度，实证研究了三个维度对购买意愿和口碑传播的影响和感知质量的中介作用
赖红波、芮明杰和梁磊（2016）	产品设计的视角	基于问卷调研数据的量化实证研究	将设计行为划分为产品功能设计、语义设计和交互设计三种，分别检验了三种设计行为对顾客购买意向的影响，其中产品感知和品牌感知起到中介作用

资料来源：笔者总结整理。

综上所述，国内对于设计驱动型创新的研究仍处于理论引进和起步阶段，符合中国企业实践的设计驱动型创新理论还需要进行进一步的检验和提炼总结。前文综述内容基本对目前国内在设计驱动型创新领域的较为规范和权威的研究进行了全面的总结。自从国内学者陈雪颂和陈劲（2010）首先将设计驱动型创新理论引入国内，尽管近年国内部分学者对该主题展开了探索和研究，但由于该领域在国内仍属于研究起步阶段，因此，国内研究数量极少。目前最新的有关设计驱动创新的文献是陈雪颂和陈劲于2016年发表在《外国经济与管理》上的一篇综述性文章，较为全面地介绍了设计驱动型创新在国外的最新理论研究现状，该文也是本书的重要参考文献之一。陈雪颂和陈劲（2016）认为，有关设计驱动型创新的研究未来的重要研究方向之一是设计创新网络的相关研究，尤其缺乏该方面的定量研究，应针对设计创新网络的结构、关系、认知等特性进行深入研究。而该研究方向正是本书研究的重点内容之一，也是本书的三个核心研究焦点之一，因此，本书将试图对国内在该领域未来研究的推进方面作出有益补充。

2. 国外对设计驱动型创新的相关研究综述

相比国内研究而言，国外对于设计驱动型创新的研究发展较为迅速，尤其近三年以来，英文顶级期刊上发表的与产品设计创新相关的主题文章呈加速增长趋势。Luchs等（2016）通过对1995～2014年发表在权威营销期刊上有关产品设计创新的论文进行梳理总结，提出了未来关于产品设计研究的三个大的范畴：环境与战略、产品设计过程、产品设计的影响或结果，并对以上三个研究范畴可能涉及的主题进行了较为详细的描述和讨论（见表2－6）。

表2－6　国外设计驱动型创新研究所涉及的范围和分类

总体分类	主题类别	涉及的子主题
环境与战略	外部环境	整合顾客信息 环境趋势 竞争者
	公司战略、目标以及能力	动态能力 设计功能的组织
	公司间的参与与合作	共同产品开发、协同发展 产品复杂性与供应链

续表

总体分类	主题类别	涉及的子主题
产品设计过程	创新的产生与筛选	客户需求评估 创造力和构思过程
	概念开发与评估	基于属性的消费者偏好模型 整合用户需求和企业能力 超越非连续性属性 从消费者研究到大规模定制 顾客参与开发
	技术的突破与实现	平台和模块化 效率与最优选择
	商业化过程	产品设计与商业化 包装设计
产品设计的影响或结果	顾客评价与选择	产品形式 产品功能 产品线内选择
	消费后的选择	产品的使用 产品处理与可持续性
	产品的成功	产品的成功
	企业绩效	企业绩效

资料来源：Luchs M. G. and K. S. Swan. Perspective：The emergence of product design as a field of marketing inquiry［J］. Journal of Product Innovation Management，2011，28（3）：327－345.

从企业产品设计战略的角度看，国外研究主要涉及产品设计战略的分类、设计战略与企业绩效间的关系以及战略与绩效间关系的影响因素等内容。Y. HSU（2006）将企业产品设计战略划分为三种类型——积极响应型产品设计战略、被动适应型设计战略和研发焦点型设计战略。三种战略的侧重点各有不同，积极响应型设计战略和研发焦点型设计战略着重于开发和主导产品设计并进入新的市场，被动适应型设计战略则以顾客需求和市场导向为主要目标和原则。积极响应型设计战略和研发焦点型战略比被动适应型战略拥有更多产品平台的变革。被动适应型战略主要对现有产品进行了一系列改进，而积极响应型和研发焦点型战略则并非是对现有产品的改进和完善，而是进行更加根本性的产品设计和改变。从企业角度来看，产品的创新性与创新过程本身可以视为一种战略性的行为。产品创新性是新产品开发（NPD）过程中的核心构念，传统研究将产品创新划分为技术创新和市场创新维度，然而以往研究较少从设计角度考虑产品创新问题（Hoffer and Reilly，1984）。但事实上在商业实践中，市场上许多新产品在技术特征上非常相似却在产品设计上产生了差异化和竞争，尤其在视觉外观方面创新性更加明显。现有研究表明，产品设计创新的新颖性对于消费者的购买过程起到积极的触发和助推作用，同时它也强调设计新颖性对消费者的需求或价值观的影响。此外，在以往对新产品开发（NPD）的研究的营销文献中，很少对产品设计的企业绩效影响进行研究。最早从营销角度涉及该问题的研究是 Sherman 和 Hoffer（1971）对汽车行业的研究，通过调研发现产品的外观设计（属于产品形式创新范畴）对汽车生产商的市场份额产生重要影响。Pauwels 等（2004）也通过实证分析表明产品设计创新可以为公司带来正面的销售收入。同时研究还发现，设计创新与技术创新对公司市场绩效的影响伴随产品生命周期的不同而存在明显差异，产品设计创新在产品生命周期的引入期对销售业绩产生影响，并且直到成熟期对公司市场绩效的推动是持续增强的；而技术创新则不同，由于技术的超前性和基础性导致它对产品销售绩效的影响具有滞后效应，并且在产品生命周期的末端（衰退期）会加速产品衰退的过程。

从全球营销的视角来看，产品设计创新是一种重要的营销创新战略，其创新过程中牵扯到众多环境因素和制度因素并充满了不确定性和复杂性，Bruce 等（2007）的研究表明，在全球范围内产品的开发过程更为复杂，涉及的问题众多。由于跨国公司的新产品开发与发布是企业重要的营销战略，因此，需要多方面考虑影响企业新产品开发与发布过程的因素。从产品设计角度看影响全球产品开发的因素主要包括：产品市场的渠道特征、国家的风俗习惯、当地的正式语言与方言、技术因素以及基础设施等方面。研究表明，全球市场中跨越区域的渠道特征差异越大，就越适宜采用定制化策略进行产品设计；同样，在全球市场中区域之间的文化风俗、语言风格、技术与基础设施等方面差异越大则越需要采用定制化的产品设计创新，反之则适合运用标准化策略的产品设计（Scott et al.，2011）。正因为产品设计创新战略受到全球范围内众多因素影响，实施的复杂性和不确定性程度较高，充分挖掘产品设计创新影响公司财务绩效的外部因素成为研究的热点。目前对于产品设计创新的研究逐步认识到创新产品设计对财务绩效有积极的影响。然而，创新设计仍然需要不断挖掘其内在的复杂机理和深层原因，以厘清设计创新是如何影响企业财务绩效的，截至目前，很少有研究阐明公司在引入创新设计时如何提高成功的机会。Micheli 和 Gemser（2016）基于信号传递理论，考察了两类信号作为创新设计促进财务绩效提升中的推动者的作用：坚持一个国家的设计传统，重视专家和专业媒体的作用。通过对丹麦设计密集型公司数据的收集和实证研究发现，设计创新对财务绩效有积极的影响。并且如果一个新的设计符合一个国家的设计传统，这种正向影响关系就会得到加强。此外，如果能得到设计专家的关注并吸引媒体报道，新的设计将更容易被接受，从而更大程度上提升企业绩效（Srinivasan et al.，2012）。具体而言，一个国家的设计传统对产品设计创新与企业财务绩效间的关系具有调节作用，而设计专家和媒体的关注与认可则在此过程中发挥中介效应。具体的逻辑关系如图 2－14 所示。

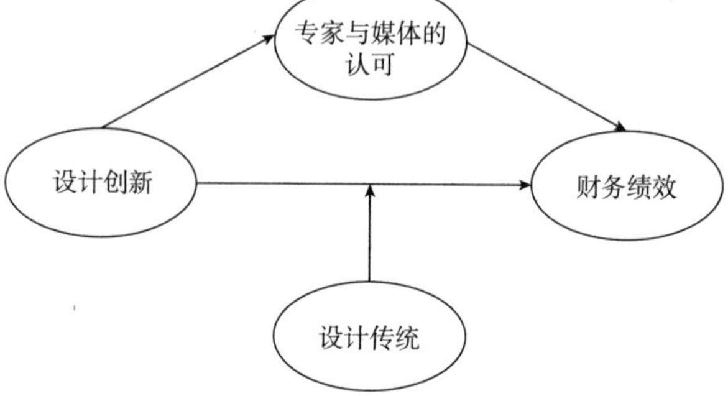

图 2－14　设计创新影响企业财务绩效的内在机制

资料来源：Pietro Micheli and Gerda Gemser. Signaling Strategies for Innovative Design：A Study on Design Tradition and Expert Attention［J］. Journal of Product Innovation Management，2016，33（5）：613－627.

从产品生命周期角度看，为了更好地满足整个集成供应链中准确的产品信息的需求，必须要面对产品设计变革的挑战，对产品生命周期的每一阶段和环节进行审视并不断进行设计改进，其中信息技术在实现更高效率的变革管理中必须发挥作用。此外，Morris 等（2016）通过对英国企业的产品设计创新进行研究发现，目前英国的关键工程部门的设计变更管理过程中存在的缺陷需要被识别和讨论，必须利用先进的信息技术以实施指导未来产品开发和创新的设计变更管理战略，对产品的整个生命周期进行研究并关注设计的变革和作用，进而实现设计密集型或制造型企业的创新开发与绩效提升。Arrighi 等（2015）从新产品设计过程视角出发，研究了在新产品开发过程中，如何利用权变的观点把握新产品开发与控制措施之间的平衡和组织。研究认为，新产品开发或产品升级换代过程中，控制不再是"最佳"替代品的选择，要产生产品设计方面的突破式创新必须从模块化设计过程和概念转移过程两方面权衡产品的创新和开发，从而突破产品设计创新的固有标准和理念趋同，并最终产生突破式的设计创新。另外，从工业设计方面来看，产品设计创新与工业设计相互交叉。工业设计在企业的新产品开发过程中具有重要价值，它可以增加企业产品的创新特征并满足甚至超越消费者的多样化需求。尽管越来越多的人认识到工业设计在创造可持续竞争优势方面的价值，但很少有研究试图量化设计对公司财务业绩的贡献。Julie（2005）较早地探讨了工业设计与公司财务绩效之间的关系，以评估工业设计对绩效的贡献。实证研究结果表明，在产品创新和开发过程中，工业设计水平高的企业在销售收入、资产回报率、净利润和企业销售增长等多方面具有明显优势，因此，产品开发中的工业设计对企业的财务绩效具有正向的显著影响（见图2-15）。

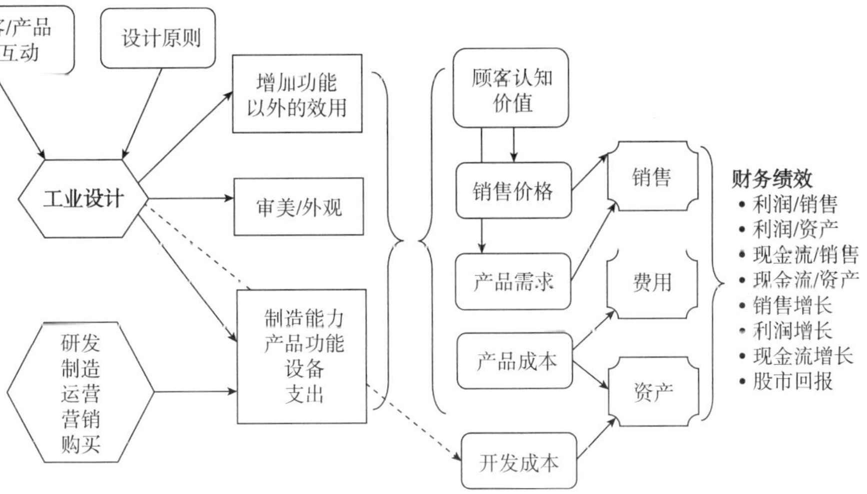

图2-15 产品创新过程中工业设计对财务绩效的影响模型

资料来源：Julie H. Hertenstein，Marjorie B. Platt，and Robert W. Veryzer. The Impact of Industrial Design Effectiveness on Corporate Financial Performance［J］. Journal of Product Innovation Management，2005，22：3-21.

从产品设计创新对用户购买态度和行为的影响看，现有研究从不同方面论证了设计创新对用户购买态度和行为的影响，这种影响会间接甚至直接影响到企业的创新绩效、市场绩效和财务绩效。产品是经典营销中的"4P"组合之一，伴随消费者需求的多样性和复杂性日益升级，企业的产品创新已成为企业核心竞争优势的最为重要的来源（Arrighi et al.，2015）。因此，已经不再是简单的营销策略，而是企业获取持续竞争优势和未来发展的新战略。而产品的形式设计则是产品创新的重要维度，一个产品的物理形式或设计是其市场成功的一个极为重要的决定因素。一个好的产品设计可以吸引消费者的注意、强化与消费者之间的沟通，并且可以通过增加与产品相关的使用体验质量来增加产品的价值（Bloch，1995）。然而，产品创新设计的主题近些年才引起营销学者的广泛认识。Chitturi（2008）研究了企业的产品设计利益（产品设计为消费者带来的享乐性和功利性利益）与消费者体验的满意度和重复购买间的关系，结果表明，产品设计的享乐性和功利性对顾客的购买情绪具有重要影响，进而会影响消费者的忠诚度和购买行为（主要表现为对产品的语言表达和重复购买）。因此，改善超出顾客需求和期望的功利利益可能获得高满意度，但不一定是产生快乐的情绪。如果设计师和营销人员想要取悦顾客，他们应该考虑提供更高水平的享乐利益，以实现目标提升，从而激发兴奋和愉快情绪。此外，满意度直接受到预防情绪的影响，而不受促进情绪和愉悦情绪的影响。

从设计角度来看，设计本身是一种专业性较强的组织活动，公司的专业设计师专门负责为消费者市场设计产品。然而，近年来许多行业开发了许多新产品，这些产品不是由公司的设计师开发的，而是由用户自己开发的（Utterback et al.，2006）。商业用户创新的一个典型例子是开源软件，它由用户社区联合开发，与公司内部开发的产品竞争。研究认为某些用户有能力、有动力去创新并愿意与公司分享他们的想法对于开发更加符合消费者需求和意愿的新产品具有重要意义。这种新产品开发过程（NPD）始于产品创意和新产品开发的前端，参与产品开发的顾客群会形成动态但较为稳定的用户社区。企业通过获取和筛选创意把这些用户思想中最好的作为大众的产品进行设计，并且最重要的是强调这些产品是在与用户沟通过程中由用户（在用户的共同设计中）设计的（Schreier et al.，2012）。比如，小米的手机设计，在很大程度上得益于小米手机的用户社区群的沟通和互动，从而产生关于产品设计的创新和想法；再比如，欧洲的乐高集团，也开始出售的由产品用户社区成员和乐高“粉丝”与公司共同合作设计的新产品，为公司推动产品创新业绩提升起到了较大作用。对于创新程度低的用户，用户设计的创新效果减弱，但通过与公司设计人员进行沟通合作，消费者可以为公司制定更为有利的行为意向（购买意向），促进用户的共同设计（与公司设计师共同的设计）产生协同创新效应，这种效应是由用户设计的创新效果（更高的感知创新能力）所引导的，具体逻辑关系如图2-16所示。

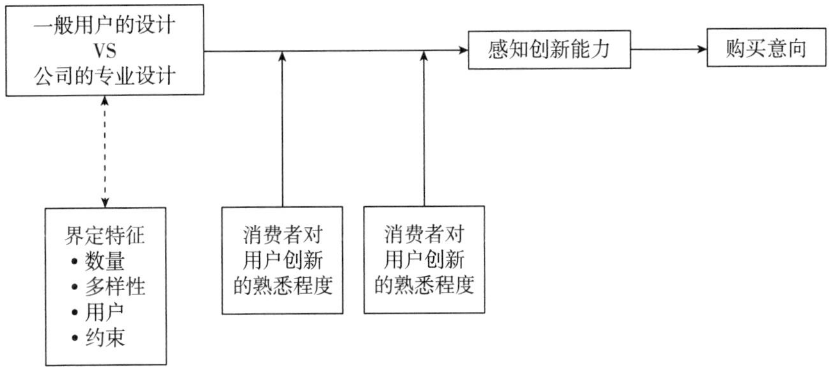

图2-16 用户设计与专业设计对顾客购买意向的影响机理研究

资料来源：Martin Schreier，Christoph Fuchs，& Darren W. Dahl. The Innovation Effect of User Design：Exploring Consumers' Innovation Perceptions of Firms Selling Products Designed by Users［J］. Journal of Marketing，2012，76（9）：18-32.

3. 设计驱动型产品创新的维度划分

近年来，由于顾客决策影响因素重心从产品价格向产品设计转变，因此产品设计创新（IPD）的重要性日益增强。在学术研究领域，研究者也逐步认识到在企业战略的基础上单独的创新技术是不足以保证一个公司的成功的（Yoo and frankwick，2012），而基于产品设计的差异化策略很可能是实现创新成功的一种手段。产品创新的概念被界定为基于审美、特征和功效属性从认知角度被顾客视为创新的产品形态。Moon 等（2014）基于用户的观点定义了产品设计创新（IPD），并开发了它的标准度量，包括三个产品设计属性：美学、特性和功效。换言之，产品设计创新（IPD）指的是创新产品属性是不是通过产品设计创造的。也就是说，通过设计改进而不是通过技术进步，在产品美学、特性和功效等方面有了重大的改进。具体到产品设计创新的三个维度的概念界定，现有研究没有达成完全一致的观点，但 Moon 等最新研究在借鉴以往研究的基础上对三个维度进行了概念界定：总体而言，产品设计中的审美指的是产品的设计属性，如顾客感知的形状、形式和风格，刺激购买意愿。因此，基于美学的产品设计创新（IPD）是由产品的设计特征所驱动的，在产品的形状、形式、外观、风格、颜色和对称性等方面，产品被认为是新的或实质性的改进。以往研究从效用视角将产品功能作为产品设计创新的一个价值 h 点，表明功能与产品有用性有关。而产品特性则允许某些功能在操作过程中产生利益。这意味着功能是一个更广泛的概念，它可以包含创造利益的功能（Wynarczyk et al.，2013）。因此，现有研究也有学者用“特性”来代替“功能”作为产品设计创新的第二个维度。产品设计创新的第三个维度是功效，功效的概念是从人类工程学视角提出的，具体是指产品特性有关的人类工程学方面的设计特性，如安全性、使用效率和舒适性等，以最大限度地满足顾客满意度。

从产品设计创新的概念来看，学界对于设计创新包括的多个方面和维度存在一定争议，但其共同因素在于一直认为产品外观的设计是产品设计创新的重要维度之一。Mugge 和 Schoormans（2012）将产品设计创新划分为产品外观设计创新和产品功能设计创新两个维度，并通过实验方法重点研究了产品外观设计创新对顾客产品性能质量感知的影响，结果表明产品外观设计的新颖程度与顾客产品质量性能感知之间存在显著的正向影响关系，由此也表明产品外观设计的创新作为产品设计创新的一部分，对于改善顾客产品品质感知、塑造良好的产品形象具有重要价值和意义，进而会促进企业绩效的提升。而从形式创新来看，产品的外观形式设计的作用主要包括产品的材质、颜色、形状、大小、质感等为消费者带来的视角、听觉、触觉和嗅觉等感官刺激。其中，产品外形设计带来的消费者视觉刺激最为重要，视角设计在成功的产品营销中扮演重要角色（Radford and Bloch，2011）。研究发现，感知新奇度是消费者产品评价的重要组成部分，虽然消费者可能不知道他们用来评估产品新颖性的设计特征，但他们能够识别出那些偏离最典型特性的产品。因此，产品视角设计与消费者产品感知和情感反应之间存在密切的正向影响关系，进而会对企业的产品创新绩效和市场绩效产生正向影响。

尽管对于产品设计创新的维度划分仍然存在多样化的观点，但随着全球化与信息化水平的快速提升，传统的企业竞争优势资源不断减少，由此公司必须寻求新的竞争优势来源，而从对顾客体验影响的角度看，产品设计成为影响顾客满意度和忠诚度的重要因素，也因此成为企业的最重要竞争优势的来源之一，该观点已经在产品设计创新领域达成共识。为了了解产品设计对客户体验的作用和影响，Raji Srinivasan 等（2012）提出了一个集成的、以客户为基础的产品设计框架——整体产品设计概念（TPDC），并将整体产品设计概念界定为包含三方面元素，即功能、审美和语意（或意义），如图 2－17 所示。研究表明，对于这三个产品设计要素来说，首先是功能增强对客户满意度的影响最大，其次是审美对用户体验的影响，最后是语意或者意义对用户的影响。功能性来自产品的特性，这些特性提供了客户使用该产品所带来的特定好处。美学源自产品的感官特征，包括外观、声音、触觉、气味和感觉。但 Santayana（1896）认为，美是物体的固有属性，某些比例、形状和颜色是普遍具有吸引力的。然而，学界普遍认识到，社会文化因素（Berlyne，1971）和个人特征（Bloch et al.，2003）也影响了顾客对产品感觉特征的感知。因此，一般将美学概念转化为顾客感知，承认产品与感知者之间的互动。在以上三个维度中产品的功能和审美维度较容易理解，分别是指产品带给消费者的核心产品利益和美感体验，而语义或语意是较为难以理解的（Mugge and Schoormans，2012），产品设计创新中的语意是指与客户共享的产品的意义和纪念关联。一个产品的意义是由公司（通过其产品、营销和沟通）和它的客户（通过他们对产品及其在用户社区内的相关营销项目的解释）共同生产出来的。一个产品的含义并不普遍，因为概念是基于“我和我的社群”，而其他的则可能包括外部参照组（Fournier，1998）。因此，产品设计语义主要是指与消费者社会文化特征和产品消费理念相关联的概念。

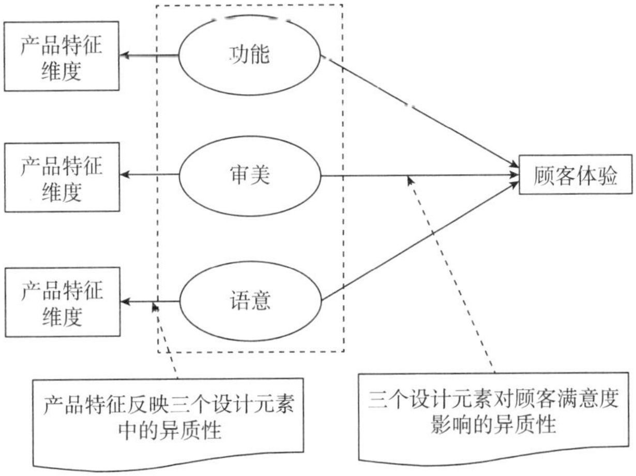

图 2－17 产品设计创新的三个划分维度

资料来源：Raji Srinivasan，Gary L. Lilien，Arvind Rangaswamy，Gina M. Pingitore，Daniel Seldin. The Total Product Design Concept and an Application to The Auto Market［J］. Journal of Product Innovation Management，2012，29（S1）：3－20.

从中外研究对产品设计创新的理解和界定看，在产品设计创新的研究过程中对于其维度的划分不仅与研究的主题密切相关，同时与研究者对其各个维度的界定或定义描述息息相关。尤其国外对于设计驱动型创新的研究更为成熟、逻辑脉络更加清晰，国内的相关研究由于处于起步和引入阶段，因此对于概念的界定和维度的划分大多借鉴国外已有的研究和文献。对于近年来国外对于产品设计创新的维度划分以及对于各位的界定和描述，具体如表 2－7 所示。

表 2－7　现有文献中产品设计的维度

作者与文献来源	划分为维度	定义或内涵描述
Antioco 等（2008）	产品 绩效	产品兼容性；产品耐久性；产品可靠性；维护/备件；机械/技术限制；产品运营成本；统计信息（平均失效时间，修理时间等）
	产品审美 产品 人类工效学	产品配件，产品尺寸，形状，颜色，手感，重量等。 产品安装；产品易用性；产品安全
Bloch（2011）	功利性	产品的审美情趣和取悦于我们的一个或多个感官的能力，产品美学与功利利益协同工作，为用户创造重要的第一印象和长期满意度
	体验 符号	产品的意义或一个产品的设计符号价值（Van Rompay et al.，2009）
Brakus、Schmitt 和 Zhang（2014）	感观产品属性	显示感官方面（即看，形状，颜色，设计）
	情感产品 属性	情感方面（即情绪、情感、感情）
	功能性产品 属性	功能产品属性是功利性的，功能性方面包括产品的性能特征、规格和功能
Candi（2010）	内在设计	出自内心的设计涉及对人类感官的吸引（Norman，2004），出自内心的设计和体验设计统称为美学设计
	体验设计	体验设计涉及信息、符号、文化、意义以及情感和社会学方面
	功能性设计	功能设计包括实用性和性能
Creusen（2011）	功能属性	产品设计指的是确定产品的物理执行和特性安排的过程和结果。这些特性指的是功能和外观/形式
	产品外观	产品设计指的是确定产品的物理执行和特性安排的过程和结果。这些特性指的是功能和外观/形式

续表

作者与文献来源	划分为维度	定义或内涵描述
Chittur、Raghunathan 和 Mahajan（2008）	功利性	我们使用“功利利益”一词来指消费产品的功能性、工具性和实际效益
	享乐性	我们使用“享乐福利”这个词来指他们的审美、体验和享受相关的好处
Giese 等（2014）	审美	与设计相关的视觉或审美吸引力构成享乐的好处，激发情感并导致实现以促销为导向的目标
Hoegg 和 Alba（2011）	产品形式 审美 人类工效学	产品形式的重要性或视觉元素的产品，如形状、材料、颜色和比例，共同创造一个视觉整体。最近的研究突出了产品形式的多重角色可以加以发挥利用，如注意、指导分类、沟通审美、象征性的，符合人体工程学、功能和价值
Landwehr、Wentzel 和 Herrmann（2013）	审美喜好	审美喜好定义为“从产品内在的吸引力获得的感觉”
	设计的典型性	相比于设计不典型的产品，具有典型性类别的设计能够引起更多的积极响应
Luchs、Brower 和 Chitturi（2012）	功能 性能 持续性 美学设计	产品的外观，或美学设计，可以影响产品质量或功能、性能。具体而言，卓越的美学设计可以作为消费者推断产品具有卓越功能性能的线索，从而增加消费者在考虑选择产品时的相对信心
Moon、Miller 和 Kim（2012）	审美属性 情感诉求 人文价值	形式与和谐相结合，衡量审美属性； 指消费者在购买某种产品或服务以满足顾客需求时的感受； 包括真、善、美的统一和完整，灵活性、唯一性，完美，必要性，完成，正义，总体，毫不费力，嬉闹，自我充分性和意义。产品设计中的技术价值度量包括经济能力、效率、技术美德和卓越
Mugge 和 Dahl（2013）	最新新颖	设计新颖（也被称为新奇或非典型）被定义为从某类产品当前的设计状态的产品设计的偏差
Noseworthy 和 Trudel（2011）	功利主义 享乐型	我们将功利利益定义为产品的功能性、工具性和实用性； 享乐利益是审美、体验和其他愉快的维度

资料来源：根据 Luchs、Brower 和 Chitturi（2012）的研究整理修改。

五、三种产品创新模式的比较分析及评述

互联网信息技术的发展促使企业营销的重心由“市场”转向“产品”。在传统工业时代，由于信息不对称导致市场信息的封闭与阻隔，企业的营销战略重点

应该是通过各种营销手段和组合扩大宣传推广范围（Rayport and Sviokla，1995），从而不断进行市场拓展和扩张，而互联网时代由于信息技术的高度发达，打破了工业时代信息不对称造成的困局，消费者可以在更加广泛的市场范围和信息空间对产品进行比较和分析，并做出购买决策、选择自己需要的产品，因此，产品本身的创新成为企业吸引消费者注意和提高消费者满意度的重要战略手段。从创新的来源看，产品创新所需要的知识和要素来源主要包括三方面：市场知识、技术知识和文化创意知识（Yoo et al.，2012）。以上三种知识分别对应三种产品创新模式，分别是市场拉动式创新、技术推动型创新和设计驱动型创新。该部分内容将重点对三种产品创新模式进行比较分析，厘清三种产品创新模式间的区别与联系。

首先，从三种产品创新模式的驱动力来源存在较大的不同。技术推动型的创新本质上是一种技术变革和研发创新的过程，无论是企业外部技术环境的动荡和变化引起重大技术的变革，还是企业内部研发生成的内部专利技术的出现，都可能促进企业产品创新的出现和发展（Ritter，2003）。而市场需求拉动型创新则是一种较为被动的创新模式，这种创新模式往往不会伴随重大的技术变革，但会特别关注消费者需求的变化和发展，通过对产品进行改进和渐进式的创新以适应消费者不断变化的消费趋势，是市场拉动式创新的重要驱动力和创新路径，正如Dosi（1982）所言，“需求拉动论”仅仅把技术变革当作对市场条件变化所做的消极的、机械的反应，从而只在既定产品或工艺上进行微小的技术变化，而没有进行突破性的变革与创新，从而对产品的创新过程中的创造性视而不见（Wu and Shanley，2009）。由此可见，市场拉动型的产品创新基本是一种较为被动的渐进式创新过程，难以产生突破性的创新成果。与以上两种创新模式不同的是设计驱动型创新，设计驱动型创新的驱动因素并非技术和市场，而是社会文化模式的变革和创意的生成。设计创意和产品意义的革新是一种不同于技术和市场的创新，这种产品设计的创新主要来自公司设计人员的创意以及产品设计合作者、用户等网络群体的参与与合作。Verganti（2008）将设计驱动型创新定义为一种全新的突破式创新或称为颠覆式创新，是一种在社会文化模式和产品理念方面的变革式创新。

其次，从产品创新的内容来看，三种创新模式既有区别又有交叉和融合。一般而言，技术推动型创新以突破式创新为主，主要是对产品功能和属性的创新；市场拉动型创新则主要是对于产品的功能和形式的修正和改进（Scott et al.，

2011)；而设计驱动型创新则是从设计角度对产品的外观、审美、功能，以及人体功效（如产品使用的便捷性、舒适度等）等方面对产品的创新和挖掘（Singh，2000）。因此，从以上分析可以看出，技术推动型创新和设计驱动型创新是以突破式创新为主的，而市场拉动型创新是以渐进式创新为主的。双元创新理论从创新的新颖程度将创新分为突破式创新和渐进式创新两种，其中突破式创新是一种全新的创新模式，是充分利用创新要素“从无到有”的创造过程，而渐进式创新则是在原有产品基础上进行加工改进和完善的过程，是使产品变得“更好”的过程。Verganti（2008）从突破式和渐进式的区分角度出发，以此为标准对技术推动型创新、市场拉动型创新和设计驱动型创新三种创新模式间的关系进行划分和描述，具体关系如图 2－18 所示。从图 2－18 可以看出，技术推动型创新的主要创新方式集中在突破式创新，设计驱动型创新则既可以是突破式创新，也可以是渐进式创新，设计驱动型创新与技术推动型创新的重叠部分在设计驱动创新理论中被称为“技术顿悟”，是指技术与设计相互作用和共同创新的部分（Utterback et al.，2006），技术顿悟对于产品的创新是带有颠覆性和突破性影响，除技术顿悟融合技术推动型创新与设计驱动型创新的共有部分外，三种创新模式基本没有交互影响，本书研究的主要目的是厘清价值网络资源对三种产品创新模式及其绩效的影响，因此在进行模型构建和理论推演过程不考虑“技术顿悟”的情况，将分别对价值网络资源对三种创新模式的影响进行推演和检验。

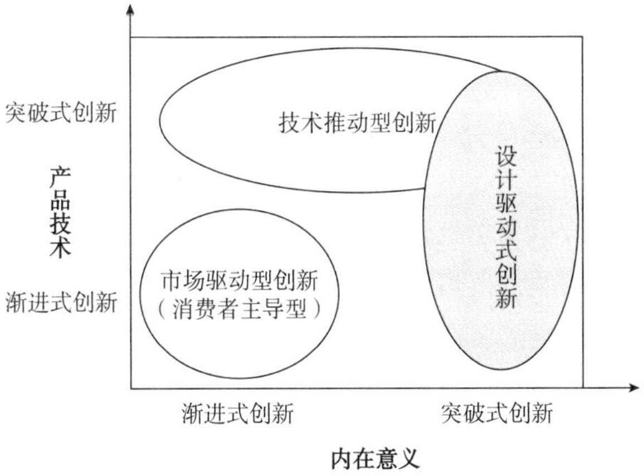

图 2－18 三种产品创新战略的关系

资料来源：Roberto Verganti. Design，Meanings，and Radical Innovation：A Metamodel and a Research Agenda［J］. Journal of Product Innovation Management，2008，25：436－456.

最后，根据以往研究从不同角度对三种创新模式进行全面的比较和评述。三种产品创新模式创新起点是不同的，对于技术推动型产品创新主要依赖于技术的变革和发展，在此过程中，既可以借助基础研究的相关成果对产品进行开发和创新，也可以以应用型技术为基础对产品进行改善和创新（Ziamou and Ratneshwar, 2003）；市场拉动型创新的起点在于对消费者和竞争对手的观察和适应，通过不断发掘新的消费需求、消费需求变化，以及竞争对手的竞争策略和动向不断完善和调整企业的产品，进行产品创新以推动企业绩效的提升；而设计驱动型创新则是通过从产品的形式、功能、审美，以及人类工效学角度对产品进行完善改进或者全面创新，它的创新起点主要是社会文化模式、产品象征意义等文化和情感层面的软性要素（陈雪颂，2011）。从三种产品创新所需要的资源、能力等方面来看，三种创新存在较为显著的差异和侧重点的不同。技术推动型创新的企业需要具备良好的研究基础和丰富的人力资本以支撑企业技术研发所需要的技术知识，当然企业也可以借助外部技术的发展和技术变革带来的技术红利进行产品创新，但是即使借助外部技术资源网络也需要企业自身具有一定的技术知识和研发技术人才的支持以便进行技术引进和技术资源的鉴别、整合与利用并最终转化为企业的产品创新；市场拉动型产品创新则需要企业具备丰富的营销资源和人力资本以便准确地识别消费者的需求变化以及竞争对手的策略变动，并最终实现产品的改进和完善以促进企业市场绩效的提升（Barfield, 1996）；而设计驱动型产品创新则需要企业自身具备优秀的设计师资源以便对流行的社会文化趋势进行精准的把握和产品创新设计，同时设计驱动型创新企业还需要具备完备的“诠释者”合作网络，所谓“诠释者”是指从不同的视角和领域对产品创新提供建议和意见的产品设计创新的合作伙伴和相关机构（Srinivasan et al., 2012），比如，高校研究机构、文化工作者、产品的用户或受众，以及媒体信息传播者等，因此，设计驱动型创新的企业尤其要重视企业产品创新的资源网络的构建，外部网络资源对设计驱动式创新具有重要的启发和推动作用。此外，三种不同的产品创新模式在创新要素、创新效果和经济产出等诸多方面均存在一定差异，其侧重点和创新路径都有所不同（见表2-8）。

表2-8 三种产品创新模式的比较分析

	技术推动型产品创新	市场拉动型产品创新	设计驱动型产品创新
产品创新的起点	技术变革与研发	消费需求与市场变动	社会文化与设计创意
主要研究视角	主要从技术导向、内部研发、联合研发等角度研究技术和研发活动对于产品创新的影响	主要从产品创新对消费者购买态度和行为角度切入，产品创新如何适应不断变化的消费行为	主要从社会文化模式和产品语义等方面研究产品的象征意义和蕴含的社会文化、消费情感对产品创新、消费行为甚至企业绩效的影响
创新驱动要素	基础研究的发展、应用及技术的突破等均是促进产品技术创新的发展的重要驱动因素	消费趋势的变化、市场竞争对手的竞争策略变化，市场信息的整合与传播等均会对产品市场创新产生重要驱动作用	社会流行文化趋势的变化，消费者对于产品的认知和感情等均是产品设计创新的驱动因素，但最为关键的驱动要素是企业设计师的创意和外部"诠释者"的参与和沟通
所需资源和能力	基础研究资源、应用性技术资源以及技术知识与研发人力资本等	市场营销资源和营销人力资本，市场信息、市场知识获取与整合能力	设计师的创新资源以及人力资本，企业设计人员的外部创新网络资源以及"诠释者"的网络资源等
创新主体	研究机构的基础研发人员、企业的研发人员	企业市场营销人员	企业产品设计人员以及外部"诠释者"
创新效果	产品功能的改进与创新或者产品的全面革新	产品外观或功能的改进和完善	产品形式、功能、审美、语义以及人体功效学方面的革新或全新体验
经济产出	一般会产生较大经济产出，但需要市场转换的时间和周期	短期内会产生较好的经济效益，但无法维持持续的竞争优势和经济效益	具有较好的经济产出，一般会带来全新的用户体验和良好的经济产出

资料来源：本书总结整理。

第三节 相关文献评述

以往对于企业产品创新的研究主要集中在企业内部的能力和资源对于产品创新的影响，或者将企业产品创新战略作为前置因素研究产品创新对企业创新绩效的影响，鲜有研究从价值网络与外部资源的双元视角研究价值网络资源对于产品创新行为及其绩效的影响和作用机制问题。鉴于此，本节内容将在前两节文献综述的基础上对价值网络理论和产品创新理论进行总体评述，揭示现有研究的局限与不足，并结合本书研究主题进一步建立价值网络理论与产品创新理论间的逻辑连接，探索价值网络资源与三种产品创新战略间的内在关系，为后续的模型构建和实证研究提供内在的理论视角和逻辑思路。

具体而言，本节内容将重点阐述以下问题：①现有研究中基于价值网络视角对产品创新战略的研究仍然不足，尤其缺乏从价值网络视角同时对于三种产品创新战略进行系统研究，因此将第三种产品创新模式——设计驱动型创新纳入企业产品创新战略并运用网络视角展开研究是对以往研究的进一步完善和发展。②当前国内对于设计驱动型产品创新的相关研究极为匮乏，相关研究寥寥数篇，权威研究更是寥若晨星，因此将设计驱动式创新纳入产品创新战略并作为研究重点是对当前研究的拓展探索和有益补充。③尽管企业产品创新战略与其本身的价值网络资源之间存在明显的逻辑关系，但以往研究仍然缺乏对于价值网络理论与产品创新理论间进行逻辑连接和关系构建的深入研究，这为本书研究的开展提供了广阔的研究空间和适度的理论缺口。④在不同网络潜入程度下价值网络资源与产品创新战略间的关系及其变化趋势仍然没有厘清，这为本书探索不同网络潜入程度和情景下模型构念间的关系变化和理论推演提供了合理的研究视角和理论背景。

一、基于价值网络视角的产品创新战略研究相对不足

产品是企业营销战略与战术中的重要组成部分，伴随着互联网信息技术的发展，企业间市场信息的不对称局面被打破，产品创新逐步成为企业竞争的重心和企业竞争优势的重要来源，因此研究产品创新战略的前因与结果对企业获取竞争优势与核心能力具有重要意义。以往对于产品创新战略研究主要集中在以下五方面：其一，从知识获取角度研究知识对于产品创新的影响；其二，从资源视角研究内外部资源对企业产品创新的影响及其内在机制；其三，从能力视角研究企业的内外部核心能力对企业产品创新的影响；其四，将产品作为中介变量研究资源能力通过产品创新战略或行为影响企业绩效的内在机理和作用机制问题；其五，将产品创新战略作为前置因素研究产品创新行为对企业绩效或者消费者态度行为的影响等。

从知识与资源的角度来看，企业拥有的知识和资源对企业产品创新具有重要

的影响。Narver 等（2004）的研究表明，企业的知识与资源是企业进行产品创新成功的重要因素，不同的资源类型和知识搜寻方式对于产品创新具有不同的影响，企业通过跨界知识搜寻可以获取创新所需要的市场知识和技术知识并最终促进企业绩效的增长（张文红和赵亚普，2013）。同时，企业的内部资源整合与利用也是促进产品创新的重要资源驱动因素（Brown and Eisenhardt，1995）。从能力角度来看，企业的动态能力与核心能力是影响产品创新的重要的能力因素，Luo（2003）的研究表明，企业的动态能力与网络管理能力对企业的产品创新与核心竞争优势的获取具有重要的影响作用，企业推动产品创新的过程需要企业整合内部能力与外部动态能力，内外部能力的整合对产品创新具有积极影响。此外，吴伟伟等（2017）从匹配的视角研究了技术能力与技术管理的匹配影响产品创新的内在机理问题。从绩效提升的角度看，产品创新行为往往被作为中介变量以研究资源能力到企业绩效的内在机制和作用机理问题（李晓翔，2014）。但以往研究中从价值网络视角对产品创新战略展开研究的仍然较为鲜见，Ahuja（2000）通过定性研究的方法对网络特征中的结构洞与企业创新行为间的关系进行了研究，结果表明处于结构洞位置的企业具备更加主动的创新意愿和创新成效，因为处于网络结构洞位置的企业可以获得信息控制优势及相关资源要素，更加容易获得创新所需要的信息、知识和其他资源。应洪斌（2016）同样从网络视角研究了结构洞促进企业产品创新的内在机理问题，结果表明结构洞位置促进企业创新行为产生主要原因和内在机理在于处于位置优势可以获得会更加稀缺的知识资源。此外，也有学者将产品创新作前置因素研究产品创新影响企业的网络嵌入问题的内在机理（李支东和金辉，2016），认为产品创新会通过组织学习的中介效应影响企业的网络嵌入特征。但总体而言，对于企业产品创新问题的研究缺乏从价值网络视角进行深入探究的系统研究，对于价值网络特征与产品创新战略的关系及对企业绩效的影响的研究更是较为匮乏，而从网络视角出发重视企业获取的网络资源已经是企业获得核心资源和竞争优势的重要路径，因此，从价值网络视角切入研究产品的产品创新及其绩效具有重要的理论意义和现实价值。

二、有关设计驱动型产品创新的相关研究极为匮乏

国外文献中自从 Verganti（2008）正式将设计驱动型创新纳入产品创新战略并将其作为继市场拉动型产品创新和技术推动型产品创新之后的第三种创新模式后，国外对于设计驱动型创新的研究便成为营销和创新领域的热点问题。Griffith

和 Rubera（2014）研究了在跨文化背景下技术和设计创新与新产品开发战略间的关系，认为技术的变革可以为产品创新提供技术基础和保障，但未必可以在短时间内转化为企业的经济效益，但设计驱动型的产品创新可以为企业创新和发展带来较为持久的竞争优势，并可以为企业带来较为可观的经济效益。Dell' Era 和 Verganti（2010）的研究则表明，行业中的合作战略与设计意图对于丰富企业的知识多样性和促进企业创新行为的产生具有重要的积极影响，从网络的视角看，合作战略能够产生资源能力的"互补效应"，并为企业整合内外部资源、弥补自身能力缺陷提供了关系基础和保障，同时企业的产品设计意识可以帮助企业从设计角度运用企业内外部的设计师资源促进企业产品的设计创新，从而最终促进企业绩效的持续提升。此外，Townsend 等（2011）从产品设计的功能与形式的划分维度对产品设计创新进行了较为详细的研究，对于从产品的功能与形式划分的原因和依据，形式和功能的创新对于产品整体创新的影响及其对于企业产品创新绩效的推动作用等进行了较为详细的阐述和分析。国外对于产品设计创新的研究主要集中在定性研究阶段，量化实证研究目前仍然较少。

相比国外对于设计驱动型创新的研究，目前国内相关研究则极为匮乏。国内首篇介绍设计驱动型创新的文章是由陈劲与陈雪颂于 2010 年发表的，截至目前，在 CSSCI 目录期刊上发表有关设计驱动型产品创新的文章还不到 30 篇，并且在国内权威期刊上发表的此类文章更是凤毛麟角，仅有数篇。至于在国外期刊发表的关于设计驱动型创新的论文更是极为少见，其中，Zhang 等（2011）用案例研究方法在《产品创新管理》上发表了在新产品开发过程中如何运用设计思维进行影响的整合设计是较早提到设计思维在新产品中的作用的研究，而后国内学者在国外期刊发表的该领域和主题的文章也极为少见。至于国内在该领域的相关研究本书已在上一节中进行了详细的总结和综述，在此不再赘述。

由此可见，国内对于设计驱动型产品创新的研究方兴未艾，仍然具有继续深入探索和研究的必要。因此，本书将价值网络理论与产品创新理论结合，以 Verganti（2008）的研究为依据，将设计驱动型产品创新作为继市场拉动式产品创新和技术推动型产品创新之后的第三种产品创新模式并纳入产品创新战略中，通过实证研究的方法深入、系统地研究企业的价值络特征对产品创新战略尤其是设计驱动型产品创新战略及其绩效的影响机制和深层原因，以期对现有研究做出有益补充。

三、价值网络与产品创新之间的理论逻辑关系仍需深化

从创新的过程和基础来看，企业创新理论与网络理论存在必然的理论连接和逻辑关系，因为在互联网时代创新的过程极其复杂，必须获取和整合新的知识、信息，以及其他资源，而这些资源不可能是完全内生性的，任何企业都不可能具备创新所需的全部资源和能力。与合作伙伴甚至竞争对手开展短期或长期的合作进行资源、知识的传播、获取与整合以满足创新所需要的基础要素是企业完成创新的必要条件，同时单个企业也不可能具备创新所需要的全部能力，而是需要借助外部关系网络中其他网络成员进行合作以达到能力互补和整体提升的效果（Srinivasan et al.，2012），因此，创新的过程本身就是一个获取整合企业内外部资源、能力以实现资源能力集成的过程，而不是单个企业完全依靠自身资源和能力完成的。尤其是在互联网时代，创新过程更加复杂多变并呈现多元化趋势，企业间的关系更加密切，每个企业都处在自身的价值网络中（Verganti，2014）。特别是对于当前学界较为关注的设计驱动型创新，其本质是企业的设计师与众多公司以外的“诠释者”之间形成的松散的创新网络（见图2－19）。因此，对于创新过程中最为复杂和多变的产品创新则更加需要依赖于企业的价值网络系统，以完成资源的获取、整合及能力的互补过程，以便最终实现企业的产品创新和绩效提升。

从以上分析中可见，价值网络与产品创新之间存在必然的理论连接和逻辑关系，因此，构建和探索价值网络与产品创新之间的理论连接和相互关系有利于更加合理地利用价值网络资源促进企业的产品创新过程，从而不断提升企业的产品创新效率和效果。尽管现有研究已经开始尝试建立二者的理论逻辑关系，但其理论逻辑关系过程以及内在机理和作用机制仍然未被完全揭示，仍需要进行进一步的深入探讨和实证。Löfqvist（2010）以中小企业为样本的研究表明，在产品创新和设计的过程中，需要借助企业网络的资源完成新产品的开发和创新过程，但对于在产品创新过程中哪些网络特征或属性会影响企业的产品创新过程以及在创新过程中的不同阶段中网络特征与产品创新的关系变化并未提出详细解释。熊捷和孙道银（2017）的研究则表明，企业所处的价值网络中的社会资本的确会促进企业产品创新和创新绩效的提升，而技术知识的获取则在其中起到重要的中介作用，尽管该研究间接构建了产品创新与企业所在网络间的逻辑连接，但是并未说明产品价值网络中的不同属性影响产品创新的作用机制和内在机理，二者间的关系仍然是简单的相关关系（Löfqvist，2010），并未从因果关系的角度进行实证分

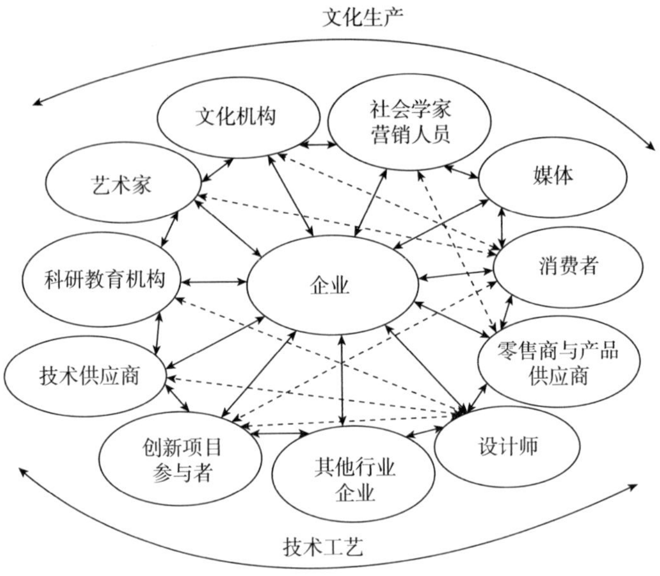

图 2-19　处于相互作用关系网中的各类“诠释者”

资料来源：Roberto Verganti. 第三种创新：设计驱动式创新如何缔造新的竞争法则［M］. 北京：中国人民大学出版社，2014.

析。Michael（2016）的研究也表明，在未来对于产品创新的研究中尤其是对于设计驱动型创新的研究中，从网络视角出发构建价值网络特征属性与产品创新战略的理论逻辑连接是未来重要的研究方向。综上所述，构建和深化价值网络与产品创新间的理论联系和逻辑连接对研究互联网背景下企业的产品创新问题具有重要的积极影响。二者的理论连接不仅有助于进一步理顺企业产品创新与其所处的关系网络间的逻辑关系，更加有助于促进企业产品创新过程由内生性向外生性或者内外部资源能力整合的方向转化，深化二者的理论整合与相互融合，对于提高企业的产品创新效率和效果，增强企业产品创新对于互联网情境的适应性，拓展产品创新的理论研究边界并发展完善新的理论具有重要的现实意义和理论价值。

四、网络封闭性对产品创新战略的作用机制仍未厘清

网络封闭性概念最早由 Granovetter（1985）在研究组织与个体经济行为的嵌入性时提出，他认为不能将企业或者组织视为一个孤立的个体进行单独的研究，每一个组织都是嵌入在它所在的社会网络之中的，组织的每一项重大决策也都与

网络中的其他成员密切相连。因此，在对企业进行研究时应该从整体网络的角度出发，研究网络中的相互关系和网络结构对组织个体的决策和行为的影响。网络整体的封闭程度影响到网络内部各成员间的相互关系。Granovetter将网络分析的方法纳入经济社会学的领域，把原来两个主体之间的双边关系拓展为由多个主体组成的多边网络关系，不但丰富了社会经济学研究的理论体系，对于企业战略理论也具有重要的借鉴意义和研究价值。

管理学者Gulati（1998）也指出，在价值网络中网络成员的行为受到整体网络结构与其他网络成员个体利益的共同影响，网络成员间的彼此沟通交流促使彼此联系更加稳定与规范。网络嵌入性本身是一种企业获取关注社会资本和网络关系的固有机制（Granovetter，1992）。通过与网络成员反复的直接接触有利于提高信息质量。其原因主要有两方面：一方面，从信息质量来看，当直接接触的反复作用培养起密切的组与组之间个体关系时，企业获取的信息质量更高。与市场的公平交易相比，在关系中进行的信息交流更加丰富细致，对交易双方来说可以获得具体详细的信息（Uzzi，1996），特别是在反复的相互作用中创造出一种合作双方的共同语言时，彼此交换信息质量更高。通过增强相互理解，增加对彼此动机、过程和日常工作的知识，获取多伙伴关系的经验，可以带来更高的信息质量。另一方面，重复的相互作用或互动可以产生口碑效应，Tullock（1985）称为“连续交易规则”。因此，每次直接接触都有多元化的联系，是与更加可靠的信息渠道和更高质量的信息密切相关的，企业网络关系嵌入性机制有利于企业获取高质量信息、建立牢固的网络关系。然而，网络关系嵌入性可能导致锁定效应（Lee，2007），因为直接接触的反复互动限制了公司随时间改变其网络结构的灵活性。现有的网络结构可能会抑制创建新的关系纽带，从而减少网络资源带来的长期利益。

综上所述，不同网络嵌入程度下企业与其他网络成员间的关系特征和结构特征均受到影响，并对企业的决策行为产生必要的影响。但以往研究对于不同网络嵌入程度下价值网络特征（关系特征和结构特征）与企业产品创新行为的关系没有进行充分研究，对于在不同网络嵌入程度二者关系的变化规律和明显差异性缺乏认识与合理解释。鉴于此，本书将在探索和检验价值网络特征属性与三种产品创新间关系的基础上，研究在不同网络嵌入程度下该关系的变化规律和趋势以及在不同嵌入性水平下几种关系之间存在的差异性和造成该差异的深层次原因，以期对以往研究做出有益补充和探索。

第三章　企业产品创新战略研究的概念模型和研究假设

在互联网与信息技术快速发展的商业环境下，通过价值网络获取、整合企业产品创新所需的外生性资源以弥补企业内部能力和资源的不足，成为企业维持持续产品创新和竞争优势的重要途径和来源。同时，以往研究对价值网络与产品创新间的逻辑关系有所涉及并进行了初步探索，但尚未完成价值网络理论与产品创新理论间的关系构建和逻辑连接，对于二者间的具体关系、内在逻辑及相互间的作用机制仍需进一步探索、挖掘和证实。鉴于此，该模型将从资源与网络的双元视角出发，将企业在价值网络中所具备的某些网络特征和属性（网络关系与网络位置）看作企业进行创新所需的外部资源，从而遵循“资源—战略—绩效”的逻辑框架和研究范式，研究价值网络位置和网络关系资源、产品创新战略与企业绩效的关系及其内在影响机理问题。本书根据中外相关研究将三种产品创新战略纳入其中，分别探讨不同网络位置和关系特征对三种产品战略的影响和相互关系。最后，将根据研究主题和实际情况将企业绩效从创新绩效、市场绩效、财务绩效三个维度展开讨论，具体研究价值网络资源通过产品创新战略影响企业绩效的内在机理和作用机制。

本章内容将遵循“资源—战略—绩效”的逻辑框架和研究范式进行模型构建和假设提出，其主要内容包括：①介绍概念模型的整体提出过程及构建逻辑，主要包括模型提出的理论基础和理论依据，模型构建的整体思路和逻辑路径等；②概念模型各部分包含的具体内容，其中前置因素中包括价值网络位置和价值网络关系，中介变量部分包括市场拉动型、技术推动型和设计驱动型三种产品创新战略，因变量主要包括创新、市场和财务三个维度的企业绩效；③基于整体概念模型中各构念间的关系，对变量间关系进行讨论的基础上提出本书的研究假设，构建完整的实证研究模型。主要包括：从网络和资源视角，探讨企业的网络位置和网络关系对企业绩效的影响并提出相应的研究假设；对企业在价值网络中的位置如何影响三种产品创新战略进行理论逻辑推演和探讨并提出相应的研究假设；对企业的网络关系特征如何影响三种产品创新战略进行理论逻辑推演和探讨并提出相应的研究假设；对三种产品创新战略如何影响企业绩效进行理论推演和探讨并提出研究假设。

第一节　概念模型的提出及其构建逻辑

本节主要对本书的整体概念模型的提出和模型构建的逻辑思路进行阐述和分析。首先，对模型提出的理论基础进行回顾和描述，主要包括社会网络理论、资源基础理论、企业创新理论等；其次，构建研究的整体概念模型并对模型的具体内容和构成进行分析阐述；最后，对本书模型的构建逻辑和整体思路进行阐述、分析和解释说明。

一、概念模型提出的理论基础

从第二章的文献综述中可以看出，企业的产品创新战略涉及的基础理论较多。从本书的主题和视角出发，主要涉及社会网络理论（Social Network Theory）、资源基础理论（Resource - Based View）、资源依赖理论（Resource Dependence Theory）、开放式创新理论（Open innovation theory）等。在以社会网络理论为基础并从网络视角对产品创新展开的研究表明，社会网络理论在创新行为研究中占据重要地位，网络理论和视角对于企业创新行为和战略，尤其在互联网快速发展的背景下对企业的创新资源的获取和整合以及能力的互补等产生重要影响，比如，Ozer 和 Zhang（2015）从网络的视角研究了网络关系对于产品创新尤其是探索式产品创新的影响，价值网络相关理论也必然成为企业产品创新过程中重要的理论基础（卢泰宏等，2012）。但价值网络本身是社会网络理论在管理学领域的应用和延伸（Ritter and Gemünden，2003），对于价值网络的理论来源社会网络理论的应用是开展本书的重要的原始理论基础，因此，社会网络理论是本书的重要的基础和原始理论。

从资源的视角来看，企业所在的社会网络或者价值网络本身为企业的创新提供了丰富的外生性资源，同时也为企业提供了获取外部资源、整合内外部资源以促进创新的机会。不论是企业在价值网络中的位置还是所拥有的网络关系特征都可以被视为企业创新的重要资源（孟庆红等，2011），因此，资源基础理论是该研究的重要理论基础。而资源基础理论由于过多地强调组织内部资源和能力的作用而忽视了外部环境对组织行为的影响，尤其是在互联网信息技术快速发展以及全球化趋势日益明显的商业环境下，组织早已不是孤立的个体，而是一种相互关联和依赖的关系。因此，必须从外部环境的角度将组织嵌入在外部网络环境中审视企业的战略行为和影响因素（Chesbrough and Brunswicker，2013）。由此，资源依赖理论便很好地解释了组织与环境的互动关系。在资源稀缺的前提下，企业始终通过主动适应，甚至挑战环境中的不确定性和对抗性因素以最大限度地摆脱环境对于企业资源获取的束缚和阻碍。因此，从企业自身与外部环境的关系角度看，本书将资源依赖理论作为理论基础具有十分的合理性和必要性。

从创新的角度看，在共享经济和互联网络环境下信息快速传播流动，创新已不完全是单个企业能够独立完成的任务，而是需要企业的网络伙伴的共同参与完成的。创新的发展过程也表明创新过程逐步由“封闭”走向“开放”，开放式创新已经成为创新活动的主要模式（李涛和高良谋，2016），况且本书本身就是从价值网络和资源视角切入展开研究，这表明创新的过程并非来自单个企业“封闭式”的研发，而是一种企业与网络伙伴共同创造的过程。因此，开放式创新理论是本书重要的理论基础。当然，由于企业创新过程的复杂性和动态性导致在研究过程中还会牵扯的诸如动态能力理论、知识基础观等其他理论，但这些理论并非本书主要的理论基础，因此不做详细阐述和回顾，只对与本书相关性比较高的主要理论进行回顾和分析。

（一）社会网络理论

社会网络理论最早在社会学领域被提出，社会学家怀特最早提出了社会网络的概念。他认为，社会网络是指网络中不同节点彼此之间互动、协调和整合而形成的群落组织体系，是不断动态变化的关系网络系统。随后，著名社会学家Granovetter（1973）提出了关系强度的概念，并且将关系强度划分为强关系与弱关系，并通过研究发现弱关系可以传递更多异质性和多样性信息，可以为网络成员提供有价值的、新的信息和利益，由此形成了弱关系理论并强调弱关系的理论。在管理领域最早由Tichy等（1979）将社会网络理论引入管理领域并将社会网络理论企业的战略行为相结合，最终形成了管理学领域的价值网络理论，因此，价值网络实质上是从价值创造和价值分配角度将社会网络理论应用到管理领域而形成的价值生成网络体系（Capaldo，2007）。从该角度来看，社会网络理论可以看作是价值网络的理论来源或者原始理论，因此，本书结合研究主题在文献综述中对价值网络进行了回顾和评述，却将社会网络理论作为最为基本的理论基础，其原因也在于此。

如上文所述，对于社会网络的研究主要是从关系、结构、认知等维度展开的。具体而言，网络关系主要包括关系强度、关系质量、关系持久性、关系多样性等方面。结构则主要是指网络位置以及网络的规模、密度等整体特征（Coleman，1990）；而认知则主要是指网络内共同的符号、共同的语言，以及共同的规范等内容。一般而言，在管理学领域主要从价值网络的关系和结构两个维度展开研究，对于认知维度的研究整体较少，一般在研究网络关系的构建和相互作用时作为一种关系内容与关系特征交叉研究。因此，以社会网络理论为理论依据和理论基础，本书对于价值网络资源也主要从关系与结构两个维度展开研究。从目前的研究来看，关系维度的研究主要包含关系强度与关系质量。结构位置维度的研究主要包括网络中心度与结构洞两方面（Coleman，1994）。所谓网络中心度包括多种类型，一般是指程度中心度，即企业在整个网络中的位置中心性程度及地位；而结构洞实质就是网络中介中心性，具体是指企业在网络中的“桥接”功能与中介位置（Burt，1992）。由此可见，网络关系和网络位置是价值网络最为重要的特征属性，对企业的战略行为影响最为直接和深远。因此，通过对企业所在的价值网络的位置和网络关系特征属性的探究，进一步厘清这些价值网络特征属性与企业产品创新战略间的内在关系和作用机理，进而讨论该关系和作用机理对提升企业绩效的价值和作用。

（二）资源基础理论

资源基础理论（Resource - Based View，RBV）集大成者 Barney（1991）将战略性资源从一般性资源中抽离出来。他认为，并非企业所拥有的一切资源都是具有战略意义和竞争优势的，有些资源属于常规性资源，虽然可以为企业发展助力，但并非是决定性和战略性的。但有一些资源由于具备了价值性、稀缺性、难模仿性、难替代性等特征，属于企业的异质性资源，这些资源是构成企业竞争优势的战略性资源。这些资源具体包括文化资源、信任、人力资源、信息技术资源等。因此，企业拥有的异质性战略资源应该同时具备时间上的持续性、价值上的增值性、空间上的不可转移性和不可替代性等特征（Barney，2002）。资源基础理论认为，企业的异质性资源是企业的关键性资源，这些关键性资源可以通过降低企业的投入产出比以增加更多经济价值，进而生成竞争优势和获取剩余价值并最终转化为企业的经济租金（Wernerfelt，2015）。因此，企业的异质性资源是企业竞争优势的来源；而这些资源的不可模仿性和稀缺性使企业竞争优势得以持续保持（Barney，2002）。

伴随着对资源基础理论的深入研究，其不足和局限日益暴露，众多学者开始对其进行探索和完善，以期得到更加具有说服力的解释。Teece 等（1997）的研究完成了从资源到能力的转变，该研究提出了动态能力理论。而 Dyer 和 Singh（1998）则从企业间关系的角度展开研究，基于资源基础理论的研究开始跨越组织边界，并关注合作战略及组织之间的关系问题。并最终认为关注公司间关系和网络成为生成竞争优势的重要来源。

综上所述，资源基础理论始终坚持企业是异质性资源和能力的集合体，这一论断贯穿于资源理论发展的全过程，也是资源理论的核心观点（Baker and Sinkula，1999）。但伴随全球经济一体化以及互联网信息技术的快速发展，企业间的竞争已经不是单个企业间的竞争，任何企业都不可能拥有所有发展所需的资源，企业间基于和能力的互补成为可能（Cusumano，2010）。面对资源基础理论的不足和局限，后续学者开始向两个方向进行理论的发展和延伸。一是继续基于竞争优势来源于组织内部资源和能力的视角，将企业的竞争优势来源由内部资源向内部能力转化，最终形成了核心能力与动态能力理论；二是主动跨越企业甚至行业的边界，从组织边界之外寻找竞争的优势来源，最终结合社会学中的组织理论形成了资源依赖理论（Dyer and Singh，1998）。需要强调的是，尽管两种理论对资源基础理论的发展和延伸方向不同，但两者具有共同的基础，那就是都承认组织的竞争优势来源于异质性的资源和独特的核心能力。

（三）资源依赖理论

伴随资源基础理论的不断演进和延伸，单纯从组织内部寻找竞争优势来源已经无法解释企业维持竞争优势的根本原因。现实商业世界中企业之间以及相关利益者之间是相互联系的，而非孤立的个体，所有企业要想获得生存和发展都必须不断地整合组织内部和外部资源，企业间的关系存在相互依赖性（Sigvald et al.，2008）。伴随资源基础理论的发展，其理论本身的不足和缺陷也逐步显现，因此，学者从不同角度进行理论发展和延伸，一部分学者仍然关注企业内部发展，从关注企业内部资源转向关注企业的组织能力。比如，Prahalad（1990）认为，组织能力是企业特殊的组织资源，企业竞争优势的本质是积累性的能力的集合，因而在此基础上提出了企业发展的核心能力观。另一部分学者则从企业与外部环境的互动入手，认为企业竞争优势的获取不能仅依靠培养内部能力和资源，需要根据自身资源和能力主动参与到外部环境中去并获取自身所需的外部资源以最大限度地摆脱环境的束缚（Scott et al.，2010）。在此基础上，学者结合社会学领域的组织理论，提出了资源依赖理论。

如前文所述，随着对资源能力理论研究的不断深入，部分学者开始关注企业外部环境对企业竞争优势获取的影响，他们结合社会学领域的组织理论，提出企业之间的关系深刻影响了企业资源的获取，外部环境的影响对企业获取关键资源和培养内部能力至关重要，企业努力获取外部资源并结合自身优势培育内部核心资源和能力正是为了尽可能减少对环境的依赖程度（Rosenkop and Nerkar，2001），因此，对于企业竞争优势的研究应该由单纯关注企业内部资源和能力转向关注企业间关系以及环境对企业自身的影响，由此，资源依赖理论开始得以发展和完善。

经济学界认为，企业的创新活动具有较强的“正外部性”，创新的重要作用不仅在于有利于实现企业经济目标促进企业发展，更重要的是有利于增加整个社会创新资源存量，提升整个社会的创新氛围和创新活力，从而反馈和影响到每一个创新个体开展创新活动（Chandy et al.，2006）。但是，企业的创新活动无法脱离整个社会的整体知识积累和科学技术进步，作为微观个体的企业持续创新需要从环境及其他组织中获取必要创新要素和创新资源。因此，整合企业的内、外部资源意味着企业与合作伙伴之间的创新活动依赖于复杂的组织和制度安排，而企业与其他创新成员间的组织与制度安排，便形成了企业与合作伙伴之间相互依存的关系网络（Roger et al.，2016）。正如普费弗所指出的：“一些组织比其他组织更有权力，是由组织间相互依赖的特点或者说由其在社会空间中的位置特性所决定”。因此，资源依赖理论更多的是一种观察组织间关系的视角和概念系统，而不是可以操作化的方法体系。关系网络中的活动和创新行为经常既不是企业内部要素决定的，也不是供求价格机制决定的，而是更多地受到企业间的网络关系的影响。因此，资源依赖理论一定程度上解释了企业之间在创新活动中形成网络的原因和内在机制。

（四）开放式创新理论

开放式创新（Open Innovation）是指企业在进行创新过程中通过与外部环境中其他组织进行广泛合作，整合内、外部创新资源进而提高创新效率与效益的一种创新模式（Chesbrough，2003）。从企业层面来看，开放式创新应该界定为企业创新资源跨越组织边界的流动。正如 Lichtenthaler（2011）从知识的获取和整合的视角，将开放式创新界定为企业在创新过程中在组织内部和外部同时开展知识探索、知识保持和知识挖掘的行为。

与封闭式创新相比，开放式创新更加强调企业外部资源的获取和利用。它是企业在进行创新过程中综合利用组织内部与外部技术以及创新思想，通过研发产生新产品的过程（良谋和马文甲，2014）。开放式创新开始关注的仅是企业的技术创新，伴随研究的不断深入学者发现，一些非技术性的因素对整个创新过程同样具有重要影响（Pablos - Heredero，2012）。这些影响因素涵盖的范围较广，从组织内部的创新文化到员工的创新思维再到产品创意的产生等，都深刻影响着开放式创新的过程和结果（Westergren and Holmstrom，2012）。由此可见，随着开放式创新研究的不断深入和范围的不断拓宽，其研究边界也在不断动态变化中，由原来的技术创新逐渐演化到技术与非技术因素的相互作用和共同影响（Kafouros and Forsans，2012）。因此，对于企业的产品创新战略的制定和实施而言，开放式创新理论是其重要的理论基础，无论是技术推动型创新、市场拉动型创新还是设计驱动型创新，都不是单纯依靠企业个体自身的资源和能力的“封闭式创新”，都需要从企业外部环境中获取外部资源并结合内部资源进行开放式的整合创新（Knudsen and Mortensen，2011）。由此，本书将三种产品创新战略界定为一种开放式创新，并从网络视角将价值网络与三种创新战略相结合，力图厘清企业的价值网络特征属性对三种产品创新战略的影响以及对企业绩效的影响机理，将社会网络理论与开放式创新理论相结合进一步研究两者的逻辑连接和内在关系对于提升企业绩效的作用机制和深层影响。

二、整体概念模型的构建

信息技术与人工智能的迅猛发展导致企业的产品生命周期不断缩短，产品创新成为企业保留和满足客户需求并获得核心竞争优势的重要手段和方式，企业要想在复杂多变的商业环境中保持竞争优势和持久发展，就必须重视企业的产品创新。同时，在互联网环境下产品创新的模式正在发生急剧的变化，原有的单纯依靠企业内部研发式的“封闭创新”已经难以适应企业发展和竞争的需要，从价值网络入手，借助外部网络资源并通过整合内外部资源和能力进行开放式的创新成为企业产品创新的必然选择（Pablos，2012；Martin et al.，2015）。目前企业普遍采用的开放式产品创新模式有三种：技术推动型的产品创新、市场拉动型产品创新，以及设计驱动型产品创新，三种产品创新战略模式之间存在不同的适用条件和资源约束。那么在价值网络中，三种产品创新战略各自需要什么样的资源、能力？又面临怎样的资源约束？企业的价值网络特征属性对三种产品创新战略究竟存在怎样的影响关系和作用机制？这些均是本书要解决和研究的问题。

综上所述，为了深刻揭示企业在价值网络中的位置资源和关系资源、产品创新战略及企业绩效间的逻辑关系和内在机制，本书从网络与资源的双元视角，以社会网络理论、资源基础理论、资源依赖理，以及开放创新理论为理论基础，遵循“资源—战略—绩效”的逻辑思路和研究范式，构建以下研究模型（见图3－1）。

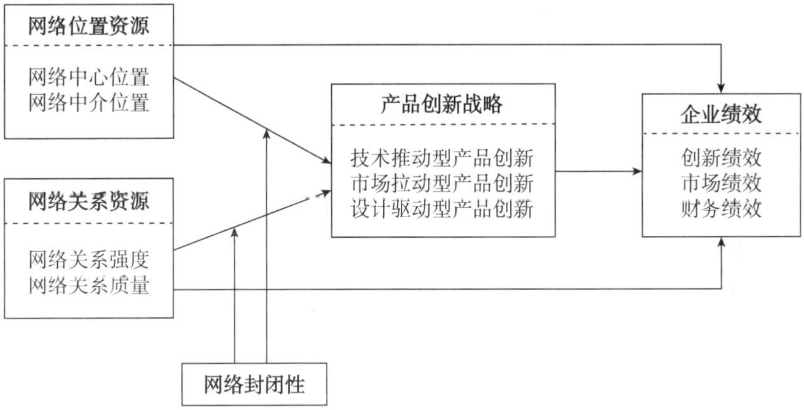

图3－1 本书研究模型

资料来源：本书笔者构建。

理论模型分为前置因素、中介变量、因变量和调节变量四部分，其中，主要部分或主效应部分分为三段，以价值网络位置和关系资源为前置因素；以技术推动型、市场拉动型和设计驱动型三种产品创新战略为中介因素；以创新绩效、市场绩效和财务绩效三种企业绩效为结果变量。对于该模型具体阐述如下：

（一）产品创新战略的前置因素：网络位置和网络关系资源

在以往研究中，对于企业战略行为的前置因素一般分为三类：资源、能力和制度与外部环境因素。从企业的资源能力观出发，企业所拥有的独特资源与独特能力是企业战略实施成功的关键要素（Salman and Saives，2005），比如，企业拥有的人力资源、信息资源、市场资源和技术资源等都可以成为构建自身竞争优势和战略行为的核心资源；从能力方面看，企业的技术能力、市场能力和管理协调能力等都可能成为竞争的核心动态能力和竞争优势的来源；从制度与外部环境因素方面看，企业所拥有的独特制度优势和外部环境优势（Mckinley et al.，2014），比如，完善的公司治理结构、合理的内部制度安排以及外部环境优势等都可以成为公司获取竞争优势的核心来源。

本书遵循以往将资源作为战略行为前置因素的逻辑框架，将价值网络资源作为企业产品创新战略的前置因素。不同于以往研究的是，本书虽然将从资源观出发构架模型前置因素，但不是从单一的资源视角切入，而是从资源和网络的双元视角切入构建模型，因为价值网络资源是企业的一种特殊的外生性资源，它不仅是企业构建竞争优势和战略实施的外部核心资源，也是一种企业价值创造的网络系统（Sigvald et al.，2008），因此，对于企业在价值网络中的网络位置和网络关系，既是企业的价值网络的特征属性，也是一种企业构建竞争优势的外部资源来源。综上所述，企业的价值网络位置资源和关系资源作为企业产品创新战略前置因素是一种从资源和网络双元视角进行构建和整合的过程，它既不是单纯地从企业内部资源考虑，也不是从单个企业本身切入，而是从企业的组织外部网络外生性资源以及相互依赖的网络视角展开研究。

将价值网络的位置与关系资源作为产品创新战略的前置因素的模型设计主要出于以下逻辑：①由于信息化与全球化的飞速发展，企业关注的重点开始由“市场”转向“产品”，产品创新成为企业构筑竞争优势的核心要点。而互联网时代的创新已经无法通过企业自身或者内部研发等“封闭式创新”的模式或手段达成，因为当今创新的过程愈加复杂多变，单个企业无法完全通过自身的资源和能力获得良好的创新效果。因此，在互联网时代企业之间的关系相互依赖、竞合相依，彼此进行资源能力的互补和整合，其创新过程也有“封闭式”向“开放式”进行转变（Wu and Shanley，2009），创新的复杂性与多变性要求企业借助价值网络系统获取自身创新所需要的资源、能力以完成创新的过程。而企业在价值网络中位置和网络关系不仅是企业所在价值网络的特征属性，更重要的是这两种价值网络特征属性在一定程度上决定了企业获取外部网络资源的能力，进而影响了企业产品创新战略的制定与实施。因此，从网络和资源视角看，企业在价值网络中位置和网络关系是一种企业完成创新过程的重要资源，并决定了企业自身对其他网络伙伴的影响程度和依赖程度，进而决定了企业的资源获取能力和创新能力，最终也影响到企业绩效的提升。②伴随研究的深入和实践的发展，理论界对于创新的关注越来越多。对于技术推动、市场拉动和设计驱动型的产品创新战略的研究，现有研究对技术推动型产品创新和市场拉动型的产品创新在以往研究中较多，而设计驱动型产品创新则研究匮乏。未来对该领域的研究趋势在于从网络资源视角出发展开研究，网络视角成为未来创新研究的主要方向，比如，Westergren 和 Holmstrom（2012）的研究表明，对于企业产品创新战略的制定和实施未来研究应该从网络视角展开深入的剖析和研究。因此，将价值网络资源作为前置因素对产品创新战略的研究具有重要的理论价值和意义。③从近几年的商业实践角度看，借助价值网络资源进行产品创新以便取得核心竞争优势成为当前商业实践的重点和难点。尤其是对于在互联网商业环境下，企业借助价值网络系统进行创新尤为突出，并且颠覆了一些传统工业制造企业（Westergren and Holmstrom，2012），比如，借助共享经济理念的共享单车和借助平台生态系统进行定制化生产的红领集团等。因此，从实践的情景来看，企业在价值网络中的位置和网络关系对于企业的创新和产品研发具有重要的价值和意义。

（二）企业产品创新战略的构成

以往对企业产品创新战略的研究，更多地集中在技术推动型创新和市场拉动型创新方面，而对于设计驱动式创新的研究极为匮乏，而将设计驱动型创新作为第三种创新模式（Verganti，2008），并且将三种创新战略同时纳入企业产品创新战略体系的研究极少。因此，本书结合研究主题和理论分析从价值网络资源与产品创新战略的结合与关系展开研究，模型的产品创新战略主要划分为三种：技术推动型产品创新、市场拉动型产品创新和设计驱动型产品创新。之所以将以上三种产品创新模式纳入产品创新战略的构念体系中，原因在于这三种产品创新模式基本涵盖了当前产品创新的方式和手段，它们分别从技术、市场和设计三个方面切入推动企业的产品创新战略，较为全面地覆盖了产品创新战略的创新维度和创新实践。

技术推动型产品创新主要依靠技术的突破与变革。尤其是伴随互联网技术的发展，企业的创新需要借助创新价值网络获取技术资源和技术能力，因此，当高校、研究院所及企业研发的基础研究取得实质性突破时，这些技术可以为企业将基础研究的技术转化为应用技术并最终运用于产品创新，促进企业产品创新及其创新战略的制定与实施，从而推动企业绩效的提升（Wal et al.，2016）。此外，除基础研究为企业技术创新和产品创新提供技术资源外，企业价值网络中的其他网络成员及其相互合作研发可以产生应用性技术，而应用性技术可以直接运用于产品创新过程，从而推动企业的产品创新甚至绩效的提升（Rajdeep et al.，2013）。与技术推动型产品创新不同的是，市场拉动型产品创新主要关注市场的变动，主要集中在消费者需求和竞争对手的策略导向。从消费者需求角度来看，市场拉动型产品创新取决于消费者的需求变化，当消费者需求和消费趋势发生变化后，企业为了适应消费者的需求变化也必须进行相应的产品的完善和改进，以便进一步适应消费者的需求变化，这一产品完善和改进的过程往往促进产品的创新发展（Homburg and Plesser，2000），因此，市场拉动型产品创新是一种由消费者需求变化引起的被动式的创新形式。此外，市场的变化不仅取决于消费者需求的变化，因为有时消费者需求的变化是较为复杂和隐蔽的，从而导致企业很难发现消费者需求的明显变化（Wynarczyk et al.，2013）。此时，竞争对手的战略导向成为企业进行市场拉动型创新的重要参考依据，即企业会根据竞争对手的战略动向判断市场的变化趋势和未来发展，从以往的研究可以看出，对市场拉动型产品创新战略的制定和实施主要依据消费者需求变化和竞争对手战略动向，由此形成了消费者需求导向和竞争导向的企业发展战略，其市场拉动型产品创新战略也便由此产生。

与以上两种产品创新战略不同的是设计驱动型产品创新战略。设计驱动型战略并不依靠技术突破和市场变动，但是设计驱动型产品创新战略却又离不开技术和市场的促进与配合作用，它是一种新的产品创新形式，是以设计者的创新、社会文化模式的选择和变化，以及企业外部“诠释者”建议和意见等为基础的产品创新形式（Srinivasan et al.，2012）。设计驱动型产品创新既不需要一味地迎合和满足消费者的需求，也不必须出现突破性的重大技术变革，而是需要对社会文化模式、消费者产品理念和生活方式等文化元素进行创新并贯穿于产品之中，引领一种新的消费和文化潮流。Kumar 等（2015）的研究表明，设计驱动型创新并不同于用户中心型创新，用户中心型或用户导向型创新本质上是一种市场拉动的创新模式，它注重用户的需求和参与，以不断满足用户需求为目标；而设计驱动型创新则不同，它是由公司设计人员主导并结合社会文化特征推动设计产生，重点在于赋予产品独特的文化特征、象征意义和产品理念。因此，再制造企业尤其是涉及密集型制造类企业中设计驱动型的产品创新对推动产品创新绩效和企业发展具有重要意义（陈国栋和沈云霞，2013）。国内目前对于设计驱动型创新的研究仍然刚刚起步，但在创新和管理实践中，设计驱动型创新已经成为与其他两种创新模式型并行且代表未来创新趋势的一种典型的产品创新模式，因此，将设计驱动型创新作为第三种创新模式纳入企业产品创新战略符合理论与商业实践的需要和发展趋势。

综上所述，根据以往研究和商业实践的现实发展，将技术推动型产品创新、市场拉动型产品创新，以及设计驱动型产品创新纳入企业产品创新战略，具有充分的理论和现实依据，对于进一步深入、系统地研究价值网络资源与企业产品创新战略以及企业绩效间关系具有重要的理论价值和现实意义。

（三）产品创新战略的绩效目标：创新绩效、市场绩效、财务绩效

以往研究中，“资源或能力—战略或行为—绩效”的逻辑框架和研究范式成为企业战略研究中的经典框架，尤其以绩效作为结果变量以衡量战略的有效性，在诸多研究中反复出现（Moon et al.，2015）。从企业战略制定和实施的目的来看，保持企业绩效的持续增长是企业营销战略的永恒的目标，因此，将“绩效”作为结果变量符合现实情形和企业发展需要。尽管将绩效作为因变量在管理学领域一直存在一些争议。具体而言，由于在现实商业环境中对企业绩效产生影响的因素众多，更容易在研究中造成结果变量的不可控以及测量的模糊性，因此，有学者认为“绩效”是一个难以证伪的构念，在实际进行研究或测量时存在一定难度（Irina et al.，2014；Knudsen and Mortensen，2011）。这种观点本身存在一定的合理性，但是这几乎是管理领域普遍存在的难题，不只绩效的测量，诸多变量都无法精确测量，尽管存在一定争议，由于战略行为的终极目的是绩效的提升，因此在以往的研究中仍然有大批学者将绩效作为结果变量，这一现象可以理解为一种“次优”选择。因此，本书将企业绩效作为结果变量，同时为更加准确全面地对绩效进行测量，从创新绩效、市场绩效和财务绩效三个维度展开测量。

（1）创新绩效。Fine 等（2002）的研究表明，一家公司的真正价值所在是它的创造能力。以往研究对于创新绩效具有较多论述。奉小斌（2016）在研究平行搜索对于企业创新绩效的影响中发现集群企业的平行搜索对企业的产品创新绩效具有积极推动作用，在此过程中，管理者解释与竞争强度起到联合调整作用。在对创新绩效的衡量方面，学者们多数以企业专利数量、新产品销售额比例等对产品创新绩效加以测量。而根据 Atuahene - Gima 和 Murray（2007）的研究则认

为应该采用主观与客观相结合的方法对其加以测量。本书也将运用主、客观数据相结合的方式对创新绩效进行测量，后续研究就中会详细介绍。此外，何晓斌等（2013）对于企业家的社交行为对企业绩效包括产品创新绩效的影响进行了研究，研究表明，企业家的社交网络资源对于提升企业的产品创新绩效具有积极影响。秦佩恒等（2016）对中国制造类企业的创新状况进行了实证研究，结果表明，企业的创新模式对企业产品创新绩效具有不同的影响，在此过程中，R&D 强度、技术层次等都会影响创新模式与企业产品创新绩效的关系。此外，从网络视角看，产品创新离不开外部网络资源的基础性作用，因此，从价值网络中获取资源，并通过企业产品创新战略的消化吸收与转化机制，进而会促进产品创新绩效的提升。由于本书主要研究价值网络资源、产品创新战略及企业绩效间的关系，因此，创新绩效是衡量企业绩效必不可少的重要部分，将创新绩效作为企业绩效的重要维度或组成部分是该研究主题和理论实际的要求和必要内容。

（2）市场绩效。在以往研究中，市场绩效是企业绩效必不可少的组成部分。尽管三种产品创新战略可能会对企业的产品创新绩效产生不同的显著影响，但产品创新绩效是否可以顺利转化为市场绩效是一个有待探讨和证实的问题。一般而言，产品创新有助于促进企业产品的销售，进而帮助企业不断提升核心竞争力，最终会产生较好的销售业绩和市场绩效，因此，产品创新战略的实施不仅会提升企业的创新绩效，也会促进创新绩效向市场绩效转化，进而提升企业市场绩效。石俊国等（2017）研究了颠覆性创新行为、消费者偏好内生与市场绩效之间的关系，结果表明，企业的颠覆性创新行为通过消费者偏好的内生会促进企业市场绩效的提升，其中，消费者偏好内生在颠覆性创新行为与企业市场绩效间起到中介效应。彭华涛和吴莹（2017）也表明，企业的研发创新性行为和资源的共享对于提升企业的新产品市场绩效具有重要的积极影响。Kim 等（2013）从知识获取的角度研究了产品创新行为对市场绩效的影响，认为企业的创新行为会对企业的产品创新绩效产生显著影响，但对于企业的市场绩效和财务绩效是否会产生同样的影响则存在不确定性。综上所述，以往研究中将企业绩效作为结果变量时，基本将市场绩效作为重要维度加以测量。本书沿袭以往研究的惯例，将市场绩效作为企业绩效的重要方面加以测量。

（3）财务绩效。财务绩效是衡量企业经营最为直观和最为容易量化的指标。前面的创新绩效和市场绩效的最终指向和目标是企业的财务绩效。无论企业的战略或创新行为如何变化其最终目标是促进企业的长期财务绩效的提升。财务绩效是企业经营的最终结果（李泽等，2017）。古继宝等（2017）也表明，企业的开放式创新行为和创新能力对企业的新产品市场绩效具有重要的正向影响，但新产品市场绩效最终是否可以转化为企业的财务绩效仍然存在不确定性。Fang 等（2015）从网络视角出发，通过研究新产品开发过程中合作开发联盟的合作时机以及上游和下游合作伙伴的汇集发现，上游和下游合作伙伴之间的合作开发似乎为共同价值的创造提供了双赢的战略，因为合作伙伴可以汇集互补资源，这些来自合作网络中的互补资源通常有利于合作伙伴在新产品开发中财务绩效的提升。综上所述，因为财务绩效作为衡量企业创新与战略行为成败的重要参考指标，因此，作为企业绩效的重要组成部分和测量维度具有充分的合理性和理论意义。

（四）网络封闭性的影响

正如前文所述，企业的产品创新离不开外部资源和环境因素的影响，本书将价值网络中的网络位置和网络关系作为企业产品创新的重要资源来源，因此，研究需要从网络视角看待企业产品创新过程。对于企业的产品创新不仅要关注创新过程本身，更要关注外部网络特征与外部环境的影响，这些情景因素对于企业产品创新战略的制定和实施具有重要的影响。网络封闭性概念是从整体网络的角度而言的，它代表网络对外部环境的开放程度（Lee，2007），由于个体并非独立的行动者，而是嵌入社会网络中的节点，网络内部结构、关系特征的变化深刻影响着个体的决策和行为，因此，网络封闭性程度对于网络内部规则建立和关系特征具有重要影响。Gulati（1999）的研究也指出，网络成员的行为受到企业所在的网络整体结构及个体利益的共同影响，彼此间的沟通交流必定会促使联系变得更加稳定与规范。企业网络封闭程度越深，则受到网络的约束和从网络内得到的资源都会相应地增加，这将不利于企业开展突破式的创新但有利于企业开展渐进式的创新（Chesbrough，2003）。此外，伴随互联网信息技术的快速发展，环境不确定性日益明显，网络封闭性与传统工业时代也存在较大差异。因此，整体网络特征和外部环境因素将对模型中的关系产生一定的影响，具体内容将在下文模型构建思路中详细阐述。

三、模型构建的逻辑思路

本书采用“资源—战略—绩效”的理论研究框架和逻辑范式，以网络理论、资源基础理论、资源依赖理论和开放式创新理论为理论基础，将价值网络的位置和关系属性特征作为前置因素，以三种企业产品创新战略为中介变量，三种企业绩效作为结果变量，着重研究三者之间的影响关系以及价值网络位置与关系资源影响企业绩效提升的内在机理问题。此外，本书还将网络封闭性作为调节变量，考察在网络封闭性的调节作用下模型主效应间的关系变化情况。具体而言，本书拟要研究和解决的问题是：基于价值网络中的位置和关系资源，中国制造企业如何通过产品创新战略促进企业构筑核心竞争力和绩效的持续提升。具体而言，本部分将详细阐述为什么价值网络是企业进行产品创新的重要资源？价值网络中哪些属性特征是影响产品创新最为重要的资源？这些外生性的网络资源是如何影响企业的产品创新战略的构建和实施的？三种产品创新战略是如何影响企业绩效的？不同的产品创新战略对绩效的影响的差异程度是怎样的？从整体网络结构视角出发，不同网络封闭程度的情景下，以上作用机制和影响关系存在何种变化和趋势等？通过对以上问题的分析和研究，本书将对理论模型做出详细的逻辑梳理和理论解释，为后续假设推演和实证过程提供逻辑基础。

（一）网络位置与网络关系资源是企业产品创新战略制定和实施的重要外生性资源

资源依赖理论认为，企业的核心竞争优势主要来自内外部资源的整合，尤其离不开外部资源的获取与利用。企业获取、整合外部环境资源的能力越强就越容易摆脱环境对企业战略发展的约束和束缚。对于企业内部资源能力而言，其动态性、变革性和复杂性均没有外部资源难以把握，内部资源对于企业而言基本可控。但是对于外部资源的获取、整合以及利用则存在较为复杂多变的约束和障碍，单靠企业自身的能力无法完全掌控外部资源和环境因素（Allee，2000），尤其在互联网信息技术飞速发展的环境下，单一企业对于创新资源的拥有和掌控十分有限，创新也由“封闭式”转化为“开放式”的创新行为，企业创新的外生性资源变得越来越重要，企业间的相互关联日益密切和频繁，由此形成了相互依赖、相互竞合的动态价值网络。

企业在价值网络中所处的位置和与其他网络成员的关系均可被视为企业创新的重要资源，这些价值网络属性特征本身并不产生资源和价值，而附着于其中的社会资本则是企业进行产品创新和战略实施的重要外部资源，企业通过价值网络可以获得创新所需要的信息、知识、技术以及互补性能力，这些外生性的资源能力无法单纯通过企业内部的研发和资源利用而产生，必须借助企业的外部网络进行资源的获取与整合利用才能为企业产品创新提供资源基础（Sturat，1998）。此时，企业在价值网络中的位置和网络关系对于其能否及时获得创新所需要的外部资源具有决定性作用，即处于不同网络位置和拥有不同网络关系的企业在价值网络中的地位是不同的，而这种网络地位往往容易被暂时锁定，在短期内无法发生实质性的改变，于是企业的网络位置和网络关系便直接决定了个体企业可以在价值网络系统中获取的资源数量、质量和类型，而这些价值网络资源又会直接影响企业产品创新行为或产品创新战略的制定和实施（Salih et al.，2016）。综上所述，网络位置和网络关系是企业进行产品创新的最为重要的外生性资源之一，对于企业的产品创新战略的制定和实施具有重要的影响，将价值网络位置与关系资源作为前置因素，并分别研究两者与三种产品创新战略的影响和关系具有重要的理论价值。

（二）产品创新战略是企业获得并保持竞争优势及绩效提升的重要途径和手段

以往研究表明，产品创新是企业进行价值创造的最为重要的方式和手段，也是企业获取并保持竞争优势的最为核心的途径和方式。尤其在互联网时代，企业间的信息传播沟通速度倍增，商业环境下的信息不对称已经逐渐消失，企业竞争的重点和重心也由“市场”向“产品”转化，唯有具有超值价值的产品才能不断满足并超越消费者的需求。在传统营销策略组合中产品策略的地位和重要性日益凸显，营销的价值开始回归产品本质，只有能够为消费者真正创造价值的优质产品才能够保证企业在竞争中获得持久的竞争优势（Salih，2006）。而产品价值的提升本身离不开创新，产品创新是提升用户价值和企业绩效的必然选择。

从企业绩效提升的角度来看，产品创新战略的制定和实施是其中重要的方式和手段。目前的研究表明，当前商业环境下主要存在三种产品创新方式：技术推动型产品创新、市场拉动型产品创新和设计驱动型产品创新（Vergant，2008；Utterback，2006）。从企业战略行为来看，三种创新模式分别构成了企业的三种产品创新战略。这三种产品创新战略分别从不同的角度和侧重点展开创新活动，技术推动型产品创新重点在于技术变革和技术研发，市场拉动型产品创新主要关注消费者需求和行为的变化趋势，而设计驱动型产品创新则依靠设计师对社会文化模式的把握、创意的产生和外部“诠释者”网络的构建（Moon et al.，2015）。由此可见，三种产品创新战略间存在很大差异，研究三种产品创新战略对企业绩效的影响及其内在差异，对于促进企业获取竞争优势并持续提升企业绩效具有重要意义。然而，以往研究忽视了三种产品创新战略间的巨大差异，没有将三种创新战略同时纳入企业产品创新战略系统和框架中，尤其对于设计驱动型产品创新，国内的研究极度匮乏，鲜有研究将三种创新战略同时置于同一研究框架中，具体揭示三种产品创新战略与绩效的关系及其内在差异性。因此，将三种产品创新战略纳入企业产品创新之中，具体、深入、系统地研究企业产品创新战略，并将其与价值网络资源与企业绩效相联系具有重要的理论意义和研究价值。

（三）网络封闭性对理论模型主效应的调节作用

在价值网络环境下，“价值网络资源—创新战略—企业绩效”的理论框架和相互关系受到整体网络特征和企业外部环境的影响。价值网络的封闭性在一定程度上代表了整个网络系统的动态开放程度（魏龙和党兴华，2017）。如果企业所在的价值网络是一个较为封闭的系统，则网络内企业间的交流沟通更加密集，企业间关系也更容易形成强关系，网络内部的规则和制裁也更加容易形成；相反，如果企业所在的价值网络系统封闭性较弱（开放程度较高），则外部的信息、知识等资源更容易进入网络内部，从而促进企业获取更加多样化和异质性的资源，也更加有利于企业打破已有知识结构和网络格局并最终促进企业进行颠覆式创新（Wal et al.，2016）。由此可见，价值网络整体的封闭性程度对网络位置与产品创新战略间的关系可能存在调节作用。

产品创新战略的制定和实施会对企业绩效产生重要影响，而战略的效应是否可以最终转化为绩效以及转化为何种形式的绩效则受到多种因素的影响。尤其在当前技术快速更迭和制度不断变迁的社会环境下，企业面临的外部环境存在高度不确定性，以往的研究认为环境不确定性主要由三个要素组成：信息缺乏透明度、收到反馈需要的时间跨度和偶然联系的不确定性（Kearns，2006）。“不确定性”成为当下及未来社会、商业发展的重要调节因素。因此，在外部环境高度不确定的情景下，研究网络封闭性对于价值网络特征与产品创新战略间关系的调节效应具有重要意义。

第二节　理论推演与假设提出

上一节主要阐述了模型的理论基础、概念模型的整体框架和构建逻辑，在此基础上，本节内容主要对概念模型中变量间的逻辑关系进行理论推演并提出研究假设。理论推演与研究假设是对整体理论模型的进一步深化和分析，是对模型中变量之间的关系进行更加详细和具体的逻辑推理和梳理分析。本节将主要提出以下几方面的研究假设：价值网络中的网络位置和关系资源对企业绩效的影响；网络位置资源对企业产品创新战略的影响；网络关系资源对企业产品创新战略的影响；网络位置与网络关系的中介作用；网络封闭性与环境不确定性的调节效应。

一、网络位置资源对企业绩效的影响

在上述理论模型中，企业的网络位置主要包括网络中心位置和网络中介位置。这两种网络位置是价值网络中最为典型的位置特征，也是在理论上最有可能影响企业绩效的两种网络位置。在以往的研究中，对于网络中心位置往往采用网络中心性加以衡量，对于网络中介位置往往用网络中介性代表，在测量时主要通过计算结构洞的约束指数进行测量。下面将对网络位置影响企业绩效的内在机制进行理论推演。

（一）网络中心位置对企业绩效的影响

在竞争日益激烈、信息技术不断更迭的商业环境下，企业单纯依靠自身力量难以维持长久的核心竞争优势，借助价值网络并依靠价值网络中的资源要素不断进行资源整合与能力互补成为企业保持核心竞争优势和绩效提升的重要途径。企业在价值网络中的位置是价值网络资源中最为突出的属性特征，处于不同网络位置的企业能够获取和调配的资源的数量、质量和类型是不同的。一般而言，网络位置通常包括价值网络的中心性和中介性两类。所谓网络中心位置是指在价值网络中，某企业相对于其他网络成员或合作伙伴具备更高的行业地位或网络声望、掌握更多的信息、知识和资源，具备更强的企业竞争力并对整个价值网络具有相对较大的影响力的位置（Paik and Chang，2014）。所谓网络中介位置是指企业在价值网络中占据结构洞位置，控制价值网络中的重要信息渠道获得信息优势和控制利益的网络位置（张华和张向前，2014）。一般而言，由于企业的资源、能力差异往往与其在价值网络中所处的位置密切相关，因此处于价值网络不同位置会对企业绩效产生不同程度的影响。

从网络中心性角度来看，位于网络中心位置的企业由于可以获得信息、知识和声望等方面的优势，相比处于网络边缘位置的企业更具有资源与能力优势，从而可以采取更加容易快捷地发现市场中的高利润区，同时也更容易扩张企业规模和市场范围，从而获得更加丰厚的利润和市场销售总额（徐建中和徐莹莹，2015）。一般处于网络中心位置的企业往往是所在行业的领导者或者具备某项核心竞争优势的企业，这些企业相比于那些网络边缘位置的企业更加具备规模优势和范围经济，具有更加高效的生产运作能力和更加多元的投资机会，综合实力整体较强。比如，制造领域的海尔集团、华为集团等技术和规模领先的企业经过多年的国际化发展，在全球价值网络中基本处于网络中心位置，可以从全球范围内获取、调配和整合优势资源，以最大限度进行资源的优化配置和统筹协调，增加了企业的经营主动权，从而也间接地促进了企业绩效的提升。Shipilov（2009）的研究表明，企业的网络中心性与企业绩效显著正相关，网络中心性越强越有利于企业绩效的提升。处于网络中心位置的企业首先有利于市场绩效的提升，从战术层面看，由于处于网络中心位置可以接触到更多的渠道商和多样化的销售企业，进而在更大范围内拓展产品的销售渠道。渠道企业也更加愿意与处于网络中心位置的、整体实力更强的企业进行合作。从战略层面来看，处于网络中心的企业可以与更多的企业结成战略联盟，从而使产品的销售范围和销售总量快速增加，因此，处于网络中心位置的企业一般会具有更加庞大的市场份额，也会比居于边缘位置的企业具有更强的品牌忠诚度，因此，网络中心性会正向影响企业的市场绩效（Zaheer，2010）。此外，从创新角度看，由于企业处于价值网络的中心位置，具备较高的行业地位和声望，从而具有更强的信息优势和知识资源，无论从创新的基础资源与知识的获取和整合，还是从能力的提升与互补方面，处于中心位置的企业都比处于边缘位置的企业具备更多优势。因此，处于网络中心位置的企业往往是行业中的创新者，会引领行业的发展和消费趋势，从而更加有利于企业的创新绩效的提升，由此，企业的网络中心性可能与企业的创新绩效呈正相关关系。而企业的市场份额的扩张、销售额度的增加以及新产品的开发销售都可能最终转化为企业的财务绩效，从而间接地促进财务绩效的提升。尽管 Anastasios 和 Karamanos（2016）的研究表明，网络中心位置有利于企业进行产品创新和竞争优势的构建，进而会对创新绩效和市场绩效具有促进作用，但创新绩效和市场绩效的提升未必会在短期内导致财务绩效的提升，因此，网络位置中心性与企业的财务绩效间的关系存在不确定性（Singh，2000），但本书认为，处于网络中心位置的企业存在一般意义上的常规优势，尽管有个别的颠覆性创新也源自边缘企业或行业外企业，但是多数重大创新还是来自处于网络中心位置的企业，这样的例子比比皆是，华为集团、格力集团、苹果集团等都是处于自己的价值网络中心位置的企业，这些企业的财务绩效具有良好表现。因此，从长期来看，处于网络中心位置的企业的市场绩效和创新绩效最终会向财务绩效转化，从该角度看，企业的网络中心性会间接推动企业财务绩效的提升。

综上所述，处于网络中心位置的企业由于具备知识、资源、声望和能力优势，能够更加快捷和广泛地影响更多的企业并与之合作和进行资源能力的互补整合，因此，会发现并开发更多的市场机会和创新机会，进而会直接或间接地促进企业的创新绩效、市场绩效和财务绩效的提升。由此，综合以上理论与推演提出以下假设：

H1a：网络中心位置对企业的创新绩效具有显著的正向影响。

H1b：网络中心位置对企业的市场绩效具有显著的正向影响。

H1c：网络中心位置对企业的财务绩效具有显著的正向影响。

（二）网络中介位置对企业绩效的影响

在价值网络中，企业的网络中介位置是指占据结构洞的位置，此时企业作为微观个体在整个网络中处于“中间人”的角度，企业占据网络结构洞充当其他网络成员之间相互接触的“中间人”客观上起到了为其他合作伙伴之间搭建桥梁的“桥接”作用。因此，处于网络中介位置的企业具有关键的信息优势和利益控制优势（Burt，1992）。网络中结构洞的存在会稀释整个价值网络的连接密度，从而创造更多企业寻租和发现市场空白点的机会。具体而言，结构洞理论认为，如果企业本身与许多原本彼此不相连的网络成员体有联结，则这种网络结构对企业自身是非常有利的，而如果企业本身作为两个互不关联的组群之间的桥梁，则该种结构所带来的利益和收益将会在很大程度上进一步被放大（Uzzi，1997）。因此，在整个价值网络中处于占据结构洞的中介位置的企业可以获得额外的信息优势和利益。不仅如此，还有学者认为从长期看，处于结构洞位置的企业可以长期保持其中介角色的地位，原因有两点：一方面，桥接伙伴对彼此的资源和可靠性有高度的不确定性，因此不产生网络连接的形成；另一方面，中间人和桥梁伙伴之间有权力平衡，以维护桥梁存在的长期优势（Zaheer and Soda，2009）。

综上所述，占据结构洞的网络中介位置对于企业及时获取信息资源和网络权力具有实质的位置优势，因此，处于网络中介位置的企业可以发现和获取更多的市场机会和利润空白点，又有利于企业拓展新的市场和产生更佳的销售业绩，从该角度来看，处于网络中介位置的企业相比没有该位置优势的企业更加有利于促进企业市场绩效的提升。

由于结构洞体现了网络中的跨越边界的位置，占据结构洞的企业或网络个体充当不同群体或网络成员之间的中间人角色，因此，处于网络中介位置的企业可以比其他网络位置的企业更加迅速和及时地获得更加多样化和异质性的信息资源和多元化知识，这就为企业的创新行为提供了创新的要素和基础。彭新敏等（2012）的研究表明，网络中介位置有利于促进企业的创新绩效的提升，原因有两方面：一方面，网络中介位置提高了中介企业的获取信息的多元化程度进而促进企业的创新行为和创新绩效的提升，处于网络中介位置的企业可以接触到更加多元的网络成员和合作伙伴，这些合作伙伴均具有不同的背景、经验、知识资源等，因此企业可以获得更加多元化的知识和多样性的资源，有利于企业进行产品创新；另一方面，网络中心位置有利于中介位置的企业进行新知识的外部搜寻，可以从众多非冗余的网络关系中获得更具价值的创新资源和伙伴关系（Shipilov，2009）。因此，处于网络中介位置的企业更加有利于企业创新绩效的提升。

如前文所述，网络中介位置对于促进占据结构洞企业的创新绩效和市场绩效的提升（李泽等，2017），而新产品的增加、市场份额的不断扩张理应带来财务上的回应，尽管在短期内市场绩效和创新绩效未必能够立即转化为财务绩效，因为企业的创新和市场扩张行为不仅可以为企业带来收益的增加，同时也会耗费企业的现有资源并造成成本的增加，最终是否可以促进财务绩效增长还要看成本与收入的差值，这也是财务绩效不同于市场绩效和创新绩效的独特之处。但根据Salman 和 Saives（2005）的研究，长期来看企业的市场绩效和创新绩效必然会得到财务响应，即市场和创新绩效必然会在一定周期内转化为财务绩效。从本书的研究问题出发，在不考虑模型以外的因素影响的前提下，相比于缺乏位置优势的边缘位置企业，中介的位置优势必然会有利于企业绩效的提升，也包括财务绩效。因此，企业处于价值网络的中介位置有利于促进企业财务绩效的提升。

综上所述，处于网络中介位置的企业可以获得更加多元化的合作伙伴和更加多样化和异质性的知识与资源，这些资源对于促进企业的产品创新、市场范围的扩张以及销售收入的增加均具有重要的促进作用，因此，网络中介位置有利于企业创新绩效、市场绩效和财务绩效的提升。由此，本书提出以下假设：

H2a：网络中介位置对企业的创新绩效具有显著的正向影响。

H2b：网络中介位置对企业的市场绩效具有显著的正向影响。

H2c：网络中介位置对企业的财务绩效具有显著的正向影响。

二、网络关系资源对企业绩效的影响

在价值网络的特征属性中，除网络位置外最被学界关注的是网络关系资源。

从社会网络理论看，网络关系包括关系强度、关系质量、关系多样性、关系稳定性和持久性等多维度的内容。其中，关系强度和关系质量是网络关系资源中最具有代表性和最为重要的两种网络关系特征。本书根据研究主题和理论现实的需要注重研究网络关系强度和关系质量对企业战略行为及绩效的影响。该部分将主要对网络关系资源对企业绩效的影响进行理论推演和假设提出。

（一）网络关系强度对企业绩效的影响

从价值网络的整体特征来看，网络结构对企业的整体网络具有较大影响，而网络关系则对企业的个体的决策影响更为明显，其中焦点企业与其他网络合作伙伴或网络成员间的关系强度和关系质量是两个最为重要的考察维度。所谓网络关系强度是指在价值网络中节点间的接触时间、频率、情感连接、相互信赖与互惠程度四个维度构成的集合概念。Granovetter（1973）首次将网络关系划分为强关系与弱关系。并指出“强关系”是指网络节点之间联系频繁度、紧密度，彼此信任度和信息共享程度等方面都比较高的多重社会关系；而“弱关系”则是指网络节点在情感上连接较为疏松，联系也不太频繁的单一社会关系（吴晓云和王建平，2017）。由 Granovetter（1985）提出了弱关系理论，认为弱关系可以带来更加多样化和异质性的信息资源，更加有利于企业开展创新活动和创新绩效的提升，因此比强关系更具有社会资本方面的优势。但是，Uzzi（1997）则认为网络连接的强弱与企业的创新绩效并不是简单的线性关系，而呈倒“U”型的曲线关系。换言之，网络关系过于松散或者过于紧密都不利于企业进行创新，恰恰处于中间状态是最为理想的。也就是说，关系强度既不要太密切导致无法摆脱依赖关系，也不要太松散以致无法形成稳定的网络关系。以上研究结论的分歧表明，过于单一的网络关系特征难以全面揭示网络关系强度对企业创新绩效的影响机制。在整个价值网络中企业与其他网络成员间关系的复杂性已经超越网络结构本身，它不仅涉及网络成员间的关系强弱，还涉及网络成员间的网络关系的质量（Coleman，1994）。因此，对于网络关系强度与创新绩效间的关系，本书认为不能单纯考虑网络关系强度的单一维度，网络关系质量的重要性也应该在研究考虑范围，并且倒“U”型的曲线关系存在一定的模糊性，任何事物或关系的发展过程从长期来看都是倒“U”型的，这是哲学辩证法的基本认识，况且在管理实践中也不可能精确找到最佳的网络关系强度的某一点的值，因此，本书认为有必要对网络关系强度与企业绩效的关系做进一步的讨论。

与 Granovetter 的弱关系理论有所不同，学者 Coleman 等认为，强关系更有利于企业获取竞争优势和绩效提升，强关系可以为企业带来承诺和信任等情感资源，有利于加速信息和知识在企业间的流动和共享，进而促进企业合作与绩效提升。但在中国的人情社会背景下，网络关系强度与绩效存在何种关系，仍有待继续深入探讨。Grudinschi 等（2015）的研究表明，在价值网络系统进行价值创造的企业间关系强度与企业绩效密切相关，企业间存在强关系则说明合作伙伴之间相互信任，承诺能够得到兑现，因此，可以为企业的创新行为提供可靠的情感资源，更加有利于复杂知识在企业间的传播和共享，因此，网络关系强度与企业创新绩效正相关（Katsamakas，2014）。同时，网络成员间关系强度越强，说明网络成员间的沟通协调越频繁，彼此之间的业务网络与合作关系越亲密，彼此之间的信任越可靠，彼此承诺可以最大限度地实现。由此，在中国的人情社会的文化背景下，网络内部成员间的关系连接越紧密则越容易建立信任关系和长期的业务合作，从而实现企业市场范围的不断扩张和市场份额的不断增加以及企业品牌效应的稳固与提升，最终有利于企业市场绩效的不断增长。此外，网络成员间的彼此信任和相互承诺也有利于企业之间进行利益的相互妥协和协调，从而更加容易实现财务方面的盈利（Singh，2000），最终实现财务绩效的不断提升。

综上所述，尽管学界对于网络关系强度与企业绩效间的关系仍然存在一定的争议，但本书认为，在中国人情社会的文化背景下，关系强度与企业绩效之间存在正向的影响关系，网络关系越强越有利于网络成员之间的业务往来和复杂知识的传播与共享，最终也会促进企业的创新绩效、市场绩效，以及财务绩效的提升。因此，本书提出以下假设：

H3a：网络关系强度显著正向影响企业的创新绩效。

H3b：网络关系强度显著正向影响企业的市场绩效。

H3c：网络关系强度显著正向影响企业的财务绩效。

（二）网络关系质量对企业绩效的影响

本书的研究中网络关系资源主要包括网络关系强度和网络关系质量两个方面。所谓网络关系质量指的是网络中合作伙伴之间基于某些标准，对于彼此需求的满足程度而产生的相互之间的合作关系给予的评价。以往研究中的关系稳定性和持久性等都可以包含在网络关系质量的范畴之内（吴松强等，2017）。与网络关系强度相比，网络关系质量的概念更加具体和深入，它主要是指企业与其他网络内成员（如供应商、客户、竞争对手、媒体、金融机构、科研院所、政府相关部门）之间交流与合作的深度和力度，这一概念体现出网络成员对彼此的信任度和忠诚度。Capaldo（2007）的研究表明，网络关系质量有利于促进网络主体之间进行知识共享、交流和传播，并在其中具有重要的深层作用，进而会间接影响企业的创新绩效提升。价值网络内企业是否对其他网络主体建立知识共享与技术交流合作关系，需要在一段时间内与其他主体进行行为交互以便建立自身信誉，同时考察彼此是否值得信赖（Coleman，1994）。因此，网络关系质量在很大程度上决定了网络成员之间的信任程度和忠诚程度，进而会影响复杂知识和创新要素在网络成员之间的传播和共享，最终会促进企业的创新绩效的提升。

价值网络中各成员间的关系质量主要体现在企业之间对彼此的信任度及对于同一目标的共同认知程度。网络成员之间的信任有助于企业之间构建正常且良好的协作关系，并促使主体企业更加主动地与其他网络成员分享有价值的知识和资源。最关键的是企业间良好的网络关系对于知识、资源的转移和吸收整合具有积极的影响（Uzzi，1996）。相反，不良的网络关系则会让合作伙伴彼此的沟通减少，对知识转移产生消极的影响。因此，网络成员间的关系质量越高，则越能够稳定各成员之间的良好关系。进而促进网络关系的持久、良性发展并对企业绩效产生积极影响。在价值网络中，如果焦点企业与供应商、客户以及消费者展开合作与频繁交互时，企业便可以与这些网络成员建立信任和良好的互动关系（Fu and Zhang，2012）。尤其是客户和消费者之间的交流与合作，企业可以更加了解客户的需求并为客户提供超值的价值，由此便获得了客户和消费者的认可与信任，对于企业扩大自身的品牌影响力和扩大市场销售范围具有积极影响。因此，网络关系质量对企业的市场绩效具有积极的促进作用。此外，从企业财务的角度看，企业与其他网络伙伴间的关系质量越高，彼此信任程度就越高，网络成员之间也就越能够对共同的目标与合作达成共识，进而彼此的交易成本就越低，从而对企业的财务绩效的提升就更加有利（Rodan and Galunic，2004）。同时，由于网络成员间的关系质量较高，合作伙伴之间为了进行长期的合作便会彼此承诺、互利共赢，因此从长期来看更加有利于企业获得良好的持续的财务绩效。

综上所述，网络关系质量集中表现为网络成员之间的信任程度和忠诚程度，对于成员间建立共识、达成合作至关重要。网络成员间的关系质量越高则企业之间的资源分享就越频繁，交易成本就越低，从而越有利于企业的创新绩效、市场绩效和财务绩效的不断提升。因此，本书提出以下假设：

H4a：网络关系质量显著正向影响企业的创新绩效。

H4b：网络关系质量显著正向影响企业的市场绩效。

H4c：网络关系质量显著正向影响企业的财务绩效。

三、网络位置资源对企业产品创新战略的影响

（一）价值网络中心位置对产品创新战略的影响

从价值网络的整体结构来看，企业在整个网络中的位置至关重要，一般而言，企业所处的网络位置往往直接影响甚至决定了企业在整个价值网络中的地位（Sturat，1998）。因此，从资源角度看，企业的网络位置是一种企业构建竞争优势的重要的外生性资源。尽管位置本身并不能直接产生创新所需要的资源、能力，也无法直接构筑企业的核心竞争优势，但是有利的网络位置所附带的社会资本和由于位置优势所带来的信息、知识以及其他资源可以为企业的产品创新提供资源基础和声望优势。

以往研究表明，处于不同网络位置的企业所采取的创新战略往往存在较大差异。当企业处于价值网络的中心位置时，会有更多的信息和资源向企业聚集，而资源和信息是企业能力形成的基础，拥有更加丰富资源的企业往往可以更加迅速地形成核心能力，进而对于企业的创新行为产生重要影响（Sigvald et al.，2008）。当企业处于价值网络的边缘位置或非中心位置时，由于处于这些位置的企业往往在整体网络中的地位和声望不高，因而往往面临信息不充分和资源短缺的困境。因为资源总是稀缺的，当中心位置的企业不断吸取和集中稀缺与核心资源时，处于边缘位置的企业便会面临资源短缺和能力不足的窘境（Rodan and Galunic，2004）。此时，在资源不充足、信息不充分和网络地位不高的限制下，边缘位置企业的创新行为和战略实施路径必定与中心位置的企业存在较大差异。

综上所述，企业在价值网络中的位置不同往往决定了企业所采取的创新行为和战略的差异，不同位置的企业会采取与自身位置和资源相匹配的创新战略，不同网络位置对企业不同创新战略的影响程度也应该存在差异。对于网络位置，以往研究表明企业在价值网络中主要存在两种形式的位置优势：网络中心位置和网络中介位置。处于网络中心位置的企业一般具有一定的位置优势和资源优势，往往在价值网络中具有较高的网络地位，而这样的企业也多为行业的领导者和领先者（Fang et al.，2016）。与网络中心位置相比，网络中介位置并不必然会带来网络地位和声望的大幅提高，但处于中介位置的企业往往占据价值网络的结构洞，所谓结构洞是指价值网络中企业成员之间的“桥接”位置（Nader，2005），企业占据网络结构洞后便具有了关键信息中介的作用，网络中的许多关键信息往往

不能够被全部网络成员所获取，即网络内存在信息不对称的情形，此时占据结构洞的企业便具备了中介位置，从而成为控制信息传递的中介机制，处于该位置的企业也因此获得了关键的信息优势和利益。

就产品创新而言，主要存在三种创新战略：技术推动型产品创新、市场拉动型产品创新和设计驱动型产品创新。这三种产品创新战略均需要从外部获取创新要素和知识，即借助企业价值网络获取创新资源。由此，企业的价值网络属性特征与产品创新战略便建立了必然的逻辑关联，当企业处于价值网络中心位置时，其位置资源对三种创新战略的影响或彼此间的关系是不同的（Parkhe et al.，2006）。首先，就技术推动型创新而言，产品的创新过程主要依靠技术研发和技术应用推动产品创新，这种创新模式不但需要企业具有较强的内部研发实力，同时也需要企业具备强大的外部资源获取能力。由于技术推动型创新需要先进的核心技术的支撑，因此企业必须具有较强的内外部资源以及对内外部资源的整合能力。如前文所言，一般处于价值网络中心位置的企业往往是行业的领导者或者某方面核心技术的领先者（Peppard and Rylander，2006）。在此情境下，如果企业处于价值网络的中心位置不但表明企业本身具有强大的实力，而且可以利用自身位置优势获取丰富的外部网络资源尤其是技术创新资源，并与内部资源相结合以促进企业的产品创新。因此，网络中心位置应该有利于技术推动型的产品创新战略，即企业的网络中心性对技术推动型产品创新战略具有积极的推动作用。

不同于技术推动型创新，市场拉动型产品创新并不主要取决于技术的发展与变革，而是不断适应市场的变化、消费者需求趋势以及兼顾竞争对手的策略动向（Kafouros and Forsans，2012），因此，从创新新颖性来讲，市场拉动型产品创新基本属于一种渐进式创新方式。企业的产品创新并非是主动变革和创新，而是一种适应市场变化和消费需求的被动式创新（Prabakar，2001），但这对于处于价值网络中心位置的企业而言，并非最佳的战略选择，处于价值网络中心位置的企业往往具有较强的资源获取和支配能力，因此会主动进行创新和变革以引领市场的发展，并力图在竞争中立于和保持主导地位。因此，企业的价值网络中心性不利于企业采取市场拉动型产品创新战略。

作为第三种创新模式的设计驱动型产品创新是一种以产品创意和诠释者网络为基础的产品创新形式，它需要企业的产品设计师与价值网络中的外部诠释者不断地反复沟通互动才能将产品创意和创新建议付诸产品创新过程和创新结果（Liedtka，2015）。相对于制度化的产品创新，设计驱动型创新是一种灵活的创新模式，高度制度化的创新模式有一个致命的缺点，就是竞争者可以轻易模仿复制，而设计驱动式创新所要求依赖的创新环境更加灵活，在这种创新模式下企业需要建立起属于自己的关系优势，这种优势不是用制度化的方法来构建和衡量的，而是隐藏在人与人之间、组织与组织之间的相互关系，这种创新模式的优势建立在其内部人员与外部“诠释者”之间的互动中（Candi，2010）。因此，这种优势之所以能为其带来好处，是因为这种优势很难被竞争对手复制。竞争对手发现某个关键“诠释者”之后，固然可以高薪挖脚等方式争取到该关键“诠释者”，但是企业与关键诠释者之间的交流与合作过程以及由此而产生的经验却是无法复制的（Zhang et al.，2009）。由此，关键“诠释者”也会高度重视与理想企业的合作关系。这就产生了一个良性的循环，企业建立的专属性合作关系越多，就越能产生创新成果与新的理念，而产生创新成果与新理念越多就越能够吸引更多的关键“诠释者”，并与之建立专属性的合作关系（Martin et al.，2012）。也就是说一旦构建和启用了这种独一无二的合作关系网络，竞争对手就很难在激烈的竞争中击败它。当企业处于网络中心位置时由于拥有更多信息优势和更强的资源汇聚能力，便能够拥有和保持与更多外部网络中的诠释者建立联系，从而获得更多、更新的产品创意，也更加便于企业了解和掌握更多社会文化资源和文化发展趋势，而设计驱动式产品创新战略恰恰需要企业对社会文化模式、文化理念多样性具有深刻的理解和把握（Paik and Chang，2014），因此，价值网络中心位置有利于企业制定和实施设计驱动型产品创新战略。

综上所述，处于价值网络中心位置的企业由于具有更加广泛的网络能力和更加丰富的信息资源，也因此具备更强的资源获取和整合能力，从而具备推动技术变革、引领市场的发展趋势的创新能力。因此，网络中心位置更加有利于技术推动型产品创新战略和设计驱动型产品创新战略的制定和实施，但由于网络中心位置的企业不会被动适应市场变化和消费者需求，而是引领市场趋势和消费者需求，因此，网络中心位置不利于企业采取市场拉动型产品创新战略。由此，本书提出以下假设：

H5a：网络中心位置对技术推动型创新战略具有显著正向影响。

H5b：网络中心位置对市场拉动型创新战略具有显著负向影响。

H5c：网络中心位置对设计驱动型创新战略具有显著正向影响。

（二）价值网络中介位置对产品创新战略的影响

如前文所述，位置资源对于企业的创新战略的制定和实施具有重要影响。由于网络中介位置会占据网络中的结构洞并成为网络成员间的“中间人”，因此，处于网络中介位置的企业具有信息汇聚和信息控制优势。在一个自我中心型网络中，结构洞的存在是对网络中非冗余信息的一种分离，这种分离可能会造成网络内成员间无法建立密切的网络关系。因此，结构洞的数量并非越多越好，适度的结构洞数量可以促使网络成员获得更加多样性的信息和知识，保持公司战略的开放性从而避免网络成员间交流过密造成很强的网络封闭性，最终可能导致网络内公司创新过程中难以获取多样性和异质性知识而阻碍公司创新产出（Kumar et al.，2015）。相反，保持网络内适量的结构洞数量有利于网络成员的多样化和资源差异性的存在，从而为企业个体的创新提供多样性和异质性的知识和资源。从焦点企业自身角度来看，占据结构洞位置有利于企业自身的创新战略的实施，因为占据结构洞位置的企业具有信息控制和利益控制的优势，可以获得更多多样化的合作伙伴与合作机会（Burt，1995），也可以获得更多多样性和异质性的知识和基础要素，为企业的创新行为提供资源和能力基础，因此，对于占据结构洞的企业而言，中介位置有利于促进企业的创新行为和创新产出。

从技术的获取与整合利用角度来看，企业处于网络中介位置更加有利于促进企业的技术创新，从而也更有利于企业采用技术推动型产品创新战略。由于中介位置占据网络结构洞，可以接触到更加多样化的合作伙伴，由此企业可以与多种技术类型的企业展开合作，并进行联合研发或者购买现有技术用于产品创新过程（Rosenkop and Nerkar，2001）。多样化的技术对于促进企业产品技术创新具有重要意义，技术的多样性和异质性必然会带来产品创新的多样性，从而可以在一定程度上增加技术推动型产品创新战略实施成功的概率，因此，从合作研发或者开放式的合作创新角度看，网络中介位置有利于企业采用技术推动型产品创新战略。同时，从网络中介位置企业的内部研发角度看，由于占据结构洞位置具有信息控制的优势，因此焦点企业可以及时获得前沿的技术动态，从而有利于企业把握正确的研究方向，从而通过不断提升自身的内部研发能力而取得较快的技术进步和较为先进的新技术，最终为企业制定和实施技术推动型产品创新战略提供良好的技术基础和产品创新准备（Roger et al.，2016）。因此，从企业内部研发的角度看，网络中介位置也有利于企业采用技术推动型产品创新战略。同样，由于企业占据网络结构洞具有信息控制优势，可以接触到更加多样化的中介组织、经销商甚至用户，会比其他位置的企业或者不具有中介位置优势的企业更加及时、便捷地获得消费者需求信息和竞争对手的战略动向，从而更加及时地调整自身创新战略，进而通过产品创新和完善生产出更加适应消费者需求趋势和更具竞争力的新产品（Talke et al.，2009），从而更加有利于企业采用市场拉动型产品创新战略。

从产品设计的角度看，由于产品设计创新最为核心的是需要构建“诠释者”合作网络，而处于中介位置的企业在网络构建方面具备独特优势。设计驱动式创新要求企业具备与众不同的独特能力（Mutanen，2008）。一般而言，开展设计驱动式创新需要具备三种独特能力，即与关键“诠释者”建立并保持专属性合作关系的能力、整合企业内部资源的能力，以及主导诠释环节的能力。其中最为重要的是第一种能力，与关键“诠释者”建立并保持专属性合作关系的能力（Vergant，2008）。开展设计驱动式创新，需要企业打造一张合作关系网，并与关键“诠释者”建立起专属性的合作关系，所谓专属性是指，相较于企业的竞争对手而言，关键诠释者更乐于与本企业合作，并且更愿意与企业分享好的理念以及合作的过程，同时也更能发挥“诠释者”的非凡才能。这种与关键“诠释者”之间的专属性合作是企业的核心优势之一（Katsamakas，2014），也是企业产品设计创新的引擎，一旦企业建立起专属性合作关系，竞争对手就很难进行复制模仿。这种专属性合作关系所带来的优势与企业息息相关，并且具有一定的封闭性，这种“诠释者”与企业间的关系对企业而言是一种核心的创新资源，该资源既不是单纯的企业内部事务也不是单纯的外在资源，而是处于两者的连接地带对双方进行密切合作和沟通的桥梁，是内部工作人员尤其是高级设计人员与外部“诠释者”之间的纽带（Pablos，2012）。因此，从合作网络的视角看，网络中介位置有利于企业在产品设计创新过程中更加有效地获得必要的外部网络资源，尤其当企业被纳入特定的价值网络系统，则该企业在价值网络中的位置和关系资源便为企业寻找合适的“诠释者”进行产品设计创新提供了广泛而重要的关键资源。因此，网络中介位置有利于企业采用设计驱动型产品创新战略。

综上所述，由于处于网络中介位置的企业占据网络结构洞，比其他企业更具有信息控制和利益控制的优势，可以在前沿的、多样化技术以及市场消费信息的获取和整合方面、构建设计创新的“诠释者”网络方面占据得天独厚的优势，因此，网络中介位置有利于促进三种企业产品创新战略的制定和实施。由此，本书提出以下假设：

H6a：网络中介位置对技术推动型创新战略具有显著正向影响。

H6b：网络中介位置对市场拉动型创新战略具有显著正向影响。

H6c：网络中介位置对设计驱动型创新战略具有显著正向影响。

四、网络关系资源对企业产品创新战略的影响

（一）网络关系强度对产品创新战略的影响

在价值网络中，网络成员间的关系强度主要体现在网络成员之间交往的频率和亲密程度等方面。网络关系强度的概念最早是由 Granovetter（1973）提出来的，作为市场环境下企业网络特征的最为重要的指标之一，网络关系强度直接影响网络内部企业之间的传递信息质量和信息多样化程度。因为在网络内部进行信息传递时，强关系与弱关系对于知识、信息传递的特征和属性有所差异，从而会影响不同类型的企业产品创新战略的制定和实施。对此，学界仍然存在一定程度的争议。Granovetter 等认为，网络内部企业间的弱关系更加有利于重大创新和突破性技术的产生，这是因为企业之间保持较弱的关系连接可以将更具有异质性和多样性的新知识和信息传递给企业，从而可以为重大创新提供更加多样化的创新资源和基础，因此，通过网络内部企业间的弱关系进行传递与获取的异质性信息将更有利于企业的重大技术创新（Granovetter，1985）。与以上观点不同，Daskalakis 等（2007）则认为，强网络关系是企业间进行复杂知识传递的基础，更加有利于奠定企业重大技术创新的基础。网络关系强度越明显，焦点企业越容易获取对自身有益的信息、知识和资源，尤其在复杂知识传播和整合方面，最终也就越容易促进企业进行技术创新。因此，强关系更有利于企业的重大创新行为的产生。

由以上分析可见，强弱关系均存在有利于企业进行重要的技术创新和颠覆式创新的可能和条件，但其依赖的路径及影响的机理会有所差异，它们往往作用于不同的企业创新类型和创新战略（Salman and Saives，2005）。本书认为，强弱关系对于企业产品创新战略的影响不仅要关注网络关系强度本身的特点属性，更要结合问题和管理实践的具体情境。在中国的管理情境下，社会文化中人情成分以及对于“关系”不同于西方的理解与解读，导致网络内企业进行信息传递和沟通时更加需要考虑关系强度的影响和作用（Schreier et al.，2012），中国人情社会的现实环境下也更加注重强关系对于传递复杂知识和缄默知识的重要性，从而导致网络关系强度与企业的创新行为产生正相关的结果。

对于技术推动型产品创新而言，往往需要价值网络中的企业不断加大内部研发投入或者着重关注外部重大技术的变革，在传统工业时代的确会出现弱关系更

加有利于重大技术创新的现象，但是在互联网商业环境下，企业间的信息不对称被打破，技术的传播与研发更迭速度更快，加之中国人情社会的商业环境的影响导致强关系更加有利于企业的技术推动型产品创新（David，2005），因此，网络关系强度对于技术推动型产品创新具有正向的影响作用。而对于设计驱动型产品创新而言，由于网络内部企业间的信息传递与相互交流越频繁就越有利于企业间进行复杂知识和信息的传递与整合，因此，需要企业与外部“诠释者”网络建立密切的互动关系。首先，网络内部企业要借助较强的网络关系具备整合内外部资源的能力。从资源基础与能力理论看，企业所具有的独特的内部资源和能力是其他企业很难复制与模仿的，这种资源和能力可能来自企业的组织能力、信息整合能力、技术研发能力等（Mutanen，2008）。尽管与外部“诠释者”建立合作关系是企业产品设计创新成功的关键，但企业自身的内部能力也是不可忽视的重要方面，尤其是对内部人力资本和技术资本的整合能力，对企业产品设计创新的影响也是显而易见的。因此，企业内部资源和能力与外部网络关系的结合有利于整体“诠释者”网络推动设计驱动型产品创新战略的实施（Kumar et al.，2015；Pablos，2012）。因此，网络关系强度可能正向影响企业的设计驱动式产品创新。其次，对于市场拉动型的产品创新战略而言，由于网络内部企业间的关系的连接紧密程度与信息传递效率相关，具体而言，当网络关系强度较大时，往往会伴随整体网络密度也较大的问题，企业间的交流十分频繁和密切，但是知识结构较为单一和同质化并且网络容易形成封闭状态（Ritter and Gemünden，2003），而市场拉动型产品创新需要及时掌握消费者的需求趋势和变化以及竞争对手的战略动向，此时，强网络关系固有的信息同质化、信息类型单一及信息传递速度较慢的不足更加明显，因此，将不利于企业及时掌握消费需求变化和竞争动向，从而不利于企业市场拉动型的产品创新战略的实施。

综上所述，网络关系强度作为关键的价值网络特征属性和外部资源之一，对于企业的产品创新战略具有重要的影响。由于中国人情社会环境下，组织关系更加注重发挥强关系的作用，因此，强关系对于复杂知识和缄默知识的传递更加有力，也更有利于关键技术创新与核心创意的形成，最终导致技术推动型和设计驱动型产品创新行为的产生。而强关系造成的网络内部的高密度和整体网络的封闭性的增强不利于及时传递快速多变的市场信息，因此，网络关系强度越强越不利于市场拉动型产品创新战略的实施。由此，本书提出以下假设：

H7a：网络关系强度显著正向影响技术推动型产品创新战略。

H7b：网络关系强度显著负向影响市场拉动型产品创新战略。

H7c：网络关系强度显著正向影响设计驱动型产品创新战略。

（二）网络关系质量对产品创新战略的影响

价值网络内企业的关系质量是网络关系特征的重要体现和衡量指标，关系质量主要在于网络内部企业间的相互信任程度和对相互需求的满足与承诺程度。无论是网络关系的稳定性还是持久性都很好地体现了网络关系质量，因此，网络关系质量是对网络关系特征的集中浓缩和体现（吴松强等，2017）。良好的关系质量可以加强网络成员间的沟通和交流，为构建更加良性的网络关系奠定基础、提供条件。从技术产生和发展的角度看，由于网络关系质量是对网络成员彼此信任和认同的集中体现（吴晓冰，2009），因此，网络关系质量越高则企业间的信任程度越高，进而相互的交流越密切、交易成本越低廉，最终更加有利于企业间进行知识、技术的传播和交流合作，从而以更高的效率推动企业的技术进步和创新活动。因此，网络关系质量越高则越有利于企业的技术推动型产品创新战略的实施。

网络关系质量不仅与企业的技术研发和技术创新存在密切关联，而且与企业的市场信息的传播和整合存在较为密切的关系。由于企业的网络关系质量越高，则网络内部的信任、承诺、尊重以及非机会主义程度越高，最终越有利于企业进行信息的获取和整合。此外，从知识获取与知识搜寻角度看，网络关系质量高的企业知识搜寻的范围更加容易确定，知识搜寻边界更加容易界定，知识搜寻的深度更加深入，最终在知识获取和知识利益方面具有一定的优势和便捷（袁青燕，2013），因此，网络关系质量高的企业可以获取更加高质量的信息和知识，而这些更高质量的知识、信息对于企业及时掌握消费者的需求动态和竞争者的战略动向具有重要作用，从而间接促进了企业采用市场拉动型的产品创新战略的实施。

而对于设计驱动型的产品创新而言，企业的网络关系质量对其具有重要影响。设计驱动型产品创新最为关键的是要具备三种能力：构建专属的“诠释者”网络的能力、内外部资源的整合能力，以及主导诠释环节的能力（俞湘珍，2011）。其中，主导诠释环节的能力主要是指在企业的外部创新网络构建之后，如何提升诠释环境的可塑性的问题。换言之，主要是指将外部“诠释者”提供的理念与企业内部资源进行整合内化，并以此为启发提出独特的新的创意，为企业的产品设计创新奠定基础。该情境下，网络成员间或者说企业与“诠释者”网络成员之间的关系质量，对于企业设计师与外部网络成员的交流沟通以及资源互动影响较大，因此，网络关系质量在很大程度上会影响企业的设计创新。此外，三种能力对企业吸引关键“诠释者”至关重要（Bruce et al.，2007），因为企业在挑选关键“诠释者”的同时，关系网络中的关键诠释者也在对企业进行筛选和权衡，如果企业无法提供独特的新理念或不具备独特的技术力量，甚至企业的生产系统不够灵活、先进而限制了创新过程，企业便无法吸引到合适的关键“诠释者”加入企业主导的创新关系网络中，也就无法建立专属性的合作关系。因此，对要开展设计驱动型创新的企业而言，所有能力中最难以掌控的是第一种能力，即与关键“诠释者”建立并保持专属性合作关系的能力（Kumar et al.，2015）。而整合企业内部资源和能力则远没有建立专属性合作关系那么困难，对企业而言找到增加资源和提升能力的方法和外部人力资源并没有十分困难，但很少有企业能完全具备与关键“诠释者”建立并保持专属性合作关系的能力，关系优势与关键“诠释者”建立并保持专属性合作关系的能力是设计驱动型创新企业的核心竞争优势，而这一核心优势在一定程度上要依赖于企业与其他网络成员之间的关系质量的高低（Candi，2010）。因此，网络关系质量越高越有利于企业采用设计驱动型产品创新战略。

综上所述，良好的网络关系质量不但可以促进企业间的信息传播和知识交换效率，而且有利于企业获取、共享和整合更加高质量的创新资源和创新要素，从而有利于推动企业产品创新战略的实施。由此，本书提出以下假设：

H8a：网络关系质量显著正向影响企业的技术推动型产品创新战略。

H8b：网络关系质量显著正向影响企业的市场拉动型产品创新战略。

H8c：网络关系质量显著正向影响企业的设计驱动型产品创新战略。

五、产品创新战略对企业绩效的影响及其中介作用

在传统工业时代，企业的产品创新往往被当作一种战术层面的产品策略。而在技术快速更迭的互联网信息时代，产品创新的地位和重要性迅速凸显，产品已经不仅仅是营销组合策略的一部分，而是企业获取竞争优势的最为重要的战略手段，因此，产品创新作为一种企业的战略行为在推动企业绩效增长过程中发挥重要作用。产品成为企业与消费者之间最为重要的桥梁，也是最能够体现企业存在和发展本质的载体。当前，消费者正在将产品作为社会交际和群体划分的重要依据。近几年，发展迅速的“产品社群”“粉丝营销”等均是以产品的开放式创新为手段搭建网络平台，构建商业生态系统的。比如，小米手机便积极利用“产品

社群”，通过与各类“粉丝”的频繁互动和参与创新不断推进小米手机的产品变革，并不断推动企业绩效的持续提升。

（一）产品创新战略对企业绩效的影响

战略管理理论认为，企业的战略行为对企业绩效具有重要影响。技术推动型产品创新主要依靠技术的开发与进步促成产品功能的创新，这种技术的产生和变革往往来自两方面：企业的内部研发和企业外部环境中的技术获取。内部研发推动的技术创新主要来自企业的研发投入和研发努力，这种内部研发技术既可以是改进型的技术也可以是全新的技术，企业将这些技术最终运用于企业的产品创新活动，最终通过改变产品的功能和形式达到产品创新的结果（苟昂，2005）。与内部研发产生的技术创新不同，依靠外部环境中的技术变革或现有技术进行创新则更为复杂，但该种技术获取或者技术创新模式是一种开放式的产品创新模式，也是当前较为通行的技术创新模式。开放式的技术创新需要企业能够构建较为完善的技术网络，因为企业的创新是外部资源与内部资源的结合（洪茹燕，2012），因此，从网络角度看，企业可以借助价值网络获取外部技术和创新资源，这种外部技术可以是应用型技术也可以是基础研究的新成果，将技术应用于产品的创新过程并最终形成企业的产品创新，这一过程基本属于技术推动型产品创新的创新路径。

以往研究表明，技术创新会带来产品创新，而产品创新则会大幅度地提升企业的绩效（Ozer and Zhang，2015）。同样，不仅技术的进步会带来企业产品创新和绩效提升，对市场信息的准确把握和对消费者需求以及竞争对手战略动向的透视和预测，都可能会影响企业的产品创新行为和战略的实施。企业会根据对未来市场变化趋势的把握和已有信息主动调整自身的产品创新战略，通过产品的不断创新，持续满足消费者的个性化需求，进而促进企业的绩效提升。因此，对于消费者需求变化与竞争对手战略动向具有长期关注和先动优势的市场拉动型产品创新战略对企业绩效同样具有正向影响作用（古继宝等，2017）。从产品设计角度看，先进的设计理念和完善的“诠释者”网络均有利于企业的产品创新。尤其是在互联网普及的后工业时代，产品设计创新的重要性日益凸显，消费者品位不断提升，其购买过程不仅重视产品本身的功能，而且也对其外观以及审美特征高度关注，具有创新和审美特点的设计创新可以有效促进消费者的购买意愿。产品设计的思想不仅在实体产品创新过程中具有重要价值，在新服务的等虚拟产品的开发过程中同样具有较大价值。Marina Candi（2010）对于产品设计创新中的美学设计的应用进行研究，区分和界定了美学设计的概念和范畴。并通过案例探索和实证检验两阶段方法对美学设计在高技术企业中的运用进行研究，结果表明美学设计在创新中起着重要的作用，它不仅是一个产生创意的领域，也是技术、功能以及市场机遇之间的桥梁（Suarez and Utterback，1995）。美学设计在新产品设计开发中的应用明显增加了顾客满意度和忠诚度，同时对企业绩效的提升比没有运用美学设计进行产品进行单纯技术创新的企业取得更为明显效果。因此，设计驱动型的产品创新战略同样有利于企业绩效的不断增长。

通过以上分析可见，三种产品创新战略的实施均以不同的方式促进企业绩效的提升，无论是通过技术的推动还是对市场趋势的把握，或者是对社会文化与产品创意的构建，都最终以产品创新的形式或结果呈现出来，进而增强企业的核心竞争力并推动绩效提升。因此，本书提出以下假设：

H9：技术推动型产品创新战略正向影响企业的（H9a）创新绩效、（H9b）市场绩效和（H9c）财务绩效。

H10：市场拉动型产品创新战略正向影响企业的（H10a）创新绩效、（H10b）市场绩效和（H10c）财务绩效。

H11：设计驱动型产品创新战略正向影响企业的（H11a）创新绩效、（H11b）市场绩效和（H11c）财务绩效。

（二）产品创新战略对网络位置资源与企业绩效间关系的中介效应

从前文的理论推演来看，价值网络位置资源对企业绩效具有积极的影响，而产品创新战略对企业绩效具有理论上的促进作用。因此，从产品创新角度看，产品创新战略可能在网络位置与企业绩效间充当中间机制。因此，下面将对产品创新战略的中介作用进行分析和阐述。

在价值网络位置特征影响企业绩效的过程中，存在诸多的中间机制和要素在其中起到传递作用，从不同角度看，会存在不同的中介要素和中间机制。钱锡红等（2010）从能力的视角研究了网络位置与企业创新绩效间的关系问题，研究结果表明，网络位置对企业创新绩效的影响显著，但其影响是间接的，吸收能力在该过程中发挥中介效应。彭伟等（2012）则从知识获取的视角研究了网络位置影响企业绩效的内在机理问题，研究表明知识获取能力是网络位置影响企业绩效的中间机制。基于以往研究，本书结合研究问题和商业现实，从产品创新的视角研究价值网络资源影响企业绩效的内在机理和作用机制（Rodan S. and Galunic，2004）。因此，从产品创新角度来看，价值网络资源通过三条路径影响企业绩效的提升，分别是技术推动型产品创新、市场拉动型产品创新和设计驱动型产品创新三种产品创新战略，这三种产品创新战略分别代表了三种路径机制，分别从技术、市场和设计三条途径达到价值网络资源影响绩效的效果（Scott et al.，2011）。对于网络位置对企业绩效的影响过程来看，网络中心位置是正向影响企业绩效的，而在此过程中，处于中心位置的企业在技术与市场信息的获取方面具有重要的竞争优势（任胜钢等，2011）。由于处于网络中心位置企业更加具有优先获得先进知识和关键信息的优势，在竞争对手获得前沿技术和市场变动趋势之前，处于中心位置的企业可以获得先机，从而促进企业绩效的提升。同样从设计角度看，由于设计驱动型创新需要借助“诠释者”网络，因此，处于网络中心位置的企业更容易搭建广泛的、资源多样化的“诠释者”网络，并且聚集更加多元化和更加丰富的创新资源，更加有利于设计驱动型的产品创新（Wal et al.，2016）。因此，网络中心位置影响企业绩效提升的过程中，设计驱动型产品创新战略同样起到关键的中介机制。而处于网络中介位置的企业由于占据网络结构洞，具备信息控制和利益控制的优势。当外部环境出现变动或出现新的技术与合作机会时，中介位置的企业往往能够更加及时地获得信息和资源，从而与更加多元化的组织展开合作（Zaheer and Soda，2009）。此时，企业无论从技术、市场还是从设计方面均具备先入优势和信息优势，因此，处于中介位置的企业可以实施更高质量的产品创新战略，无论三种创新战略的哪一种都会促进企业绩效的提升，因此，三种创新战略分别从技术、市场、设计方面为处于中介位置的企业提升企业绩效提供了路径和中间机制。

综上所述，企业的产品创新战略对企业绩效具有积极的影响，并且从产品创新的角度表明了网络位置资源影响企业绩效的过程中，三种产品创新战略分别充当了网络位置资源影响绩效提升的中介机制，因此，本书提出以下假设：

H12：技术推动型产品创新战略在网络中心位置（H12a）和网络中介位置（H12b）影响企业绩效过程中发挥中介作用。

H13：市场拉动型产品创新战略在网络中心位置（H13a）和网络中介位置（H13b）影响企业绩效过程中发挥中介作用。

H14：设计驱动型产品创新战略在网络中心位置（H14a）和网络中介位置（H14b）影响企业绩效过程中发挥中介作用。

（三）产品创新战略对网络关系资源与企业绩效间关系的中介效应

从整体理论逻辑来看，“资源—战略—绩效”的逻辑思路表明，战略作为企业的一种行为表现，其本身便具有在资源与绩效间充当中介机制的理论基础和逻辑合理性。从企业产品创新战略的作用和实施来看，该过程不仅需要外部网络关系资源的支持，而且该战略的实施也有利于企业绩效的提升。从技术驱动创新来看，技术推动型产品创新战略有利于促进企业的创新绩效的提升。廖勇海等（2015）的研究也表明，市场导向对于企业产品创新具有正向的影响作用，而产品创新则对企业的创新绩效具有显著的积极影响。从市场角度看，技术推动型产品创新不仅会促进企业创新绩效的提升，新产品的开发与推广也可以得到市场的响应和反馈。技术推动创新仍然是整个社会创新的主流模式，具有高技术含量的产品往往具有较高的附加值，往往会得到消费者的青睐，从而获得较高的市场占有率和良好的品牌效应（Uzzi，1997），因此，技术推动型产品创新战略同样也有利于企业市场绩效的提升。从财务角度看，尽管技术的获取和开发需要投入各种资源并带来成本的提高，但是高技术含量产品的产生必定带来较高的产品价格和更大的销售额度，从长期来看，同样会促进企业财务绩效的不断提升。同样，对市场变化趋势的把握以及消费者需求的发掘均可以促进企业的产品开发与创新，从而促进企业绩效的提升。尤其对于近两年才受到学界关注的设计驱动型的创新，由于其创新的主要来源在于对社会文化模式的深刻理解以及与“诠释者”互动而获得的产品创意（Srinivasan et al.，2012），因此，该种产品创新模式成本较低，创新潜力巨大，创新效率与效果均具备较高的投入产出比。

从以上理论分析可见，在网络关系资源影响企业绩效的过程中，三种产品创新战略均对企业绩效产生积极的影响。以往研究表明，尽管网络关系对于企业绩效具有深刻的影响。吴松强等（2017）认为，企业的网络关系特征主要可以从网络关系强度和网络关系质量两方面进行研究，其研究结果表明网络关系强度和网络关系质量均正向影响企业绩效，尤其对于企业创新绩效的影响更为直接。Baker 和 Sinkula（1999）也表明，市场导向及企业在市场网络中的网络关系对企业绩效的提升具有重要影响。尽管国内外相关研究对于网络关系对企业绩效存在何种影响关系仍然存在一定的争议，但网络关系对企业绩效存在显著影响已经是学界共识。然而，对于企业的网络关系如何影响企业绩效，以及其内在机理是什么等问题现有研究仍然不够充分。吴晓冰（2009）从知识获取角度研究了网络特征影响企业绩效的内在机理问题，研究表明网络关系对企业绩效的影响需要通过知识获取方式的传递机制得以完成，知识获取在以上影响过程中起到中介作用。从创新角度看，在企业借助外部网络关系资源促进企业绩效提升的过程中，产品创新战略的作用是不可忽视和无法回避的关键变量（Utterback，2006）。具体而言，企业借助网络关系强度和关系质量获取相关的创新资源，会在很大程度上促进产品创新。这些资源主要包括从合作伙伴及相关利益者那里获取的相关知识、信息、技术和其他创新资源。这些创新所需要的知识与资源通过企业创新战略的实施为企业的产品创新所充分利用（Ritter and Gemünden，2004）。对于技术推动型产品创新可以从外部网络关系资源中获取创新技术、前沿的研究成果等，对于市场拉动型的产品创新则可以从外部网络关系中获得及时的市场信息和消费者需求动向以及竞争对手的战略导向等关键市场情况，而对于设计驱动型的产品创新则可以从外部网络关系中获得符合社会文化趋势的产品创新以及来自“诠释者”网络的创新建议和多样化的产品构念（Mugge et al.，2012）。因此，三年中产品创新方式均可以从外部网络关系中获得更具优势的、创新所需要的基础要素和资源，从而为企业结合自身的实际选择合适的产品创新战略并成功实施该战略，最终促进企业绩效提供了可行条件和基础。

综上所述，在网络关系资源影响企业绩效的过程中存在一些中间因素，为绩效的提升提供了内在可能性。而结合本书的研究主题和上述的理论推演和分析，本书认为从产品创新的角度看，产品创新战略是网络关系资源影响企业绩效提升的中间因素和传递机制。因此，本书提出以下假设：

H15：技术推动型产品创新战略在网络关系强度（H15a）和网络关系质量（H15b）影响企业绩效过程中发挥中介作用。

H16：市场拉动型产品创新战略在网络关系强度（H16a）和网络关系质量（H16b）影响企业绩效过程中发挥中介作用。

H17：设计驱动型产品创新战略在网络关系强度（H17a）和网络关系质量（H17b）影响企业绩效过程中发挥中介作用。

六、价值网络封闭性的调节作用

网络封闭性是一种价值网络整体的结构特征。网络封闭性是相对于网络的开放性而言的，在网络整体密度较高时，价值网络的封闭性往往越高。对于网络的封闭性与开放性，存在两种带有争议的观点。一种是以 Burt（1992）为代表的学者认为开放式的网络结构有助于企业获取非冗余的、多样化的信息，具有更多选择合作伙伴与发现利润来源的机会。但是，网络越是开放则网络内部便越容易出现信任缺失与运行效率降低的风险（魏龙和党兴华，2017）。另一种以 Coleman

(1999) 为代表的学者则认为，封闭式网络结构更加有利于抑制网络内部的机会主义行为，并且具有增加网络内部信息传播渠道、缓解网络成员认知压力的相对优势，但是封闭式网络也存在类似认知锁定的惰性风险。因此，本书将网络封闭性作为调节变量，研究在不同网络封闭程度下价值网络资源与企业产品创新战略间关系的变化趋势。

（一）网络封闭性对网络位置与产品创新战略间关系的调节效应

网络封闭作为社会资本的来源之一，有利于促进相互的制裁和规范（Coleman，1988）。通过维护网络成员的信用度影响信息质量，从而使企业在网络中失信的风险较小以达到彼此信任。当企业间相互隐瞒或多环节间接传递信息时，信息扭曲的后果便会十分严重（Granovetter，1992）。因此，双方之间的信息共享，有一个共同的第三方介入可能有更高的质量。此外，因为制裁的威胁、防止违反规范和机会主义行为，公司更可能放心地分享丰富的信息。此外，在一个交往密切有凝聚力的网络范围内，公司的联系人之间互相连接，这种接触可以了解到相同的信息。所以，公司可以验证同一条来自多个渠道的信息的准确性。拥有更高质量信息的公司能够减少不确定性，并且比那些不这样做的公司拥有更多的创新可能性。

在网络封闭程度较高的情景下，价值网络内部企业间的信息传递更加频繁，信息传递的质量也会更高，从而可以有效地促进网络内部企业间建立相互信任，形成正式的网络内部规范和相互承诺，减少网络成员间的摩擦、矛盾和机会主义行为，最终更加有利于网络内部成员间的知识共享和创新行为的产生（Parkhe et al.，2006）。同时，网络封闭程度高的缺点在于网络外部信息不容易进入网络内部，从而阻碍信息的多元化和异质性程度，不利于网络内部企业跨越价值网络边界获取全新的知识和信息。在此情景下，网络位置和关系资源与创新战略的关系可能受到网络封闭程度的影响。

网络封闭程度较高，处于网络中心位置的企业对技术推动型和设计驱动型产品创新战略的正向影响会得到不同程度的强化，因为在网络封闭程度较高的环境下，网络外部的新技术、新知识、新文化、新创意流入速度较慢，外部创新要素进入网络内部存在跨界障碍（Uzzi，1997）。此时，网络内部成员中处于整个网络中心位置的企业作为整个网络的“群主”是接触网络内外部知识和信息最多的企业，具备最多的创新资源，也是最有实力引领整个价值网络成员创新的企业个体。换言之，价值网络结构越封闭，网络内部的交流越频繁，网络内企业与网络外部联系越少，创新越难以产生，此时越依赖于作为领导者的网络中心位置的企业采取创新行为和战略（Uzzi，1996），因此，网络封闭性强化了网络中心位置对技术推动型和设计驱动型产品创新战略的正向影响。同时，削弱了网络中心位置与市场拉动型创新战略间的关系，因为市场拉动型创新战略需要及时获取外部市场信息和竞争对手战略动向以及接触多样化的消费者信息，而网络封闭性阻碍了信息的流入（Tortoriello et al.，2015），导致中心位置的企业也无法引领消费需求反而可能转向被动适应需求变化进行产品创新。因此，本书提出以下假设：

H18a：网络封闭性强化了网络中心位置对技术推动型产品创新战略的正向调节作用。

H18b：网络封闭性削弱了网络中心位置对市场拉动型产品创新战略的负向调节作用。

H18c：网络封闭性强化了网络中心位置对设计驱动型产品创新战略的正向调节作用。

从整体网络的角度看，网络封闭性越强则意味着个体网络密度越高，而较高的网络密度则有助于企业有效吸收来自整体网络中直接和间接合作伙伴的资源。企业个体网络中的高度互连的合作伙伴经常互动并且利用知识溢出；他们促进交换标准规范和制裁机会主义行为（Obstfeld，2005）。通过减少交易所带来的不确定性，企业相互关联的个体网络激励合作伙伴进行合作。因此，个体网络本身代表着强力促进的协作形式，集体行动会直接连接到合作伙伴（Kogut，2000）。当一个企业是“关键中介”或“中间人”时，这种网络中介位置意味着公司可以获得更多的信息流并能更好地控制这些信息（Freeman，1979）。位于其他公司之间的公司充当信息“守门人”（Ahuja et al.，2003）。中介位置的企业可以通过将其嵌入整体网络中，将公司锁定在由其他参与者之间的路径组成的行业环境中。因此，在网络封闭程度较高的情况下，处于网络中介位置的企业由于占据网络内结构洞，其信息控制优势与风险仲裁优势更加明显和突出（Ozdemir et al.，2016）。在网络较为开放的情境下，网络外部的新信息、新知识可以较为通畅地流入网络内部，从而使网络内部成员可以更容易获得新的信息和知识，为企业的创新活动提供足够的新知识和创新要素，此时，网络内其他成员对于处于中介位置的企业的依赖程度会明显降低，中介位置的企业在信息控制和风险评估方面的优势也会进一步被稀释。相反，如果在网络封闭程度较高的情境下，外部信息和知识难以快速流入网络内部，网络内部企业间的交流和知识获取很大程度上依赖于占据结构洞位置的企业的“中介”和“传递”功能，此时，处于网络中介位置的企业重要性和地位明显提升（Sigvald et al.，2008）。由于企业在进行信息控制和风险评估方面具备相对优势，因此，由于整个网络的封闭性的增强，中介位置的企业创新的外部条件减少，此外，因为网络封闭条件下网络内部其他成员对于中介位置的企业的依赖性增强，客观上会降低中介位置企业的创新意愿和创新动力。

综上所述，在网络封闭程度较高的条件下，一方面，中介位置的企业原本可以从网络外部快速获取的信息、知识的获取难度增加，进而增加了其创新难度。另一方面，由于网络封闭条件的存在，网络内其他成员对于中介位置企业的信息控制优势具有更强的依赖性，致使中介位置的企业创新意愿和动力不足，最终不利于其创新战略的实施。因此，本书提出以下假设：

H19a：网络封闭性削弱了网络中介位置对技术推动型产品创新战略的正向调节作用。

H19b：网络封闭性削弱了网络中介位置对市场拉动型产品创新战略的正向调节作用。

H19c：网络封闭性削弱了网络中介位置对设计驱动型产品创新战略的正向调节作用。

（二）网络封闭性对网络关系与产品创新战略间关系的调节效应

从价值网络的连通性维度看，可以将网络区分为开放和封闭的两种网络特征。开放网络主要是关于信息、资源交换的，而封闭网络则侧重于社会交换、信任和共享规范（Bruce，2000）。在开放网络情境下，公司与所有的合作伙伴直接进行社会接触，但这些合作伙伴之间可以没有直接的联系。大量这样的非连接方或称作结构洞，意味着价值网络由较少的冗余联系人组成，网络内部信息丰富，因为结构洞两边的网络成员都可以接触到不同的信息流（Burt，1992）。这种创新网络强调间接联系，主要是松散耦合的弱关系。与此相反的是，紧密耦合的封闭网络，所有的合作伙伴都有着直接而牢固的联系。在密集的网络嵌入条件下，支持有效的知识转移和企业间的合作（Gulati，1999）。因此，网络封闭性程度高的网络更加容易形成网络成员间的强关系。

从网络关系的形成过程来看，关系强度与关系质量均与整体网络结构特征密切相关。一定程度的网络封闭性有利于形成较强的网络关系强度和良好的网络关系质量。正如前文所述，网络关系强度对企业的创新行为和创新战略具有重要影响，尽管对于强、弱网络关系哪一个更加有利于企业创新战略实施和绩效提升当前仍然存在争议（张闯，2011），但在中国的人情社会背景和管理现实下，强网络关系更加有利于合作伙伴间建立彼此信任和知识分享，因此，强关系更加有利于企业创新战略和创新绩效的提升。Tiwana（2008）的研究也表明，网络关系对于联盟双元性创新具有积极作用，并且从知识利用的视角认为，强关系更加有利于企业间的知识整合，而知识整合则对企业的联盟创新具有积极的影响。此外，从关系质量的角度看，由于关系质量比关系强度更加能够反映网络成员之间的信任程度和承诺程度，因此，网络关系质量对企业的产品创新战略具有积极的推动作用。然而，以上网络关系与产品创新战略间的关系受到整体网络的封闭性特征的影响（余东华，2008）。从网络关系的形成过程来看，在较高的网络封闭状态下，更容易形成强网络关系和高质量的网络关系。网络结构的相对封闭可以强化网络内部企业间的互动频率和交流质量，企业在合作或者交互过程中更容易建立彼此信任和互惠关系，因此，在网络相对封闭的状态下，较强的网络关系强度和较高网络关系质量更容易形成，而高质量网络关系的形成也更加有利于促进企业产品创新战略的形成和实施。

综上所述，尽管较高的网络封闭程度不利于网络外部全新知识、信息的流入，但是有利于网络内部成员增加交互频率、构建彼此信任关系和互惠程度，进而促进复杂知识和缄默知识在网络内部的传播和共享，并最终促进企业产品创新战略的实施。因此，网络结构的封闭性对于网络关系强度和网络关系质量与产品创新战略间的关系具有调节作用，因此，本书提出以下假设：

H20a：网络封闭性强化了网络关系强度对技术推动型产品创新战略的正向调节作用。

H20b：网络封闭性强化了网络关系强度对市场拉动型产品创新战略的负向调节作用。

H20c：网络封闭性强化了网络关系强度对设计驱动型产品创新战略的正向调节作用。

H21a：网络封闭性强化了网络关系质量对技术推动型产品创新战略的正向调节作用。

H21b：网络封闭性强化了网络关系质量对市场拉动型产品创新战略的正向调节作用。

H21c：网络封闭性强化了网络关系质量对设计驱动型产品创新战略的正向调节作用。

综上所述，根据理论分析、模型构建逻辑以及假设提出等内容，正式提出以下完整的研究模型（见图3－2）。

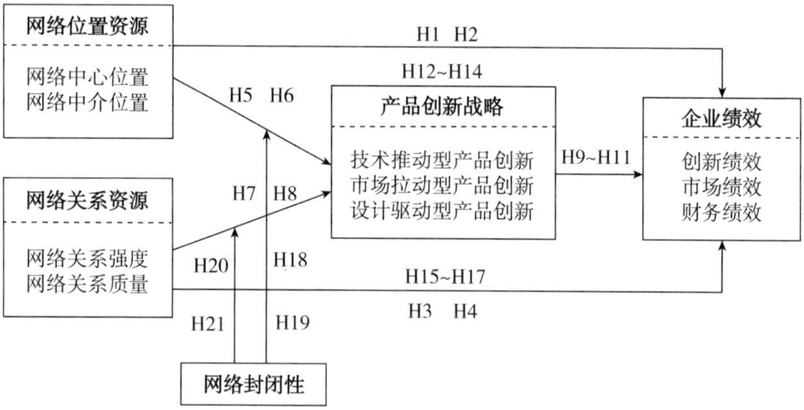

图3－2 模型与研究假设

资料来源：笔者整理设计。

第四章　数据获取与模型测量

本章内容为研究设计部分，主要介绍调研过程、问卷设计与修正、预调研情况、正式调研与数据收集等内容。具体而言，该部分主要对以下内容进行介绍和分析：一是对本书的调研流程、访谈对象和样本范围进行筛选和确定。二是在梳理文献的基础上进行中高层访谈，并在此基础上结合成熟量表进行初始量表的开发，然后进行规范的预调研，并对预调研的数据进行统计分析和检验，最后修订量表并且确定正式量表。同时对模型中变量的测量情况进行介绍。三是对本书正式调研的方法、时间安排、问卷发放回收以及数据收集情况进行说明和介绍。

第一节　调研过程设计与样本选择

本节内容主要对研究的整个调研流程进行设计，以期对后续调研提供思路框架。在此基础上，对调研对象和访谈对象进行筛选和确定，最后对调研的样本进行选择和分析。

一、调研流程设计

本书的调研过程主要分为以下步骤：①确定调研主题。本书的研究主题是针对中国制造类企业研究“价值网络位置和关系资源对产品创新战略及其绩效的影响”，那么中国制造类企业便是主要调研对象。②对调研样本和受访者进行界定。对照标准选择合适的受访者和调研对象。③样本选择和确定。按照抽样原理并运用不同抽样方法对样本进行筛选。④变量测量。对本书概念模型中的相关变量进行简单的文献梳理，归纳总结变量的测量方法，结合实地访谈中企业管理和营销人员、产品经理的理解和建议，设计初始测量量表，并请专家提出修正意见。⑤通过预调研对量表进行预测试。对预调研数据进行统计分析，并对测量量表进行修正。⑥开展正式调研。选择合适的调研方法进行调研，回收问卷并进行统计数据分析。详细调研流程如图 4－1 所示。

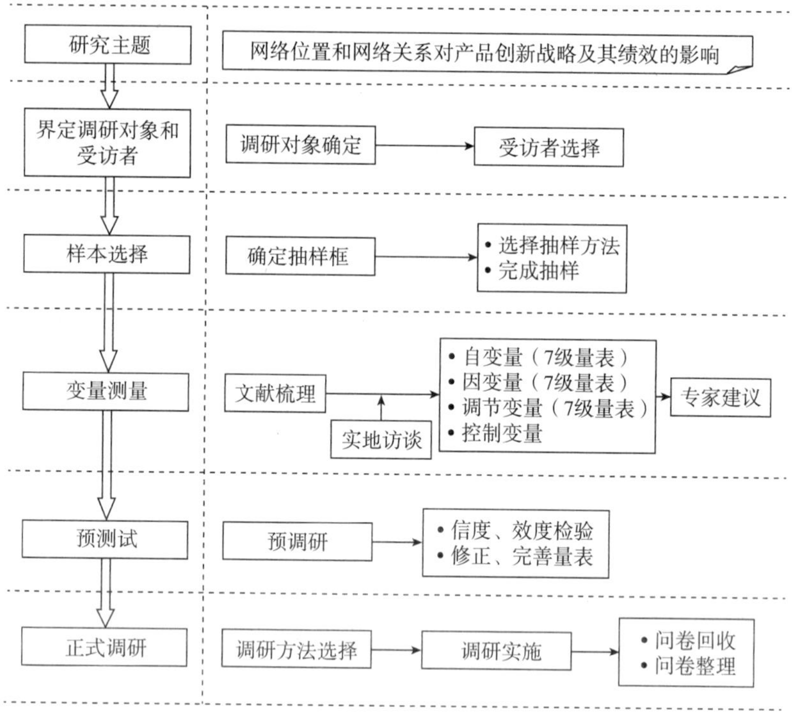

图 4－1　调研流程设计

资料来源：笔者整理。

二、调研对象筛选及受访者选择

（一）调研对象的筛选

正如调研设计中所述，本书的研究主题为“中国制造企业在价值网络中的位置与关系资源对产品创新战略选择及其绩效的影响”，通过探讨中国制造类企业处于价值网络不同位置和网络关系特征下，应该如何选择适合自身战略发展的产品创新战略，进而对企业绩效提升会有哪些不同的影响。因此，本书的调研对象主要集中于中国制造类企业。

从行业和地域范围来看，由于中国制造类企业涵盖的行业和地域十分广泛。因此，在对调研企业进行选择时，在不违反调研和数据分析原则的情况下，尽量在更多制造类行业和更宽广的地域展开调研。在行业方面，由于制造业涵盖行业较多，本书按照国家统计局起草修订，中国国家质检总局和中国标准化委员会联合颁发的 2011 年版《国民经济行业分类》选取主要制造类企业列为调研对象，主要涵盖食品、纺织、医药、机械设备、汽车制造、化工等行业。在地域方面，以东部地区为主，尽量涵盖中国的东部、中部和西部地区。以上对于调研对象的选择，无论从行业还是区域来看，都较为符合中国制造企业的现状和实际，可以为完成本书主题的研究提供较为充分的数据支持。

（二）受访者选择

根据本书的主题“中国制造企业在价值网络中的位置和关系资源对产品创新战略的选择及其绩效的影响”。因此，涉及企业在价值网络中的地位和关系、企业的产品创新战略以及企业的绩效等问题，那么，本书访谈的对象也必须紧紧围绕研究问题进行筛选和确定。在受访企业的选择方面首先确定必须是中国制造类企业，并且本书在访谈阶段力争对制造企业的高层管理者进行访谈。但对于一些超大型制造类企业尤其是大型国有企业，无法接触到高层管理者的转而访谈其中高层管理者，之所以出现这种情况，一方面是因为对大型国有企业的最高层管理者的访谈难度太大，研究人员无法联系或接触到他们；另一方面的原因是，大型国有企业的战略政策带有较长时间的一贯性，在集团内部宣传贯彻力度也比较大，中高层（如财务总监、战略规划部部长等）也能较为清楚地接触和了解集团的战略方针。因此，在无法直接接触到超大型央企的最高层情况下，研究的访谈对象可以调整为集团中高层人员。

由于本书涉及的主题和问题主要与公司的营销总监或者主管战略的副总或中层、产品经理及产品设计人员、产品研发经理及研发人员等相关，因此，本书将受访对象限定为公司战略制定或直接执行者、营销总监或经理、产品经理及产品设计人员、研发经理、财务经理等。此外，除对公司管理、营销以及产品研发人员的访谈，本书还邀请营销战略和创新领域的专家学者参加座谈会议，一起讨论人文的研究问题，以期从专家视角对研究问题、访谈提纲及问卷进行补充和修正。

三、样本的选择

本书确定的调研对象是中国制造类企业，但考虑到中国制造类企业包含食品加工、纺织服装、机械设备、化工冶炼、生物制药、汽车制造等众多行业，并且涉及全国各地的企业数量众多，不可能将所有符合要求的企业全部涵盖到研究的调研样本中。因此，调研需要对基本的样本抽样框进行界定。

（一）基本抽样框

本书选定的基本抽样框主要包括以下几方面：①南开大学商学院 MBA、EMBA 学员所在的制造类企业。从调研的可行性来看，借助已有的南开大学商学院 MBA、EMBA 学员展开调研可以较快地获取调研样本数据，同时也能较好地保证回收到较高质量的问卷；从可靠性方面来看，EMBA 和 MBA 学员大多是中高层管理者，有些甚至是企业的董事长、总经理等最高层管理者，在管理层级上基本符合调研的要求，也可以保证回收问卷的可靠性。②与本书的课题组和研究团队常年保持合作关系的符合要求的制造类企业，由于本书的课题组导师在企业实践界具备一定的影响力，多年来积累了数量可观的关系资源和样本企业，这些企业均是以往开展调研的重要关系网络，数据收集的回收率和质量相对较高。③通过国泰安数据库 CSMAR，筛选符合要求的制造类企业，并通过电话、邮件、微信及社会网络、人脉网络等方式联系以上企业，最终将确认愿意参加调研的企业列入调研名单。

（二）抽样方法及抽样完成

根据统计学中的抽样方法，可以分为概率抽样和非概率抽样两类（见表 4－1）。基于抽样方法的要求和研究的实际，本书适合采用非概率抽样方法，包括便利性抽样、滚雪球抽样以及判断式抽样。

表 4－1　抽样方法

	主要抽样方法	优点	缺点
概率抽样	简单随机抽样、系统抽样、分层抽样、多级整群抽样	以随机选择为基础，能确保样本估计的精确度和代表性	成本、费用高
非概率抽样	便利性抽样/就近抽样 判断式抽样/目标式抽样 滚雪球抽样、配额抽样	简单易行、成本低	无法排除抽样者的主观性，不能确保样本估计的精确性

资料来源：笔者整理。

上述三个子抽样框中，本书采用非概率抽样的方法中的三种抽样方式：判断式抽样、滚雪球抽样以及便利性抽样。具体而言，就第一个子抽样框，采用判断式抽样与滚雪球抽样相结合的方式，先运用判断式抽样选出一些满足要求的企业，再邀请这些企业的 MBA 和 EMBA 学员参与调研，同时还请他们介绍在商界符合调研要求的合作伙伴或朋友等资源参与调研。就第二个子抽样框，采取判断式抽样，从公开资料的分析和以往合作中选择满足条件的样本企业。就第三个子样框，则采取判断式抽样与便利性抽样相结合的方法，首先根据公开资料，利用判断式抽样识别满足条件的调研对象；其次，在此基础上选择北京、天津、上海、广东、浙江、山东等地区的企业，运用各种方式联系受访者进行调研；最后从上述三个抽样框共选取样本企业 387 家。

第二节　变量测量与量表修正

本节内容主要对问卷及量表的开发过程进行详细介绍，首先介绍了量表的设计步骤；其次描述了各变量的测量方法；再次是预调研并对预调研的数据进行分析；最后基于以上基础对量表进行修正，形成正式的调研问卷。

一、初始量表的设计与开发

本书主要采用访谈和问卷的方式进行数据收集，但问卷调研法本身存在固有的缺陷，比如容易产生共同方法偏差和反应偏差等。为了有效避免这些问题的出现，本书在调研过程中主要采用以下方式：首先，在量表开发过程中尽量通过文献阅读查找并采用成熟量表，以确保量表中变量的操作性定义清晰准确，保证量表的信度和效度；其次，初始量表开发后，邀请相关专家和企业受访者进行访谈，并在此过程中发现问卷的不足，进行问卷修改；再次，进行预调研，并运用统计方法对预调研数据进行分析，将量表中信度较低的问项进行调整，确定正式问卷；最后，在正式调研阶段，全部采用匿名调研，消除受访者的思想顾虑以降低反应者偏差。

具体而言，本书具体采取以下措施进行问卷调研：①根据研究主题查阅相关文献，从文献中发现成熟量表，完全符合要求的问项直接采纳，不完全符合要求的题项则根据研究主题和实际情景进行调整，部分量表根据实际研究需要进行自主开发；②对部分企业进行实地访谈，并对量表进行预调研测试并进行修正；③对相关营销专家进行访谈，获取专家意见和建议，并对量表进行修正、完善；④运用统计分析方法对预调研数据进行统计分析，采用 SPSS21.0 软件进行检验，对于信效度较低的问项进行剔除或者查找原因进行修改，通过对问卷进行反复修正，最终确定正式调研的问卷。

（一）文献查阅和梳理

本书涉及的主要变量或者不同变量描述包括："价值网络位置""网络中心性""网络中介性""结构洞""网络关系强度""网络关系质量""技术推动型产品创新""市场拉动型产品创新""设计驱动型产品创新""创新绩效""市场绩效""财务绩效"等。在进行量表设计过程中，对以上变量及其相近的名称进行了中英文的检索，找到相关文献并进行阅读，从而找到与本书高度相关的测量题项或者量表，并对相关量表进行了翻译、归类和整理。在对文献中成熟量表进行查找总结的基础上，对于完全适合本书的量表可以直接采用，对于不符合研究要求但高度相关的量表，根据研究主题和实际情景进行调整采用，对于无法找到合适的成熟量表的题项，根据相关量表和研究实际部分自主开发。最后形成整体初始量表。

（二）实地调研和专家访谈

在正式开始问卷调研之前，本书于 2017 年 2 月至 6 月对部分企业进行了半结构式访谈。主要通过社会关系网络联系到 10 家制造类企业的 30 位营销经理和产品经理等相关人员，并通过当面访谈、电话访谈等方式展开访谈，如表 4-2 所示。访谈开始调研组成员均会对受访者说明，本次调研只用于学术研究，并且严格保密，以消除受访者的心理顾虑。在访谈前调研人员也会向受访者清晰解释相关概念，防止受访者对于理论概念理解出现偏差，在此基础上展开访谈。访谈提纲的问题主要包括以下内容：

问题 1：贵公司在其价值网络中是处于接近网络中心的位置还是边缘位置？这一网络位置给公司的战略决策（尤其是产品创新战略）带来怎样的影响？

问题 2：贵公司是否经常在价值网络中充当信息中介或者信息控制者的角色？这一角色对于企业的战略决策（尤其是产品创新战略）带来怎样的影响？

问题 3：贵公司与价值网络内部其他成员的交流、互动是否频繁？彼此保持联系的时间多为长期还是短期？这种网络关系的强度对企业的战略决策产生怎样的影响？

问题4：贵公司与价值网络内部其他成员是否能够较为容易地建立彼此信任的关系？相互承诺和互惠的程度有多深？这种网络关系的质量对企业的战略决策产生怎样的影响？

问题5：贵公司在技术、市场、设计等哪一方面进行产品创新的力度更大？为什么？

问题6：您认为技术推动型、市场拉动型以及设计驱动型产品创新哪一种创新模式更适合中国制造企业未来发展？原因是什么？

问题7：贵公司目前在产品设计创新方面开展了哪些工作？与发达国家企业相比，您认为中国制造企业的产品设计创新的优势和不足分别是什么？

问题8：贵公司所在的价值网络的封闭程度对企业的产品创新战略会产生怎样的影响？您认为在技术、市场、设计三方面选择不同的产品创新战略会对企业绩效分别产生怎样的影响？

表4－2　访谈情况

访谈企业	访谈地点	访谈对象	访谈频次与均时
中国兵器工业集团	北京	战略副总裁、产品研发经理、财务部总监	3人次，每次55分钟
中国航空工业集团	北京	战略规划部总监、产品研发部总监、财务部经理	3人次，每次50分钟
联想控股股份有限公司	北京	产品创新部总监、PC部门营销总监、财务部经理	3人次，每次60分钟
中国中车集团公司	北京	战略规划部总监、产品研发部总监、财务部经理	3人次，每次46分钟
天津渤海化工集团有限责任公司	天津	营销副总裁、产品研发部总监、财务部总监	3人次，每次60分钟
天津塑力线缆集团有限公司	天津	营销副总裁、产品研发部总监、财务部总监	3人次，每次66分钟
天津力神电池股份有限公司	天津	产品研发副总裁、营销部总监、财务部总监	3人次，每次75分钟
内蒙古北方重工业集团	包头	集团总经理、战略规划部部长、产品研发部部长、财务部副部长	4人次，每次65分钟

续表

访谈企业	访谈地点	访谈对象	访谈频次与均时
潍柴控股集团有限公司	潍坊	营销副总裁、产品研发部总监、财务部总监	3 人次，每次 77 分钟
山东胜通集团股份有限公司	东营	营销副总裁、产品研发部总监、财务部总监	3 人次，每次 85 分钟

资料来源：笔者整理。

研究团队通过对以上企业的相关人员访谈，对研究问题有了更加清晰和深刻的认识，对初始问卷中存在的不足进行补充完善。此外，在进行上述文献梳理和访谈的基础上，本书还邀请了营销领域和创新领域的相关学者专家，对量表进行了审核并提出了宝贵建议。最终形成本书的测量量表。

二、变量测量

（一）网络位置的测量

对于价值网络位置的测量，国内外已经存在成熟的测量方法，国内外学者对此已经达成共识。一般较为普遍采用的是提名生成法（Name - generator），获得相关数据以后，运用国际上普遍运用的 UCINET6.0 软件进行模拟计算，下面将具体介绍对于网络位置的测量。

对于网络位置的测量，本书主要分为网络中心位置和网络中介位置两种，中心位置的主要测量变量是网络中心度，中介位置的测量变量则是结构洞位置的丰富程度（网络约束指数）。在社会网络理论中，普遍采用的、最为权威的测量网络位置的方法是提名生成法（Name - generator）。提名生成法在社会网络研究领域中的应用较为普遍，并且已经形成了一套较为完善的测量体系和方法，同时，社会网络方面的专家学者也认为该方法具有良好的信效度（Campbell et al.，1986）。一般的操作流程是，先通过问卷形式询问被调查企业在国内、国际范围内“与本企业存在密切的技术、市场或产品方面合作的企业有哪些?”要求每个被调研对象各填写 3 ~5 家企业。运用自我提名方法调研过程中，本书获得 279 份有效问卷，从这 279 份有效问卷中共获得 874 个企业名称，然后依据这 874 家企业之间是否存在合作关系，运用编码理论方法进行 0—1 编码。其中，0 代表企业间不存在合作关系，1 则代表存在合作关系。最后，通过数据编码得到一个 874 ×874 的 0—1 矩阵，对该矩阵进行对称化处理后，应用社会网络分析中常用的 UCINET6.0 软件，计算各企业的相关网络指标，主要计算程度中心度、中介中心度以及约束指数等。因为我们关注的是有效问卷的 279 家企业，因此本研究仅用该 279 份有效问卷的数据进行实证研究。

1. 网络中心位置

对于网络中心位置，学者一般运用网络中心度加以测量，社会网络分析中常用的指标有三种：程度中心度（Degree Centrality）、中介中心度（Betweenness Centrality）和接近中心度（Closeness Centrality）。社会学家罗家德（2005）认为，接近中心度指标仅对完全相连图（网络中任一节点都可以通过若干个中介到达其他所有节点）有效，当网络图不是完全相连时，接近中心度毫无意义可言。由于本书的企业合作网络图不是完全相连的，因此，接近中心度指标不宜被本书采用，而中介中心度则实质上是一种测量中介位置的指标，我们将在下文测量中介位置时与结构洞理论相结合一起测量网络中介位置。因此，根据三种测量网络中心性的指标的内涵、适用范围，以及本书的研究主题和研究实际，我们认为程度中心度是本书用以测量网络中心性的最佳指标。关于程度中心度，在国外权威文献中已经具有较为成熟和公认的计算方法。具体计算原理和方法如下：程度中心度主要代表一个企业在价值网络中的整体地位，拥有程度中心度越高，说明该网络成员在网络中的威望和地位越高，也就具有更高的影响力和号召力，从而处于优势位置。具体而言，程度中心度代表价值网络中一个节点与所有其他节点相联系的程度（诺克和杨松，2012）。具体计算本书借助 UCINET6.0 软件实现（Borgatti，Evereff and Freeman，2002），其计算公式采用 Freeman's（1979）的公式：在一张价值网络图中，一个给定的点 p_k 最多可以与 n－1 个点相邻，因此，C（p_k）的最大值是 n－1。那么，式（4－1）便是与 p_k 相邻的其他点的比例。

$$C'_D(P_k) = \sum_{i=1}^{n} a(P_i,P_k)/n-1 \qquad (4-1)$$

2. 网络中介位置

网络中介位置主要是指占据网络结构洞的位置，因此，通常运用对结构洞的测量作为中介位置的代理变量，占据结构洞的数量越多，则中介位置越明显。已有研究多从信息冗余角度界定结构洞（Structural Holes）的概念：同质的网络当中存在大量冗余的信息，不同的网络群体之间则往往因为具有异质性的信息而存在沟通的必要。当两个群体拥有的信息具有异质性和多样性时，那么结构洞就必然存在了，而连接结构洞的节点就成为桥梁。价值网络中的桥（Bridge）的主要功能是将结构洞相连接，也可称为中间人（Broker）。每个节点都可能具备在结构洞上构建桥梁的潜力，该桥梁一般具有较强的结构优势和信息优势，可以为占据结构洞的中间人获取信息和利益带来便利。对于网络中介位置的测量则存在两种较为普遍的方式：一种是 Freeman（1979）提出的中介中心度的测量方法，另一种则是 Burt（1992，2005）提出并不断完善的网络约束指数方法。两种测量方法均得到学界普遍认可并广泛使用，但总体比较而言，Burt（1992，2005）的网络约束指数方法基本涵盖了中介中心度测量方法的优势，并且在此基础上通过计算结构洞的数量和衡量中间人的“桥接”程度，更准确、全面地反映了网络中介位置的优势和作用，因此，得到了更加广泛的应用和权威的认可。鉴于此，结合研究主题和以往理论发现，我们采用了 Burt（1992，2005）的网络约束指数测量公司的结构洞数量，即反映公司处于网络中介位置的数量和程度。“1 - 网络约束指数 C_{ij}”的方法来计算结构洞，该数值越大，则表明结构洞数量越丰富、质量越高。具体的计算公式如式（4 - 2）所示，假设 i 和 j 是同一网络中的两个网络成员，两者可以通过节点 q 联系起来，即 q 为 i 和 j 之间的桥梁，P_{iq} 表示 i 和所有其他中间人联系的强度。C_i 则表示网络成员 i 受到成员 j 的约束程度。因此，价值网络中第 i 个企业的结构洞的数值则为：$1 - C_i$。

$$C_{ij} = (P_{iq} + \sum_{q} P_{iq}P_{qj})^2, \quad q \neq i, j \tag{4-2}$$

综上所述，网络约束指数是一个高度概括性的衡量指数，能够有效地测量企业结构洞的匮乏程度。约束指数越高，表明企业拥有的结构洞越少，因此，约束指数通常与企业绩效呈反向关系（Burt，2005）。此外，因为约束指数的最大值为 1，即约束指数位于 0—1 之间。为计算的便捷，通常采用数值 1 与约束指数的差值来测量结构洞的丰裕程度（Zaheer and Bell，2005）。研究中，通常运用 UCINET 6.0 软件计算出样本企业的约束指数，然后运用计算数值 1 与约束指数的差值表示该企业在网络中的结构洞丰富程度。

（二）网络关系的测量

在本书中，网络关系主要包括网络关系强度和网络关系质量两个维度。对于两者的测量，国内外研究中均有较为成熟的量表可以借鉴，本书遵循国内外研究对以上变量的主流测量方式，运用问卷的方式进行测量。

1. 网络关系强度

网络关系强度是一个在社会学和管理学等领域受到普遍关注和研究的热点概

念。社会学领域主要侧重于运用关系强度的概念分析社会热点和人际关系等方面的问题，管理学则运用网络关系强度分析企业竞争优势的获取和创新战略或创新行为等问题（Tiwana，2008）。网络关系强度的概念最早由 Granovetter（1973）提出，并对其加以界定。Granovetter 从网络中成员间互动的时间、情感亲密程度、熟识性程度以及互惠性程度四个方面对网络关系强度进行界定。潘松挺和蔡宁（2010）的研究认为，Granovetter 的测量维度和测量方式具有较好的理论依据与合理性，但通过实地调研和访谈发现其测量方式并不完全适合中国情境，因此，作者根据对中国企业的调研和访谈并结合以往理论认为应该从"接触时间""投入资源""合作交流范围""互惠性"四个维度对网络关系强度进行测量。其中，"接触时间"主要是指与价值网络中创新伙伴进行合作过程中的接触频率以及持续时间；"投入资源"是指与网络合作伙伴交流合作过程中所投入的人、财、物等各种资源；"合作交流范围"是指与创新伙伴合作开展的正式与非正式交流合作的延伸范围；"互惠性"是指双方在合作或者交流过程中是否以诚相待并为对利益方考虑。综上所述，考虑到研究主题和研究对象的中国元素，本书在参考借鉴国内外测量题项后决定主要以潘松挺和蔡宁（2010）开发的适合中国情景的测量量表为主要参考并根据实际加以调整、完善。具体如表 4-3 所示。

表 4-3 网络关系强度的测量条目

变量	编号	测量问项	测量依据
网络关系强度（Strength of Network Relationship，简称 SNR）	SN1	与网络伙伴接触的时间	潘松挺、蔡宁（2010）；Tiwana（2008）；Granovetter（1973）
	SN2	与网络伙伴接触的频率	
	SN3	与网络合作伙伴交流合作过程中所投入的人、财、物等各种资源	
	SN4	与创新伙伴合作开展的正式与非正式交流合作的延伸范围	
	SN5	双方在合作或者交流过程中是否以诚相待并为对方利益考虑	

资料来源：笔者整理设计。

2. 网络关系质量

网络关系质量是价值网络关系的主要特征之一。由于网络关系质量主要反映了网络内部成员之间的相互信任程度和承诺程度，因此，成为网络关系特征最为重要的特征指标，也是最能反映企业网络关系的特征指标。对于网络关系质量的测量量表目前仍然比较缺乏，特别是国外关于网络关系质量的量化研究较少。Heimeriks（2004）认为，网络关系质量作为反映网络特征的指标之一，主要应该从网络成员相互信任的角度加以度量，研究从交流的频率和网络成员的信任程度测量网络关系质量。Walter 等（2003）的研究则认为，不仅要从信任角度加以测量，也应该关注彼此承诺的程度，当网络成员间的承诺程度较高时，必然会带来更高的互惠性程度，因此也反映出网络合作伙伴之间的关系质量比较高；反之则相反。国内学者彭伟和符正平（2013）对网络关系质量的研究则从彼此合作的时间和历史、交流的频繁程度、彼此信任程度、资源投入和共同认可等方面对网络关系质量进行了测量。吴松强等（2017）的最新研究则用“在合作过程中公司相信合作伙伴有能力履行它的全部职责”“公司总是认为合作伙伴能够做出专业的决定以及称职的行为”“与合作伙伴之间信息、知识共享的效率及质量较高”三个题项对网络关系质量进行了测量。本书综合以往研究，并综合考虑本书主题和研究情景，主要借鉴彭伟和符正平（2013）的研究，同时参考以往相关研究对网络关系质量的测量题项进行综合整理，使其更加符合研究主题和企业实际的需要。具体如表 4－4 所示。

表 4－4　网络关系质量的测量条目

变量	编号	测量问项	测量依据
网络关系质量（Network Relation Quality，简称 NRQ）	NQ1	企业与其他网络成员很容易结成联盟	Heimeriks（2004）；Walter，Müller，Helfert 等（2003）；吴松强、苏思骐、沈忠芹、宗峻麒（2017）；彭伟、符正平（2013）
	NQ2	企业与合作伙伴的合作具有较长的历史	
	NQ3	企业与合作伙伴的合作交流很频繁	
	NQ4	企业与合作伙伴合作过程中彼此信任对方	
	NQ5	企业与合作伙伴都投入了大量的资源维系合作	
	NQ6	企业与合作伙伴彼此都认同对方的发展目标	
	NQ7	企业与合作伙伴之间信息共享的效率和质量较高	

资料来源：笔者整理设计。

（三）产品创新战略的测量

本书的研究主题产品创新战略主要包括三个维度或类型：技术推动型产品创新、市场拉动型产品创新，以及设计驱动型产品创新。对于三种产品创新战略的概念内涵前文已经介绍过，在此不再赘述。但值得强调的是，三种产品创新战略的概念内涵和外延均较为宽泛，这为变量的测量带来了一定难度。国内外相关研究均涉及以上变量或者相关变量的测量，本书将借鉴这些以往研究成果，并根据研究主题和实际情境进行完善补充。

1. 技术推动型产品创新

资源依赖理论认为，企业创新在高水平的技术动荡和市场不确定性环境下会引发创新网络中企业成员间相互依存度的增强，从而推动企业进行技术性的联合创新。技术推动型产品创新主要是由于外部环境中技术变革和技术进步推动企业的产品研发和产品创新。对于企业的产品技术创新的测量，主要借鉴 Zhou 和 Wu（2013）的测量题项，同时兼顾 Danneels 和 Kleinschmidt（2001）的研究对于技术推动的产品创新的测量方法。Garcia 和 Calantone（2002）的研究认为，技术变革带来的产品创新往往都是突破式的产品创新，因此在对其进行测量时应考虑技术推动的突破式发展的影响，即技术推动型创新不能等同于一般的技术改进式的创新，而应该是颠覆式的创新，在进行测量时应该考虑其技术突破的特点和性质。Katrin 等（2009）的研究则提出了不同的观点，认为技术推动型的产品创新既包括技术变革和重大技术进步导致的产品创新，也包括企业的内部研发或联合研发产生的产品功能的完善和改进等，因此，应该从更加宽泛的角度理解技术推动型的产品创新。本书在综合和借鉴以上研究的基础上，结合本书主题和研究对象的特点及中国制造业的现实情景，认为技术推动型产品创新应该始终以技术的进步和完善前提，产品的创新应该以技术的推动为基础，因此综合与借鉴以往研究基础上，根据研究情景进行调整，对其梳理总结出以下测量条目。如表 4 – 5 所示。

表 4 – 5　技术推动型产品创新的测量条目

变量	编号	测量问项	测量依据
技术推动型产品创新（Technology Driven Product Innovation，TDPI）	TD1	关键技术信息对企业产品创新具有重要影响	Zhou 和 Wu（2013）；Danneels 和 Kleinschmidt（2001）；Garcia 和 Calantone（2002）；Katrin 等（2009）
	TD2	产品创新过程中需要有效识别新的技术机会	
	TD3	产品创新过程中主动响应行业技术变化	
	TD4	产品创新过程中积极掌握行业内最新技术	
	TD5	技术创新促进了企业产品持续创新	

资料来源：笔者整理设计。

2. 市场拉动型产品创新

市场拉动型产品创新主要是由于市场需求的变化或者竞争态势的影响而促成的产品创新。市场拉动型产品创新往往是一种被动的创新模式，无法维持长期的竞争优势，但它是中小型制造企业主要的创新方式之一。对于市场拉动型产品创新战略的测量，国内外学者已经取得较为普遍的测量量表。在 Mu（2015）的研究中，运用问卷的方式对于产品的市场创新进行了分析和测量，最终通过探索性因子分析和验证性因子分析获得了成熟的测量量表。薛捷（2017）在其最新研究中从“技术—市场—设计”三重驱动的视角研究了不同创新方式对企业创新行为的影响，并且对市场驱动的创新行为进行了测量，但该研究主要侧重于市场创新能力的测量。Dahlqvist 和 Wiklund（2012）的研究则从用户的视角对企业的产品创新进行测量，并认为市场拉动型的产品创新实质上是一种用户驱动的产品创新形式。Danneels 和 Kleinschmidtb（2001）则在早期就认识到产品创新的维度与企业绩效之间存在密切关联，该研究从公司视角研究产品的市场创新的测量问题。

综上所述，本书在总结和借鉴以往研究的基础上，结合本书的主题和实际对以往成熟量表进行了梳理和归纳，不断完善和调整形成本研究对于市场拉动型产品创新战略的测量。如表 4－6 所示。

表 4－6　市场拉动型产品创新的测量条目

变量	编号	测量问项	测量依据
市场拉动型产品创新（Market Driven Product Innovation，MDPI）	MD1	持续扫描和关注新的市场趋势会促进产品创新	Mu J（2015）；薛捷（2017）；Dahlqvist 和 Wiklund（2012）；Danneels 和 Kleinschmidtb（2001）
	MD2	为了能够及时响应顾客需求必须进行产品创新	
	MD3	公司对新产品在市场上的竞争产品非常熟悉	
	MD4	新产品符合本企业客户的消费理念	
	MD5	新产品符合本企业客户的使用习惯	
	MD6	新产品开发的市场目标定位范围是新用户	

资料来源：笔者整理设计。

3. 设计驱动型产品创新

对于设计驱动型产品创新，Verganti（2008）认为，其不同于其他两种产品创新方式的最大不同在于更加注重产品的“构建意义”和“象征意义”，因此，在对该构念进行测量时应该注意其独特的创新特征。Luchs 和 Swan（2011）的研究则从产品的功能和形式两个维度对产品设计创新进行测量，由此，从产品功能和形式两维度展开测量在以往研究中较为普遍。

此外，对于产品的外观或者形式，设计师和营销人员通常认为视觉符号编码依据产品和包装设计会产生一定的产品类别。这些“基于类别的视觉代码”是指在给定类别中最常见的形式和图形特征，如特定的形状、颜色、材料、字体、布局和插图等（Kumar et al.，2015）。鉴于“视觉符号”范畴的概念与“感知特征”的概念、“认知范畴”“相似性分组”和“设计新颖”等概念密切相关，Celhay 和 Trinquecoste（2015）专门研究考察了影响典型/非典型性判断的一系列因素以及产品的外观对消费者的审美和购买意图的影响。虽然有些研究显示消费者偏爱典型设计的倾向，但也有一些研究表明，消费者喜欢适度的非典型设计。通过实际调研发现，感知的典型性、审美认知以及购买意向之间是一种线性的、正向的影响关系。因此，只有某些特定的消费者阶层更可能欣赏非典型包装。此外，购买时的感知风险水平也起着至关重要的作用，当感知风险较低时，消费者更倾向于接受非典型包装；反之则相反。因此，从消费者视角研究感知风险的学者主张在测量产品设计创新时要特别注重产品外观的刺激作用。目前，最为权威、最新的测量方式出自 Homburg（2015）的研究，该研究通过证实研究方法对设计驱动型产品创新的量表进行了完善修正，从审美、功能和象征意义三个维度对其进行测量。本书以 Homburg（2015）的成熟测量量表为主，补充并完善形成本书设计驱动型产品创新的量表，如表 4－7 所示。

表 4－7 设计驱动型产品创新的测量条目

变量	编号	测量问项	测量依据
设计驱动型产品创新（Design Driven Product Innovation，DDPI）	DD1	新产品设计过程中注重产品的视觉效果	Homburg（2015）；Verganti（2008）；Luchs 和 Swan（2011）；Kumar 等（2015）；Celhay 和 Trinquecoste（2015）
	DD2	新产品的外观设计十分精美	
	DD3	新产品的设计十分具有吸引力	
	DD4	新产品的性能很好	
	DD5	新产品能够满足工作需要	
	DD6	新产品存在多种用途	
	DD7	新产品可以帮助本人建立独特的形象	
	DD8	新产品有助于将本人与大众区分开来	
	DD9	新产品可以准确地表达或象征本人的成就感	

资料来源：笔者整理设计。

（四）企业绩效的测量

对于企业绩效的测量，国内外研究以及测量的方法较多。本书主要与研究主题紧密结合，从产品创新的视角将企业绩效分为产品创新绩效、新产品市场绩效、新产品财务绩效三个维度，分别从创新、市场和财务角度对企业绩效进行测量。由于企业绩效的影响因素众多，要想完全客观地测量几乎不可能，但企业绩效作为衡量企业战略成功与否的最终标准却是不得不使用的指标。因此，本书在精心选取控制变量的同时，从创新、市场和财务三个方面对其进行较为全面的测量。

对于产品创新绩效，本书主要借鉴钱锡红等（2010）、Atuahene - Gima 和 Murray（2007）、Baker 和 Sinkula（1999）及杨昆（2012）的研究，结合本书研究的中国制造业的现实背景对测量量表进行适当调整完善形成。对于市场绩效的测量，由于本书主要涉及产品创新战略对于企业绩效的影响，因此，结合实际和研究主题，从新产品角度测量市场绩效。主要参考借鉴 Ma 等（2012）、Miller（2006）、Thomas 和 Sullivan（2013）等的研究，并结合研究主题和实际形成本书量表。而对于财务绩效的测量，国内外不同领域的研究都有较多涉及。本书主要参考营销和战略管理领域的研究，借鉴 Lumpkin 和 Dess（2001）、张兰（2013）、Gray B. 等（1998）等的研究，从新产品财务绩效的角度对企业的财务绩效进行测量。具体内容详见表 4 - 8。

表 4 - 8 企业绩效的测量条目

变量	编号	测量问项	测量依据
创新绩效（Innovation Performance，IP）	IP1	相比竞争对手，贵企业的新产品开发数量更多	钱锡红等（2010）；Atuahene - Gima 和 Murray（2007）；Baker 和 Sinkula（1999）；杨昆（2012）
	IP2	相比竞争对手，贵企业的新产品产值占销售比重更大	
	IP3	相比竞争对手，贵企业的新产品开发速度更快	
	IP4	相比竞争对手，贵企业的新产品上市成功率更高	
市场绩效（Market Performance，MP）	MP1	新产品的顾客满意度超过本企业的预期	Ma 等（2012）；Miller（2006）；Thomas 和 Sullivan（2013）
	MP2	新产品市场化速度快于传统产品开发时间	
	MP3	新产品市场化速度快于竞争对手	
	MP4	新产品市场占有率超过竞争对手	

续表

变量	编号	测量问项	测量依据
财务绩效（Financial Performance，FP）	FP1	相比主要竞争对手，企业的新产品销售增长率更高	Lumpkin 和 Dess（2001）；张兰（2013）；Gray 等（1998）
	FP2	相比主要竞争对手，企业的新产品销售回报率更高	
	FP3	相比主要竞争对手，企业的新产品投资回报率更高	

资料来源：笔者整理设计。

（五）网络封闭性的测量

价值网络的封闭性是整体网络结构的重要特征之一。对于该变量的测量，国内外研究中存在不同的测量方法。Wal 等（2016）运用公式法进行模拟计算来测量网络封闭程度，但该方法更加适合运用社会学领域中研究个人之间的相互关系，对于以企业为节点的网络情景则不太适用。Rodan 和 Galunic（2004）在研究网络结构情境下知识的异质性影响企业管理和创新绩效时认为，运用问卷方式测量网络封闭性可以更加灵活地掌握测量程度并适应研究情景。Eisingerich（2010）则从网络内部成员间的关系密切程度、网络内外部信息流通情况、合作伙伴的异质性等方面测量网络封闭程度。国内学者王松和盛亚（2013）在总结以往研究基础上也从网络内部成员间关系、网络内外部交流以及合伙伙伴多样性等方面对其进行测量。总结借鉴以往研究，本书结合研究实际形成以下量表，如表 4－9 所示。

表 4－9 网络封闭性的测量条目

变量	编号	测量问项	测量依据
网络封闭性（Network Closure，NC）	NC1	企业与不同区域、不同行业和性质的企业产生合作或竞争	Rodan 和 Galunic（2004）；Eisingerich（2010）；王松和盛亚（2013）
	NC2	过去 3 年不断有新的成员企业加入价值网络	
	NC3	企业与价值网络外的其他企业长期保持联络和关系	
	NC4	价值网络内部企业间的关系模式基本固化	
	NC5	价值网络内部企业间的交流和沟通十分频繁	

资料来源：笔者整理设计。

（六）控制变量的测量

根据研究需要，本书选取企业规模、企业性质、行业、国际化水平四个变量为模型的控制变量。首先，不同企业规模和行业的企业绩效情况往往差别较大，在研究价值网络特征和产品创新战略对企业绩效的影响时，对于不同规模以及不同行业的企业而言，上述影响可能会存在较大差异，因此需要将规模和行业作为控制变量。其次，从企业性质来看，国有企业和民营企业在企业绩效的提升方式和竞争力来源等方面可能会存在较大差异。同样，国际化水平不同对绩效的影响程度可能会存在较大差异。国际化水平不同的企业在获取竞争优势来源以及受到创新战略影响的程度也可能不同，因此，将企业性质和国际化水平作为控制变量。

对于企业规模的测量采用国际上通用的测量方式，运用企业的员工人数取对数进行测算；对于企业的性质则采用设置虚拟变量的方式，国有企业设置为1，其他企业性质设置为0。对于行业的测量，主要考虑到重工业制造与轻工业制造的差别，轻工业产品往往受到社会心理因素影响较大，而重工业则受到宏观经济形势的影响更加明显，两者对绩效的影响有所差异，因此，运用虚拟变量设置，重工业制造业设置为1，其他为0。对于国际化水平的测量则采用国际通行的测量方法："国外业务额占全部业务总额的比例"（Geringer，2000；罗进辉等，2014）。

三、预调研与量表修正

如前文所述，本书的初始量表是在对国内外文献梳理的基础上，结合实地调研访谈中中国制造企业的实际形成，其中各构念的测量主要借鉴国内外文献中的成熟量表，也有少部分根据研究对象和管理实际对已有题项进行了调整和开发。因此，在进行正式调研之前需要进行预调研，以便根据预调研的情况对初始量表进行修正并形成正式量表。

（一）预调研

2017年6月，本书的研究项目组从选定的样本范围内利用南开大学ENBA和MBA群及天津市企业联合会的推荐企业，选定了68家样本企业，通过现场发放、EMS邮寄、电子信箱和微信等形式共发放问卷128份，其中，没有回应和无效问卷29份。最终共收回有效问卷99份，然后对以上预调研的问卷进行数据统计分析，并最终对初始量表进行修正、确定正式调研量表。

（二）量表测试检验及修正

本书的量表大多借鉴国内外文献中的成熟量表，并在此基础上根据研究对象和企业实际进行了适当调整。因此，需要对量表进行信度和探索性因子分析，以净化初始量表。本书主要对量表的 CITC（Crrected Item Total Correction）、Cronbach's α 系数以及因子载荷等进行检验。根据 Wen 等（2010）、高海霞（2004）的研究，信度分析的标准为：因子载荷大于 0.5，Cronbach's $\alpha > 0.7$，$KMO > 0.7$，$CITC > 0.5$。通过对以上指标的检验对变量的测量条目进行净化和修正，从而确定正式的调研量表。

1. 网络关系的量表净化和探索性因子分析

（1）CITC 与信度分析。从表 4－10 中可以看出，网络关系强度和网络关系质量的 CITC 普遍较高，除网络关系强度的测量条目 SN5 和网络关系质量的测量条目 NQ1 小于 0.5 外，其他测量条目均大于 0.5。测量 SN5 "双方在合作或者交流过程中是否以诚相待并为对利益方考虑"，其 CITC 低于 0.5 的原因可能是：在

表 4－10 网络关系的信度分析

测试条目	CITC	删除该条目后的 Cronbach's α 值	前置变量的 Cronbach's α 值
SN1	0.713	0.739	0.813
SN2	0.581	0.783	
SN3	0.599	0.777	
SN4	0.640	0.764	
SN5	**0.482**	**0.809**	
NQ1	**0.298**	**0.843**	0.819
NQ2	0.528	0.800	
NQ3	0.666	0.777	
NQ4	0.511	0.803	
NQ5	0.701	0.771	
NQ6	0.619	0.785	
NQ7	0.645	0.780	
量表纯化前的 Cronbach's α 值：0.845；量表纯化后的 Cronbach's α 值：0.848			

资料来源：笔者整理。

与网络伙伴合作时，以诚相待并考虑对方的利益可能会增加双方之间的关系质量，但未必能够体现双方的关系强度，合作双方未必存在过密的往来和长时间的合作，因此，该条目不能很好地反映网络关系强度。而 NQ1 “企业与其他网络成员很容易结成联盟”，其 CITC 低于 0.5 的原因可能是：网络成员间关系质量高为必要结成联盟，企业间组成战略联盟最主要的是资源和能力的互补，而非网络关系质量的高低，因此该条目不能较好地反映该变量。

此外，两个变量的 Cronbach's α 值分别为 0.813 和 0.819，为保证量表的内部一致性，本书删除以上两个题项删除后，量表的整体 Cronbach's α 值有所提高，纯化前量表的 Cronbach's α 值为 0.845，而量表纯化后的 Cronbach's α 值为 0.848。

（2）KMO 值和 Bartlett 球形检验。从表 4-11 中可以看出，网络关系量表的 KMO 值为 0.803，Bartlett 球形检验显著（$P<0.001$），因此，量表完全适合进行因子分析。

表 4-11　网络关系的 KMO 值和 Bartlett 球形检验

Kaiser - Meyer - Olkin Measure of Sampling Adequacy.		0.803
Bartlett's Test of Sphericity	Approx. Chi - Square	420.053
	df	45
	Sig.	0.000

资料来源：笔者整理。

（3）探索性因子分析。本书利用主成分分析法对网络关系量表进行因子提取，最终运用方差最大旋转法进行探索性因子分析的结果如表 4-12 所示，网络关系强度和网络关系质量的因子载荷均大于 0.5，累计方差解释率为 61.946%，表明量表具有较高的构念效度。

表 4-12　网络关系的探索性因子分析

变量条目	因子载荷	
SN1	0.065	**0.873**
SN2	0.018	**0.806**

续表

变量条目	因子载荷	
SN3	0.265	**0.730**
SN4	0.221	**0.713**
NQ2	**0.714**	0.087
NQ3	**0.757**	0.330
NQ4	**0.684**	0.145
NQ5	**0.832**	0.088
NQ6	**0.698**	0.288
NQ7	**0.811**	-0.020
累计方差解释率%	61.946%	

资料来源：笔者整理。

2. 产品创新战略的量表净化和探索性因子分析

本书中的三种产品创新战略的测量题项均借鉴成熟量表，根据研究对象的管理实际进行适当调整形成，理论上具有较高的信度。首先对该部分量表进行CITC与信度分析，其次进行探索性因子分析。

（1）CITC与信度分析。从表4－13中可以看出，技术推动型、市场拉动型和设计推动型产品创新战略的CICT值均在0.5以上，各变量以及量表总体的Cronbach's α值均大于0.7，说明量表的信度水平较高。

表4－13 产品创新战略的信度分析

测试条目	CITC	删除该条目后Cronbach's α值	前置变量的Cronbach's α值	量表总体的Cronbach's α值
TD1	0.742	0.845	0.877	0.907
TD2	0.768	0.835		
TD3	0.620	0.870		
TD4	0.744	0.842		
TD5	0.683	0.857		

续表

测试条目	CITC	删除该条目后 Cronbach's α 值	前置变量的 Cronbach's α 值	量表总体的 Cronbach's α 值
MD1	0. 533	0. 727	0. 766	0. 907
MD2	0. 567	0. 711		
MD3	0. 582	0. 716		
MD4	0. 571	0. 712		
MD5	0. 505	0. 749		
MD6	0. 574	0. 715		
DD1	0. 822	0. 918	0. 931	
DD2	0. 774	0. 921		
DD3	0. 708	0. 925		
DD4	0. 627	0. 929		
DD5	0. 729	0. 924		
DD6	0. 756	0. 922		
DD7	0. 745	0. 923		
DD8	0. 756	0. 922		
DD9	0. 779	0. 921		

资料来源：笔者整理。

（2）KMO 值和 Bartlett 球形检验。从表 4 – 14 可以看出，产品创新战略量表的 KMO 值为 0. 869，Bartlett 球形检验显著（$P < 0.001$），因此，量表完全适合进行因子分析。

表 4 – 14　产品创新战略的 KMO 值和 Bartlett 球形检验

Kaiser – Meyer – Olkin Measure of Sampling Adequacy		0. 869
Bartlett's Test of Sphericity	Approx. Chi – Square	1133. 947
	df	190
	Sig.	0. 000

资料来源：笔者整理。

（3）探索性因子分析。本书利用主成分分析法对产品创新战略量表进行因子提取，最终运用方差最大旋转法进行探索性因子分析的结果如表4－15所示，技术推动型、市场拉动型和设计推动型三种产品创新战略的因子载荷均大于0.5，累计方差解释率为61.713%，表明量表具有较高的构念效度。

表4－15 产品创新战略的探索性因子分析

变量条目	因子载荷		
TD1	0.370	**0.692**	0.197
TD2	0.415	**0.684**	0.088
TD3	0.082	**0.778**	0.077
TD4	0.251	**0.749**	0.253
TD5	0.181	**0.802**	0.094
MD1	0.127	0.069	**0.709**
MD2	0.196	0.353	**0.507**
MD3	0.170	0.440	**0.629**
MD4	0.227	0.224	**0.544**
MD5	－0.016	－0.092	**0.757**
MD6	－0.055	0.114	**0.739**
DD1	**0.825**	0.241	0.107
DD2	**0.821**	0.078	0.179
DD3	**0.719**	0.156	0.286
DD4	**0.659**	0.090	0.191
DD5	**0.728**	0.255	0.101
DD6	**0.789**	0.207	－0.072
DD7	**0.777**	0.235	－0.092
DD8	**0.788**	0.137	0.076
DD9	**0.795**	0.239	0.090
累计方差解释率		61.713%	

资料来源：笔者整理。

3. 企业绩效的量表净化和探索性因子分析

本书中企业绩效的测量题项均借鉴成熟量表，根据研究对象的管理实际进行适当调整形成，理论上具有较高的信度。首先对该部分量表进行CITC与信度分析，然后进行探索性因子分析。

（1）CITC 与信度分析。从表 4－16 中可以看出，创新绩效、市场绩效和财务绩效的 CICT 值均在 0.5 以上，各变量以及量表总体的 Cronbach's α 值均大于 0.7，说明量表的信度水平较高。

表 4－16　企业绩效的信度分析

测试条目	CITC	删除该条目后 Cronbach's α 值	前置变量的 Cronbach's α 值	量表总体的 Cronbach's α 值
IP1	0.772	0.836	0.880	0.920
IP2	0.775	0.838		
IP3	0.723	0.853		
IP4	0.714	0.857		
MP1	0.806	0.827	0.884	
MP2	0.800	0.830		
MP3	0.788	0.835		
MP4	0.601	0.903		
FP1	0.841	0.854	0.911	
FP2	0.819	0.874		
FP3	0.805	0.886		

资料来源：笔者整理。

（2）KMO 值和 Bartlett 球形检验。从表 4－17 可以看出，企业绩效量表的 KMO 值为 0.897，Bartlett 球形检验显著（$P < 0.001$），因此，量表完全适合进行因子分析。

表 4－17　企业绩效的 KMO 值和 Bartlett 球形检验

Kaiser－Meyer－Olkin Measure of Sampling Adequacy		0.897
Bartlett's Test of Sphericity	Approx. Chi－Square	684.486
	df	55
	Sig.	0.000

资料来源：笔者整理。

（3）探索性因子分析。本书利用主成分分析法对企业绩效量表进行因子提取，最终运用方差最大旋转法进行探索性因子分析的结果如表4－18所示，技术推动型、市场拉动型和设计推动型三种产品创新战略的因子载荷均大于0.5，累计方差解释率为76.385%，表明量表具有较高的构念效度。

表4－18 企业绩效的探索性因子分析

变量条目	因子载荷		
IP1	0.238	**0.702**	0.431
IP2	0.303	**0.788**	0.183
IP3	0.350	**0.731**	0.183
IP4	－0.009	**0.811**	0.269
MP1	**0.832**	0.281	0.208
MP2	**0.851**	0.199	0.223
MP3	**0.854**	0.101	0.271
MP4	**0.635**	0.198	0.307
FP1	0.272	0.321	**0.829**
FP2	0.398	0.259	**0.780**
FP3	0.306	0.336	**0.786**
累计方差解释率%		76.385%	

资料来源：笔者整理。

4. 网络封闭性的量表净化和探索性因子分析

（1）CITC与信度分析。从表4－19中可以看出，网络封闭性的CICT值均在0.5以上，量表总体的Cronbach's α值均大于0.7，说明量表的信度水平较高。

（2）KMO值和Bartlett球形检验。从表4－20可以看出，企业绩效量表的KMO值为0.897，Bartlett球形检验显著（$P<0.001$），因此，量表完全适合进行因子分析。

表 4－19　网络封闭性的信度分析

测试条目	CITC	删除该条目后的 Cronbach's α 值	前置变量的 Cronbach's α 值
NC1	0.881	0.936	0.951
NC2	0.878	0.937	
NC3	0.854	0.941	
NC4	0.875	0.937	
NC5	0.832	0.944	

资料来源：笔者整理。

表 4－20　企业绩效的 KMO 值和 Bartlett 球形检验

Kaiser－Meyer－Olkin Measure of Sampling Adequacy		0.849
Bartlett's Test of Sphericity	Approx. Chi－Square	534.440
	df	10
	Sig.	0.000

资料来源：笔者整理。

（3）探索性因子分析。本书利用主成分分析法对网络封闭性量表进行因子提取和探索性因子分析，结果如表 4－21 所示，网络封闭性的因子载荷均大于 0.5，累计方差解释率高达 83.586%，表明量表具有很高的构念效度。

表 4－21　网络封闭性的探索性因子分析

变量条目	因子载荷	累计总方差解释率%
NC1	0.926	83.586%
NC2	0.923	
NC3	0.907	
NC4	0.922	
NC5	0.892	

资料来源：笔者整理。

（三）正式量表的确定

通过前文对于预调研中的数据进行的检验和分析并征求相关专家的意见和

建议，本书对原始量表进行了调整和修正，最终形成了正式调研的量表，具体如表4-22所示。

表4-22　正式调研的量表

变量	测量题项
网络关系强度（SNR）	SN1 与网络伙伴接触的时间
	SN2 与网络伙伴接触的频率
	SN3 与网络合作伙伴交流合作过程中所投入的人、财、物等各种资源
	SN4 与创新伙伴合作开展的正式与非正式交流合作的延伸范围
网络关系质量（NRQ）	NQ1 企业与合作伙伴的合作具有较长的历史
	NQ2 企业与合作伙伴的合作交流很频繁
	NQ3 企业与合作伙伴合作过程中彼此信任对方
	NQ4 企业与合作伙伴都投入了大量的资源维系合作
	NQ5 企业与合作伙伴彼此都认同对方的发展目标
	NQ6 企业与合作伙伴之间信息共享的效率和质量较高
技术推动型产品创新（TDPI）	TD1 关键技术信息对企业产品创新具有重要影响
	TD2 产品创新过程中需要有效识别新的技术机会
	TD3 产品创新过程中主动响应行业技术变化
	TD4 产品创新过程中积极掌握行业内最新技术
	TD5 技术创新促进了企业产品持续创新
市场拉动型产品创新（MDPI）	MD1 持续扫描和关注新的市场趋势会促进产品创新
	MD2 为了能够及时响应顾客需求必须进行产品创新
	MD3 公司对新产品在市场上的竞争产品非常熟悉
	MD4 新产品符合本企业客户的消费理念
	MD5 新产品符合本企业客户的使用习惯
	MD6 新产品开发的市场目标定位范围是新用户
设计驱动型产品创新（DDPI）	DD1 新产品设计过程中注重产品的视觉效果
	DD2 新产品的外观设计十分精美
	DD3 新产品的设计十分具有吸引力
	DD4 新产品的性能很好
	DD5 新产品能够满足工作需要
	DD6 新产品存在多种用途
	DD7 新产品可以帮助本人建立独特的形象

续表

变量	测量题项
设计驱动型产品创新（DDPI）	DD8 新产品有助于将本人与大众区分开来
	DD9 新产品可以准确地表达或象征本人的成就感
创新绩效（IP）	IP1 相比竞争对手，贵企业的新产品开发数量更多
	IP2 相比竞争对手，贵企业的新产品产值占销售比重更大
	IP3 相比竞争对手，贵企业的新产品开发速度更快
	IP4 相比竞争对手，贵企业的新产品上市成功率更高
市场绩效（MP）	MP1 新产品的顾客满意度超过本企业的预期
	MP2 新产品市场化速度快于传统产品开发时间
	MP3 新产品市场化速度快于竞争对手
	MP4 新产品市场占有率超过竞争对手
财务绩效（FP）	FP1 相比主要竞争对手，企业的新产品销售增长率更高
	FP2 相比主要竞争对手，企业的新产品销售回报率更高
	FP3 相比主要竞争对手，企业的新产品投资回报率更高
网络封闭性（NC）	NC1 企业与不同区域、不同行业和性质的企业产生合作或竞争
	NC2 过去三年不断有新的成员企业加入价值网络
	NC3 企业与价值网络外的其他企业长期保持联络和关系
	NC4 价值网络内部企业间的关系模式基本固化
	NC5 价值网络内部企业间的交流和沟通十分频繁

资料来源：笔者整理。

第三节　调研方法与数据收集

根据本书的实际和一般的调研方法，结合研究中各子样本框的自身特征，本书综合采用了以下方法进行调研：首先，对于数量最多的第一子抽样框中的样本企业，即南开大学 EMBA、MBA 所在制造类企业，由于受访者大多是南开大学商学院的校友和学院，具有一定的关系便利性和易获得性，调研的成功率和有效率较高，因此，主要采用现场访谈和发放问卷、电话访谈、微信填写，以及 E-mail 邮寄的方法。其次，对于与研究团队有常年合作的子样本框内的企业，主要通过电话访谈、微信填写以及 E－mail 邮寄的方法获取数据。最后，对于从国泰安数据库 CSMAR 筛选的样本企业，主要通过积极利用团队和校友的工作关系以及委托调研公司等途径，主要通过电子邮件、电话访谈和调研公司实地访谈的方式获取数据。

一、调研前期准备工作

在正式调研前，研究团队专门成立了调研小组，由 4 名博士生和 3 名硕士生组成调研团队分工合作，并制订了详细的调研计划和反馈机制。同时，在进行访谈前，邀请相关专家对调研人员进行了相应的培训，主要对调研内容、访谈技巧、注意事项等进行了详细的说明和辅导。同时，还对调研人员强调了受访者的联系方式和个人资料的保密要求，并且尽可能按照访谈名单对中高层管理人员、营销管理人员、产品设计人员等进行调研。

二、调研实施和问卷回收

本书于 2017 年 6 月至 10 月展开正式调研，历时 5 个月，累计向 387 家制造类企业发放问卷 796 份，共回收问卷 368 份，回收率为 46.23%，其中有效问卷 279 份，有效率为 75.82%，问卷的具体发放和回收情况如表 4－23 所示。

表 4－23　问卷回收情况统计

调研方式	发放数量	回收数量	回收率	有效问卷	有效率
现场发放/面谈	158	144	91.14%	128	88.89%
邮寄	88	26	29.55%	20	76.92%
网络/E－mail/微信	352	139	39.49%	89	64.03%
电话调研	198	59	29.80%	42	71.19%
合计	796	368	46.23%	279	75.82%

资料来源：笔者整理。

第五章　企业产品创新战略研究的实证分析与数据结果

本章内容主要对获取的调研数据进行实证分析和结果分析，主要包括以下几部分：①对样本企业的情况和分布特征进行分析，这有助于对样本企业进行整体了解和判断样本的代表性和典型性，同时还可以对于同源方法偏差、未回应者偏差等进行检验，以防止样本数据出现明显偏差影响检验结果。②对各变量进行描述性统计分析，包括各变量的均值、标准差、峰度、偏度等进行数据分析和描述。③对量表进行验证性因子分析，确保量表的信度和效度。④对量表中各变量的相关性进行统计分析。⑤对研究假设进行多元线性回归分析检验，并对检验结果进行汇总。

第一节　样本概况和描述性统计

本节主要对调研的 387 家制造类企业的分布特征进行描述，主要包括受访者的受教育程度、职位分布以及企业样本的规模、行业、地域等样本情况，在此基础上进一步对数据进行描述性统计和偏差分析。

一、样本概况

（一）受访者职位分布

对于接受访谈和问卷调研的受访者，本书按照他们的不同职位划分为战略管理者、营销人员和产品研发人员三类。按照有效问卷的数量，对其各自所占比例进行了简单统计。其中，高层战略人员为 66 人，占比 23.66%；营销管理者为 108 人，占比 38.71%；产品研发人员为 105 人，占比 37.63%，如表 5－1 所示。产品研发人员和营销管理人员为主要受访者群体，合计占比 76.34%，这符合本书的研究主题和研究目的。

表 5－1 受访者职位分布

	Frequency	Percent%	Valid Percent%	Cumulative Percent%
高层战略人员	66	23.66	23.66	18.0
营销管理者	108	38.71	38.71	76.34
产品研发人员	105	37.63	37.63	100.0
Total	279	100.0	100.0	

资料来源：笔者整理。

（二）受访者受教育水平

受访者的受教育水平也是筛选调研对象的影响因素之一，因此对于受访者的受教育水平进行简单统计。本次参加调研的受访者，按照受教育程度划分为博士及以上、硕士、本科和本科以下四类。其中，博士及以上为 25 人，占比 8.96%；硕士为 101 人，占比 36.20%；本科为 115 人，占比 41.22%；本科以下 38 人，占比 13.62%，具体见表 5－2。本次调研本科学历以上受访者被界定为相对理想的受访者群体，总计占比 86.38%，占据本次调研的大部分，表明此次调研的可靠性程度比较高。

表 5－2 受访者受教育水平分布

	Frequency	Percent %	Valid Percent %	Cumulative Percent %
博士及以上	25	8.96	8.96	8.96
硕士	101	36.20	36.20	45.16
本科	115	41.22	41.22	86.38
本科以下	38	13.62	13.62	100.0
总计	279	100.0	100.0	

资料来源：笔者整理。

（三）样本企业特征描述

本书的调研对象是中国制造类企业，主要涉及的行业包括：高端制造、纺织、化工、生物医药、机械设备，以及食品加工等行业；从规模来看，本书调研企业涵盖大型、中型及小微企业，基本能够代表中国制造企业的现实情况；从企业性质来看，中国制造类企业仍然以股份制和民营企业为主，因此，调研的企业涉及中央直属以及地方国有企业、民营企业、股份制企业以及少量的中外合资企业；从调研企业所在地区来看，所调研的企业涵盖中国东、中部和西部地区，还有少量港澳台地区的企业（详见表5－3）。综上所述，无论企业规模、行业、企业性质和所涉及的地区等方面，所调研的企业基本能够较为全面地代表中国制造企业的分布特征和基本特征，因此，从样本的整体情况来看，所获取的数据可以为实证研究提供较为可靠的数据统计基础。

表5－3　样本企业特征描述

类型	数量	占比（%）	类型	数量	占比（%）
所属行业			企业规模		
高端制造	56	20.07	1000人以上	46	16.49
纺织	35	12.54	600～1000人	42	15.05
化工	48	17.20	400～600人	54	19.35
医药	46	16.49	200～400人	58	20.79
机械设备	48	17.20	100～200人	32	11.47
其他	46	16.49	100人以下	47	16.85
企业性质			所在地区		
国有企业	68	24.37	东部地区	128	45.88
民营企业	121	43.37	中部地区	69	24.73
股份制企业	65	23.30	西部地区	73	26.16
中外合资企业	25	8.96	港澳台地区	9	3.23

资料来源：笔者整理。

二、描述性统计分析

本书对问卷中的网络位置、网络关系、产品创新战略、企业绩效以及网络封闭性等变量进行描述性统计分析，包括各变量的最大值、最小值、平均值、标准差、峰度和偏度等。具体如表 5-4 所示。

表 5-4　各变量的描述性统计分析

变量	最小值	最大值	平均值	标准差	偏度	峰度
网络中心性	0.10	1.00	0.54	0.21	-0.32	-0.63
网络中介性	0.10	1.00	0.56	0.19	-0.49	-0.46
网络关系强度	1.25	7.00	5.08	1.16	-0.48	-0.13
网络关系质量	1.00	7.00	4.13	1.30	-0.18	-0.13
技术推动型创新	2.00	7.00	4.85	1.09	-0.33	-0.36
市场拉动型创新	1.33	7.00	4.70	1.13	-0.35	-0.20
设计驱动型创新	1.22	7.00	5.32	1.01	-0.86	0.90
创新绩效	1.00	7.00	4.84	1.27	-0.53	-0.12
市场绩效	1.00	7.00	4.31	1.41	-0.51	-0.10
财务绩效	1.00	7.00	4.40	1.44	-0.51	-0.18
网络封闭性	1.00	7.00	4.44	1.31	-0.62	0.06

资料来源：笔者整理。

从表 5-4 中可以看出，各变量的均值、标准差、峰度和偏度等指标均在标准范围之内。其中，网络中心性和网络中介性的均值和方差均在 0 到 1 之间，这是因为网络位置变量的测量是通过 UCINET6.0 软件进行模拟计算 0 到 1 矩阵获得结果，该结果是按照社会学领域内一般的计算公式和原理计算所得的一种指数指标，其数值位于 0 到 1 之间。根据 Kline（1998）的研究，各变量的偏度参考值为绝对值小于 3，峰度的绝对值小于 10，此时可以认为该变量符合正态分布，可以进行多层线性回归分析。从表 5-4 可以看出，各变量的峰度和偏度均在标准值范围内，完全符合进行多层线性回归的要求和条件。

三、偏差分析

（一）未应答者偏差

未应答者偏差（Non-response Bias）是指由于受访者有意或者无意造成的数据缺失造成的研究结果的偏差影响。在进行检验前，需要对该偏差进行评估。本书通过对回收问卷的前 25% 和后 25% 数据进行独立样本 t 检验，结果表明，前后样本数据没有显著差异（$P > 0.05$），因此，本书数据不会受到未应答者偏差的影响。

（二）同源方法偏差

本书主要采用问卷方式获取数据，因此，需要防止同源方法偏差问题的出现。同源方法偏差（Common Method Biases，CMB）是指由于数据来源、受访者认知及调研环境等因素造成的自变量和因变量的共变偏差。为有效避免同源方法偏差，本书从以下几方面重点控制：①保证被试匿名回答问卷，适当设计部分反向题项。②从不同来源获取前因变量和结果变量数据。对于企业的网络位置和网络关系，主要通过访谈和问卷从公司高层管理者处获取数据；产品创新战略主要从营销总监或经理、产品研发或设计人员获取数据；而企业绩效这一结果变量，则邀请公司市场总监和市场经理、财务总监和财务经理填写。③采用最常用的Harman单因素分析法进行偏差检验，即运用SPSS21.0对所有观测变量进行探索性因子分析（EFA），被萃取出的第一个因子只解释了总方差的24.18%。综上所述，本书不会受到同源方法偏差问题的干扰。

第二节　测量模型检验与分析

本节的主要检验所设定的测量模型与正式调研数据的拟合程度，通过验证性因子分析检验数据的信度和效度质量，为后续假设检验奠定基础。该部分内容主要分为以下几部分：首先，对模型前置因素网络关系进行性验证性因子分析，检验其信、效度和数据整体拟合程度；其次，对中介变量产品创新战略进行验证性因子分析，检验其信、效度和数据整体拟合程度；最后，对因变量和调节变量企业绩效、网络封闭性进行验证性因子分析，检验其信、效度和数据整体拟合程度。

一、网络关系的信度和效度分析

为保证测量数据的质量，本书对模型的测量数据进行信度和效度检验。对于数据信度采用内部一致性信度 Cronbach's α 系数和组合信度 CR 指标进行检验；对于数据的效度则从内容效度、收敛效度和判别效度三方面对其进行检验。

对于网络关系测量模型的检验与分析主要分为以下几个步骤进行：首先，对网络关系强度和网络关系质量进行信度分析；其次，对以上两个前置因素进行验证性因子分析以检验数据的效度和模型拟合程度。对于网络关系强度和网络关系质量的数据检验表明，两个变量数据的 Cronbach's α 系数均超过 0.75，达到较为理想的内部一致性。同时，组合信度 CR 也均在 0.75 以上，同样达到了较为理想的状态，因此，量表具有较好的信度水平。从数据的效度方面来看，首先，本书采用的量表均为国内外权威期刊发表的成熟量表，少量根据研究主题和现实情景进行了适当调整，整体应该具有较高的内容效度。其次，在收敛效度方面，本书运用 Amos21.0 进行了验证性因子分析，获得各变量的标准化因子载荷和 t 值，从表 5－5 可以看出，所有题项的标准化因子载荷均超过 0.5 的标准值，因此，量表具备较好的收敛效度。最后，在量表的判别效度方面，平均方差萃取量 AVE 的值也均超过 0.36 的最低标准，接近 0.5 的理想标准，均在可接受范围之内，并且 AVE 的平方根均高于相关系数，表明量表具有较好的判别效度。综上所述，网络关系的测量量表具有可接受的信度和效度，数据质量较好。

表 5－5 网络关系强度和网络关系质量的信度、效度检验

变量/问项	Cronbach's α	λ	t 值	S. E	CR	AVE
网络关系强度	0.770				0.763	0.460
SN1		0.743	12.351	0.098		
SN2		0.857	14.268	0.090		
SN3		0.537	8.663	0.087		
SN4		0.507	8.112	0.090		
网络关系质量	0.845				0.830	0.457
NQ1		0.557	9.340	0.105		
NQ2		0.577	9.738	0.101		
NQ3		0.517	8.537	0.098		
NQ4		0.832	15.719	0.090		
NQ5		0.705	12.595	0.098		
NQ6		0.802	14.963	0.097		

资料来源：笔者整理。

表 5－6 中的结果表明，网络关系的测量模型整体拟合指标较好，均在可接受范围内：$\chi^2/df = 2.550$，RMSEA = 0.075，NFI = 0.926，IFI = 0.954，CFI =

0.953，GFI＝0.949，以上指标均超过最低标准值，说明测量模型整体拟合良好。

表5－6 网络关系的验证性因子分析模型整体拟合指标

指标类型	指标名称	符号	判断标准	模型拟合值
绝对拟合指标	卡方值	χ^2	越小越好	76.491
	近似均方根残差	RMSEA	0.01～0.1	0.075
相对指标	规范拟合指数	NFI	>0.9	0.926
	增值适配指数	IFI	>0.9	0.954
	比较拟合指数	CFI	>0.9	0.953
简约指标	简约拟合优度指数	GFI	>0.9	0.949
	卡方/自由度	χ^2/df	<5.0	2.550

资料来源：笔者整理。

二、产品创新战略的信度和效度分析

如前文所述，对于数据信度采用内部一致性信度 Cronbach's α 系数和组合信度 CR 指标进行检验；对于数据的效度则从内容效度、收敛效度和判别效度三方面对其进行检验。

对于产品创新战略的数据检验表明，技术推动型、市场拉动型和设计驱动型三种产品创新战略数据的 Cronbach's α 系数均在超过0.80，达到较为理想的内部一致性。同时组合信度 CR 也均在0.70以上，同样达到了较为理想的状态，因此，量表具有较高的信度水平。从数据的效度方面来看，首先，本书采用的量表均为国内外权威期刊发表的成熟量表，少量根据研究主题和现实情境进行了适当调整，整体应该具有较高的内容效度。其次，在收敛效度方面，本书运用 Amos21.0进行了验证性因子分析，获得各变量的标准化因子载荷和 t 值，从表5－7中可以看出，所有题项的标准化因子载荷均超过0.5的标准值，因此，量表具备较好的收敛效度。最后，在量表的判别效度方面，平均方差萃取量 AVE 的值也均超过0.36的最低标准，接近或达到0.5的理想标准，因此均在可接受范围之内。并且 AVE 的平方根均高于相关系数，表明量表具有较好的判别效度。综上所述，产品创新战略的测量量表具有可接受的信度和效度，数据质量较好。

表 5－7 产品创新战略的信度、效度检验

变量/问项	Cronbach's α	λ	t 值	S. E	CR	AVE
技术推动型创新	0.865				0.743	0.368
TD1		0.609	10.774	0.083		
TD2		0.696	12.820	0.076		
TD3		0.566	9.083	0.074		
TD4		0.613	10.892	0.075		
TD5		0.536	7.987	0.074		
市场拉动型创新	0.826				0.828	0.450
MD1		0.620	10.789	0.085		
MD2		0.782	14.686	0.072		
MD3		0.768	14.292	0.077		
MD4		0.695	12.484	0.084		
MD5		0.521	8.705	0.117		
MD6		0.598	10.283	0.093		
设计驱动型创新	0.909				0.899	0.500
DD1		0.704	12.987	0.071		
DD2		0.725	13.522	0.074		
DD3		0.677	12.367	0.071		
DD4		0.673	12.276	0.072		
DD5		0.803	15.700	0.072		
DD6		0.723	13.496	0.066		
DD7		0.685	12.517	0.075		
DD8		0.637	11.395	0.077		
DD9		0.708	13.092	0.069		

资料来源：笔者整理。

表 5－8 中的结果表明，产品创新战略的测量模型整体拟合指标较好，均在可接受范围内：$\chi^2/df = 2.120$，RMSEA = 0.063，NFI = 0.900，IFI = 0.942，CFI = 0.941，GFI = 0.900，以上指标均超过最低标准值，说明测量模型整体拟合良好。

表 5-8 产品创新战略的验证性因子分析模型整体拟合指标

指标类型	指标名称	符号	判断标准	模型拟合值
绝对拟合指标	卡方值	χ^2	越小越好	330.720
	近似均方根残差	RMSEA	0.01~0.1	0.063
相对指标	规范拟合指数	NFI	>0.9	0.900
	增值适配指数	IFI	>0.9	0.942
	比较拟合指数	CFI	>0.9	0.941
简约指标	简约拟合优度指数	GFI	>0.9	0.900
	卡方/自由度	χ^2/df	<5.0	2.120

资料来源：笔者整理。

三、企业绩效的信度和效度分析

表5-9的检验结果表明，创新绩效、市场绩效和财务绩效的 Cronbach's α 系数均在超过0.85，具备很好的内部一致性。同时，组合信度 CR 也均在 0.85 以上，同样达到了较为理想的状态。因此，企业绩效的量表数据具备很高的信度水平。从数据的效度方面来看，首先，本书采用的量表均为国内外权威期刊发表的成熟量表，少量根据研究主题和现实情景进行了适当调整，整体应该具有较高的内容效度。其次，在收敛效度方面，本书运用 Amos21.0 进行了验证性因子分析，获得各变量的标准化因子载荷和 t 值，从表 5-9 可以看出，所有题项的标准化因子载荷均超过 0.5 的标准值，因此，量表具备较好的收敛效度。最后，在量表的判别效度方面，平均方差萃取量 AVE 的值均超过 0.50 的理想状态的最低标准，因此均在可接受范围之内。并且 AVE 的平方根均高于相关系数，表明量表具有较好的判别效度。综上所述，企业绩效的测量量表具有可接受的信度和效度，数据质量较好。

表 5-9 企业绩效的信度、效度检验

变量/问项	Cronbach's α	λ	t 值	S. E	CR	AVE
创新绩效	0.865				0.868	0.624
IP1		0.843	16.763	0.087		
IP2		0.856	17.113	0.071		

续表

变量/问项	Cronbach's α	λ	t 值	S. E	CR	AVE
IP3		0.735	13.831	0.076		
IP4		0.716	13.220	0.078		
市场绩效	0.885				0.890	0.672
MP1		0.894	18.721	0.078		
MP2		0.902	19.001	0.077		
MP3		0.790	15.446	0.078		
MP4		0.672	12.349	0.088		
财务绩效	0.905				0.905	0.761
FP1		0.900	18.897	0.079		
FP2		0.889	18.505	0.073		
FP3		0.827	16.629	0.075		

资料来源：笔者整理。

表5-10中的结果表明，企业绩效的测量模型整体拟合指标较好，均在可接受范围内：$\chi^2/df = 1.618$，RMSEA = 0.047，NFI = 0.972，IFI = 0.989，CFI = 0.989，GFI = 0.962，以上指标均超过最低标准值，说明测量模型整体拟合良好。

表5-10 企业绩效的验证性因子分析模型整体拟合指标

指标类型	指标名称	符号	判断标准	模型拟合值
绝对拟合指标	卡方值	χ^2	越小越好	63.096
	近似均方根残差	RMSEA	0.01~0.1	0.047
相对指标	规范拟合指数	NFI	>0.9	0.972
	增值适配指数	IFI	>0.9	0.989
	比较拟合指数	CFI	>0.9	0.989
简约指标	简约拟合优度指数	GFI	>0.9	0.962
	卡方/自由度	χ^2/df	<5.0	1.618

资料来源：笔者整理。

四、网络封闭性的信度和效度分析

从表5-11可以看出，网络封闭性的内部一致性指标Cronbach's α和组合信度 CR 均超过 0.70 的标准值，表明量表具有较高的信度水平。如上文所述，从数据的效度方面来看，本书采用的量表均为国内外权威期刊发表的成熟量表并根据研究实际进行适当调整，整体应该具有较高的内容效度；从量表的收敛效度方面看，验证性因子分析的结果表明，网络封闭性的标准化因子载荷和 t 值均在可接受范围内，所有题项的标准化因子载荷均超过 0.5 的标准值，因此，量表具备较好的收敛效度；从网络封闭性的判别效度方面看，平均方差萃取量 AVE 的值超过 0.50 的理想状态的最低标准，因此均在可接受范围之内。并且 AVE 的平方根均高于相关系数，表明量表具有较好的判别效度。综上所述，网络封闭性的测量量表具有可接受的信度和效度，数据质量较好。

表 5－11　网络封闭性的信度、效度检验

变量/问项	Cronbach's α	λ	t 值	S. E	CR	AVE
网络封闭性	0.870				0.868	0.572
NC1		0.706	12.937	0.093		
NC2		0.880	17.737	0.074		
NC3		0.666	11.976	0.087		
NC4		0.833	16.342	0.079		
NC5		0.672	12.130	0.088		

资料来源：笔者整理。

表 5－12 中的结果表明，网络封闭性的测量模型整体拟合指标较好，均在可接受范围内：$\chi^2/df=2.494$，RMSEA＝0.073，NFI＝0.986，IFI＝0.992，CFI＝0.992，GFI＝0.986，以上指标均超过最低标准值，说明测量模型整体拟合良好。

表 5－12　网络封闭性的验证性因子分析模型整体拟合指标

指标类型	指标名称	符号	判断标准	模型拟合值
绝对拟合指标	卡方值	χ^2	越小越好	9.976
	近似均方根残差	RMSEA	0.01～0.1	0.073
相对指标	规范拟合指数	NFI	>0.9	0.986
	增值适配指数	IFI	>0.9	0.992
	比较拟合指数	CFI	>0.9	0.992

续表

指标类型	指标名称	符号	判断标准	模型拟合值
简约指标	简约拟合优度指数	GFI	>0.9	0.986
	卡方/自由度	χ^2/df	<5.0	2.494

资料来源：笔者整理。

第三节 假设检验

本节主要在前文内容的基础上，对模型进行相关性分析并对研究假设进行多元线性回归分析。主要内容包括以下几部分：首先，对模型进行相关性分析，初步确定变量间的相关关系，为后续假设检验奠定基础；其次，对网络位置和网络关系等前置因素与企业绩效的关系进行检验；再次，对网络位置和网络关系对产品创新战略的影响进行检验；复次，对产品创新战略的中介效应进行检验；最后，对网络封闭性的调节效应进行检验，并对总体假设检验情况进行总结。

一、相关性分析

为了对研究假设进行多元线性回归检验，需要先对数据进行 Pearson 相关性分析，以对变量间的关系进行初步分析和检验，同时也可以对自变量间是否存在多重共线性问题进行预判。从表 5－13 中可以看出，网络位置和网络关系与企业绩效均呈显著正相关关系（$P<0.01$）；网络位置和网络关系与产品创新战略呈显著正相关关系（$P<0.01$）；三种产品创新战略与企业绩效也呈显著正相关关系（$P<0.05$）。此外，网络位置、网络关系等前置因素也存在一定的相关性，为防止自变量间存在多重共线性，将在后续的假设检验中进行多重共线性的检验。从 Pearson 相关性分析的结果初步判断，模型中主效应存在显著相关性，假设 H1 ~ H9 得到初步验证。详见表 5－13。

二、网络位置与网络关系对企业绩效的影响

（一）网络位置对企业绩效的影响

本书采用层级回归方法对网络位置影响企业绩效的直接效应进行检验。该部

表 5-13　Pearson 相关系数矩阵

	1	2	3	4	5	6	7	8	9	10
1	1									
2	0.601**	1								
3	0.327**	0.324**	1							
4	0.375**	0.384**	0.312**	1						
5	0.317**	0.353**	0.420**	0.347**	1					
6	0.514**	0.491**	0.338**	0.448**	0.533**	1				
7	0.349**	0.375**	0.425**	0.416**	0.626**	0.617**	1			
8	0.505**	0.583**	0.301**	0.417**	0.442**	0.650**	0.592**	1		
9	0.639**	0.689**	0.329**	0.419**	0.436**	0.570**	0.425**	0.650**	1	
10	0.596**	0.655**	0.353**	0.377**	0.393**	0.536**	0.407**	0.650**	0.710**	1
11	0.362**	0.337**	0.113	0.227**	0.138*	0.311**	0.257**	0.368**	0.312**	0.308**

注：* 表示显著性水平 $p<0.05$，** 表示显著性水平 $p<0.01$，*** 表示显著性水平 $p<0.001$（双尾）。1. 网络中心性，2. 网络中介性，3. 网络关系强度，4. 网络关系质量，5. 技术推动型产品创新，6. 市场拉动型产品创新，7. 设计驱动型产品创新，8. 创新绩效，9. 市场绩效，10. 财务绩效，11. 网络封闭性。

分构建六个模型，分别对应网络位置与创新绩效、市场绩效和财务绩效间的关系进行检验。首先，以创新绩效为因变量，放入模型的控制变量，包括行业、企业规模、企业性质和国际化水平，构成模型 1。其次，以创新绩效为因变量，将控制变量以及网络中心性和网络中介性放入模型，构成模型 2。最后，对于市场绩效和财务绩效作为因变量的情况与以上步骤相同，分别构建模型 3 至模型 6。对于多重共线性以及其他模型整体指标如表 5-14 所示。

表 5-14　网络位置对企业绩效的回归结果

因变量		创新绩效		市场绩效		财务绩效	
		模型 1	模型 2	模型 3	模型 4	模型 5	模型 6
控制变量	行业类型	-0.005	-0.002	-0.001	0.003	0.024	0.028
	企业性质	0.116	0.088	0.104	0.069	0.086	0.053
	国际化程度	-0.273***	-0.132*	-0.275***	-0.100*	-0.284***	-0.123
	企业规模	0.096	0.074	0.007	-0.018	0.136*	0.113

续表

因变量		创新绩效		市场绩效		财务绩效	
		模型 1	模型 2	模型 3	模型 4	模型 5	模型 6
自变量	网络中心性		0.224***		0.340***		0.322***
	网络中介性		0.408***		0.463***		0.417***
VIF		≤1.064	≤1.635	≤1.064	≤1.635	≤1.064	≦1.635
R^2		0.094	0.401	0.083	0.571	0.105	0.519
Adj - R^2		0.080	0.387	0.069	0.560	0.091	0.507
F 值		6.574***	64.314***	5.758***	142.424***	7.394***	107.878***

注：表中所示为标准化回归系数，* 表示显著性水平 $p<0.05$，** 表示显著性水平 $p<0.01$，*** 表示显著性水平 $p<0.001$（下同）。

资料来源：笔者整理。

表 5-14 的检验结果表明，自变量间不存在多重共线性问题，方差膨胀因子 VIF 的值均低于最高标准值 10，因此，模型不存在多重共线性并可以进行进一步的回归分析。从六个模型的 F 值和整体的显著性来看，所有模型整体显著（$p<0.001$），并且模型 2 比模型 1 的 R^2 值明显增加，表明模型的解释力度显著增强。其他模型的情况与此类似，不再赘述。

从自变量与因变量间的回归系数和显著性来看：①网络中心性和网络中介性对创新绩效具有显著的正向影响（$\beta=0.224$，$p<0.001$；$\beta=0.408$，$p<0.001$）。②网络中心性与网络中介性显著正向影响市场绩效（$\beta=0.340$，$p<0.001$。$\beta=0.463$，$p<0.001$）。③网络中心性与网络中介性分别显著正向影响财务绩效（$\beta=0.322$，$p<0.001$；$\beta=0.417$，$p<0.001$）。因此，假设 H1a ~ H1c、H2a ~ H2c 得到支持。

（二）网络关系对企业绩效的影响

根据层级回归的检验步骤，首先，以创新绩效为因变量并放入控制变量，包括行业、企业规模、企业性质和国际化水平，构成模型 1。其次，在模型 1 的基础上，放入自变量网络关系强度和网络关系质量，构成模型 2。最后，对于市场绩效和财务绩效作为因变量的情况，与上述过程相同并分别构建模型 3 至模型 6，对于自变量的多重共线性以及回归分析的检验结果，如表 5-15 所示。

表 5-15 网络关系对企业绩效的回归结果

因变量		创新绩效		市场绩效		财务绩效	
		模型 1	模型 2	模型 3	模型 4	模型 5	模型 6
控制变量	行业类型	0.020	0.054	0.004	0.028	0.026	0.036
	企业性质	0.103	0.116*	0.102	0.115*	0.086	0.097
	国际化程度	-0.258***	-0.196***	-0.271***	-0.201***	-0.277***	-0.213***
	企业规模	0.095	0.079	0.004	-0.017	0.147*	0.125*
自变量	网络关系强度		0.153**		0.210***		0.227***
	网络关系质量		0.335***		0.332***		0.270***
VIF		≤1.062	≤1.180	≤1.062	≤1.180	≤1.062	≤1.180
R^2		0.084	0.244	0.081	0.269	0.106	0.261
Adj - R^2		0.070	0.227	0.067	0.253	0.092	0.244
F 值		6.042***	27.448***	5.758***	33.559***	7.758***	27.262***

注：表中所示为标准化回归系数，* 表示显著性水平 $p<0.05$，** 表示显著性水平 $p<0.01$，*** 表示显著性水平 $p<0.001$。

资料来源：笔者整理。

表 5-15 的检验结果表明，自变量间不存在多重共线性问题，方差膨胀因子 VIF 的值均在标准值 10 以下。因此，模型不存在多重共线性并可以进行进一步的回归分析。从六个模型的 F 值和整体的显著性来看，所有模型整体显著（$p<0.001$），并且模型 2 比模型 1 的 R^2 值明显增加，表明模型的解释力度显著增强。对于网络关系与市场绩效、财务绩效的影响，情况与此类似，在此不再赘述。

从自变量与因变量间的回归系数和显著性来看：①网络关系强度和网络关系质量对创新绩效具有显著的正向影响（$\beta=0.153$，$p<0.01$；$\beta=0.335$，$p<0.001$）。②网络关系强度和网络关系质量显著正向影响市场绩效（$\beta=0.210$，$p<0.001$；$\beta=0.332$，$p<0.001$）。③网络关系强度和网络关系质量分别显著正向影响财务绩效（$\beta=0.227$，$p<0.001$；$\beta=0.270$，$p<0.001$）。因此，假设 H3a ~ H3c、H4a ~ H4c 得到支持。

三、网络位置与网络关系对产品创新战略的影响

（一）网络位置对产品创新战略的影响

本书采用层级回归方法对网络位置影响三种产品创新战略的直接效应进行检验。该部分构建三个模型，主要包括：①模型 1 检验网络中心性和网络中介性对

技术推动型产品创新的影响。②模型 2 检验网络中心性和网络中介性对市场拉动型产品创新的影响。③模型 3 检验网络中心性和网络中介性对设计驱动型产品创新的影响。对于自变量间的多重共线性以及各变量间的关系的回归结果，详见表 5－16。

表 5－16　网络位置对产品创新战略的回归结果

因变量	技术推动型产品创新	市场拉动型产品创新	设计驱动型产品创新
	模型 1	模型 2	模型 3
网络中心性	0.163*	0.342***	0.193**
网络中介性	0.255***	0.285***	0.259***
VIF	≤1.567	≤1.567	≤1.567
R^2	0.142	0.316	0.165
Adj－R^2	0.135	0.311	0.158
F 值	21.923***	61.179***	26.096***

注：表中所示为标准化回归系数，* 表示显著性水平 $p<0.05$，** 表示显著性水平 $p<0.01$，*** 表示显著性水平 $p<0.001$。

资料来源：笔者整理。

表 5－16 的检验结果表明，自变量间不存在多重共线性问题，方差膨胀因子 VIF 的值均在标准值 10 以下。因此，模型不存在多重共线性并可以进行进一步的回归分析。从三个模型的 F 值和整体的显著性来看，所有模型整体显著（$p<0.001$）。从自变量与因变量的关系和显著性来看，网络中心性和网络中介性显著正向影响技术推动型产品创新战略（$\beta=0.163$，$p<0.05$；$\beta=0.225$，$p<0.001$）；网络中心性和网络中介性显著正向影响市场拉动型产品创新战略（$\beta=0.342$，$p<0.001$；$\beta=0.285$，$p<0.001$）；网络中心性和网络中介性显著正向影响设计驱动型产品创新战略（$\beta=0.193$，$p<0.01$；$\beta=0.259$，$p<0.001$）。因此，假设 H5a、假设 H5c、假设 H6a～H6c 得到支持，假设 H5b 得到部分支持。网络中心性并非负向影响市场拉动型产品创新，而是正向影响关系。这一结果可能是因为在中国人情社会、崇尚权力的特殊环境下，企业处于网络中心位置能够聚集更多的市场资源和创新资源，因此，网络中心性显著正向影响企业的市场拉动型产品创新。

（二）网络关系对产品创新战略的影响

本书采用层级回归方法检验网络关系对技术推动型、市场拉动型和设计驱动型三种产品创新战略的影响。该部分构建三个模型，主要包括：①模型1检验网络关系强度和网络关系质量对技术推动型产品创新的影响。②模型2检验网络关系强度和网络关系质量对市场拉动型产品创新的影响。③模型3检验网络关系强度和网络关系质量对设计驱动型产品创新的影响。对于自变量间的多重共线性以及各变量间的关系的回归结果，详见表5－17。

表5－17　网络关系对产品创新战略的回归结果

因变量	技术推动型产品创新	市场拉动型产品创新	设计驱动型产品创新
	模型1	模型2	模型3
网络关系强度	0.345***	0.220***	0.328***
网络关系质量	0.240***	0.379***	0.314***
VIF	1.107	1.107	1.107
R^2	0.228	0.244	0.270
Adj－R^2	0.222	0.239	0.264
F值	40.763***	44.626***	50.972***

注：表中所示为标准化回归系数，*表示显著性水平 $p<0.05$，**表示显著性水平 $p<0.01$，***表示显著性水平 $p<0.001$。

资料来源：笔者整理。

表5－17的检验结果表明，自变量间不存在多重共线性问题，方差膨胀因子VIF的值均在标准值10以下。因此，模型不存在多重共线性并可以进行进一步的回归分析。从三个模型的F值和整体的显著性来看，所有模型整体显著（$p<0.001$）。从自变量与因变量的关系和显著性来看，网络关系强度和网络关系质量分别显著正向影响技术推动型产品创新战略（$\beta=0.345$，$p<0.001$；$\beta=0.240$，$p<0.001$）；网络关系强度和网络关系质量分别显著正向影响市场拉动型产品创新战略（$\beta=0.220$，$p<0.001$；$\beta=0.379$，$p<0.001$）；网络关系强度和网络关系质量分别显著正向影响设计驱动型产品创新战略（$\beta=0.328$，$p<0.01$；$\beta=0.314$，$p<0.001$）。因此，假设H7a、假设H7c、假设H8a～H8c得到支持，假设H7b没有得到完全支持，网络关系强度并非负向影响市场拉动型产品创新，而是正向显著影响。这一结果可能是由于在中国情境下，人情关系更加倾向于强关系对企业复杂知识传递和共享的积极作用，因此，强关系更加能够促进企业的市场拉动型产品创新。

四、产品创新战略的中介效应

（一）技术推动型产品创新在网络位置与企业绩效之间的中介效应

根据 Wen 等（2010）的研究，采用多层线性回归检验中介效应需要建立以下模型：首先，检验技术推动型产品创新战略在网络位置与创新绩效之间的中介效应，构建模型 1 和模型 2。模型 1 的回归中放入控制变量以及网络中心性和网络中介性两个自变量，模型 2 在模型 1 的基础上再加入技术推动型创新这一中介变量。其次，检验技术推动型产品创新战略在网络位置与市场绩效之间的中介效应，按照以上步骤构建模型 3 和模型 4。再次，检验技术推动型产品创新战略在网络位置与财务绩效之间的中介效应，按照以上步骤构建模型 5 和模型 6。对于模型整体的显著性水平以及各变量间的关系，详见表 5 - 18。

表 5 - 18 技术推动型产品创新战略对网络位置与企业绩效之间的中介效应

因变量		创新绩效		市场绩效		财务绩效	
		模型 1	模型 2	模型 3	模型 4	模型 5	模型 6
控制变量	行业类型	0.002	0.012	0.003	0.011	0.028	0.037
	企业性质	0.088	0.089	0.069	0.070	0.053	0.054
	国际化程度	-0.132*	-0.077	-0.100*	-0.066	-0.123**	-0.086
	企业规模	0.074	0.056	-0.018	-0.029	0.113*	0.100*
自变量	网络中心性	0.224***	0.178**	0.340***	0.311***	0.322***	0.291***
	网络中介性	0.408***	0.355***	0.463***	0.430***	0.417***	0.381***
	技术推动型产品创新		0.280***		0.172***		0.189***
R^2		0.401	0.465	0.571	0.595	0.519	0.548
Adj - R^2		0.387	0.450	0.560	0.583	0.507	0.535
F 值		28.015***	29.754***	55.605***	52.409***	45.054***	43.242***

注：表中所示为标准化回归系数，* 表示显著性水平 $p<0.05$，** 表示显著性水平 $p<0.01$，*** 表示显著性水平 $p<0.001$。

资料来源：笔者整理。

表 5 - 18 的检验结果表明，从 F 值和显著性看，本书所构建的六个模型均整体显著（$p<0.001$），加入中介变量后模型的 R^2 值显著增大，说明模型的解释力度在加入技术推动型产品创新后显著增强了。同时，从各变量的回归系数和显著性方面看：

（1）与模型1相比，模型2在加入中介变量后，R^2 值由0.401增加到0.465；并且技术推动型产品创新对创新绩效的影响显著（β=0.280，p<0.001），网络中心性和网络中介性对创新绩效的影响仍然显著（β=0.178，p<0.01；β=0.355，p<0.001），但显著水平有所降低，其回归系数变小（0.178<0.244；0.355<0.408），这说明技术推动型产品创新对于网络位置与创新绩效之间的中介效应存在，而且为部分中介。

（2）与上述分析类似，模型4中技术推动型产品创新对市场绩效的影响显著（β=0.172，p<0.001）。加入中介变量后，网络中心性和网络中介性对市场绩效的影响仍然显著（β=0.311，p<0.01；β=0.430，p<0.001），但显著水平有所降低，其回归系数变小（0.311<0.340；0.430<0.463），这说明技术推动型产品创新对于网络位置与市场绩效之间的中介效应存在，而且为部分中介。

（3）同样，模型6中加入技术推动型产品创新后，中介效应显著（β=0.189，p<0.001），网络中心性和网络中介性对财务绩效的影响仍然显著。但其回归系数变小，说明技术推动型产品创新对于网络位置与财务绩效之间的中介效应存在，而且为部分中介。因此，综上所述，假设H9和H12均得到支持。

（二）技术推动型产品创新在网络关系与企业绩效之间的中介效应

如同前文模型构建过程，首先，检验技术推动型产品创新战略在网络关系与创新绩效之间的中介效应，构建模型1和模型2。模型1的回归中放入控制变量以及网络关系强度和网络关系质量两个自变量，模型2在模型1的基础上再加入技术推动型创新这一中介变量。其次，检验技术推动型产品创新战略在网络关系与市场绩效之间的中介效应，按照以上步骤构建模型3和模型4。再次，检验技术推动型产品创新战略在网络关系与财务绩效之间的中介效应，按照以上步骤构建模型5和模型6。对于模型整体的显著性水平以及各变量间的关系，详见表5-19。

表5-19 技术推动型产品创新战略对网络关系与企业绩效之间的中介效应

因变量		创新绩效		市场绩效		财务绩效	
		模型1	模型2	模型3	模型4	模型5	模型6
控制变量	行业类型	0.054	0.069	0.028	0.040	0.036	0.047
	企业性质	0.116*	0.117*	0.115*	0.116*	0.097	0.098
	国际化程度	-0.196***	-0.150**	-0.201***	-0.163*	-0.213***	-0.181**
	企业规模	0.079	0.079	-0.017	-0.018	0.125*	0.124*

续表

因变量		创新绩效		市场绩效		财务绩效	
		模型 1	模型 2	模型 3	模型 4	模型 5	模型 6
自变量	网络关系强度	0.153**	0.055	0.210***	0.129*	0.227***	0.158**
	网络关系质量	0.335***	0.279***	0.332***	0.286***	0.270***	0.230***
	技术推动型产品创新		0.284***		0.236***		0.200**
R^2		0.244	0.304	0.269	0.311	0.261	0.291
Adj - R^2		0.227	0.286	0.253	0.292	0.244	0.272
F 值		13.990***	16.197***	15.979***	16.691***	15.296***	15.168**

注：表中所示为标准化回归系数，* 表示显著性水平 $p<0.05$，** 表示显著性水平 $p<0.01$，*** 表示显著性水平 $p<0.001$。

资料来源：笔者整理。

表 5-19 的检验结果表明，从 F 值和显著性看，本书所构建的六个模型均整体显著（$p<0.001$），加入中介变量后模型的 R^2 值显著增大，说明模型的解释力度在加入技术推动型产品创新后显著增强了。同时，从各变量的回归系数和显著性方面看：

（1）与模型 1 相比，模型 2 在加入中介变量后，R^2 值由 0.244 增加到 0.304；并且技术推动型产品创新对创新绩效的影响显著（$\beta=0.284$，$p<0.001$），网络关系强度对创新绩效的影响不再显著（$\beta=0.055$，$p>0.05$），而网络关系质量对创新绩效的影响仍然显著（$\beta=0.279$，$p<0.001$），但显著水平有所降低，其回归系数变小，这说明技术推动型产品创新对于网络关系强度与创新绩效之间的中介效应存在，而且为完全中介，对于网络关系质量与创新绩效之间的中介效应则为部分中介。

（2）与上述分析类似，模型 4 中技术推动型产品创新对市场绩效的影响显著（$\beta=0.236$，$p<0.001$）。加入中介变量后，网络关系强度和网络关系质量对市场绩效的影响仍然显著（$\beta=0.129$，$p<0.05$；$\beta=0.286$，$p<0.001$），但显著水平有所降低，其回归系数变小，这说明技术推动型产品创新对于网络位置与市场绩效之间的中介效应存在，而且为部分中介。

（3）同样，模型 6 中加入技术推动型产品创新后，中介效应显著（$\beta=0.189$，$p<0.001$），网络关系强度和网络关系质量对财务绩效的影响仍然显著。但其回归系数变小，说明技术推动型产品创新对于网络关系与财务绩效之间的中

介效应存在，而且为部分中介。因此，综上所述，假设 H15a、H15b 均得到支持。

（三）市场拉动型产品创新在网络位置与企业绩效之间的中介效应

对于市场拉动型产品创新在网络位置与创新绩效之间的中介效应的检验，本书构建六个模型。首先，检验市场拉动型产品创新战略在网络位置与创新绩效之间的中介效应，构建模型 1 和模型 2。模型 1 的回归中放入控制变量以及网络中心性和网络中介性两个自变量，模型 2 在模型 1 的基础上再加入市场拉动型产品创新这一中介变量。其次，检验市场拉动型产品创新战略在网络位置与创新绩效之间的中介效应，按照以上步骤构建模型 3 和模型 4。再次，检验市场拉动型产品创新战略在网络位置与财务绩效之间的中介效应，按照以上步骤构建模型 5 和模型 6。对于模型整体的显著性水平以及各变量间的关系，详见表 5-20。

表 5-20　市场拉动型产品创新战略对网络位置与企业绩效之间关系的中介效应

因变量		创新绩效		市场绩效		财务绩效	
		模型 1	模型 2	模型 3	模型 4	模型 5	模型 6
控制变量	行业类型	-0.002	0.014	0.003	0.011	0.028	0.035
	企业性质	0.088	0.075	0.069	0.063	0.053	0.047
	国际化程度	-0.132*	-0.050	-0.100*	-0.060	-0.123**	-0.086
	企业规模	0.074	0.054	-0.018	-0.028	0.113*	0.103*
自变量	网络中心性	0.224***	0.066	0.340***	0.263***	0.322***	0.252***
	网络中介性	0.408***	0.294***	0.463***	0.407***	0.417***	0.366***
	市场拉动型产品创新		0.480***		0.231***		0.214***
R^2		0.401	0.553	0.571	0.606	0.519	0.549
Adj-R^2		0.387	0.540	0.560	0.595	0.507	0.536
F 值		28.015***	44.103***	55.605***	54.921***	45.054***	43.439***

注：表中所示为标准化回归系数，* 表示显著性水平 $p<0.05$，** 表示显著性水平 $p<0.01$，*** 表示显著性水平 $p<0.001$。

资料来源：笔者整理。

表 5-20 的检验结果表明，从 F 值和显著性看，本书所构建的六个模型均整体显著（$p<0.001$），加入中介变量后模型的 R^2 值显著增大，说明模型的解释力度在加入市场拉动型产品创新后显著增强了。同时，从各变量的回归系数和显著

性方面看：

（1）与模型 1 相比，模型 2 在加入中介变量后，R^2 值由 0.401 增加到 0.553；并且市场拉动型产品创新对创新绩效的影响显著（$\beta = 0.480$，$p < 0.001$），网络中心性对创新绩效的影响不再显著（$\beta = 0.066$，$p > 0.05$），而网络中介性对创新绩效的影响仍然显著（$\beta = 0.294$，$p < 0.001$），但显著水平有所降低，其回归系数变小，这说明市场拉动型产品创新对于网络中心性与创新绩效之间的中介效应存在，而且为完全中介，对于网络中介性与创新绩效之间的中介效应则为部分中介。

（2）检验结果表明，模型 4 中市场拉动型产品创新对市场绩效的影响显著（$\beta = 0.231$，$p < 0.001$）。加入中介变量后，网络中心性和网络中介性对市场绩效的影响仍然显著（$\beta = 0.263$，$p < 0.001$；$\beta = 0.407$，$p < 0.001$），但显著水平有所降低，其回归系数变小，这说明市场拉动型产品创新对于网络位置与市场绩效之间的中介效应存在，而且为部分中介。

（3）模型 6 中加入市场拉动型产品创新后，中介效应显著（$\beta = 0.214$，$p < 0.001$），网络中心性和网络中介性对财务绩效的影响仍然显著。但其回归系数变小，说明市场拉动型产品创新对于网络位置与财务绩效之间的中介效应存在，而且为部分中介。综上所述，假设 H10、H13 均得到支持。

（四）市场拉动型产品创新在网络关系与企业绩效之间的中介效应

对于市场拉动型产品创新在网络关系与创新绩效之间的中介效应的检验，本书构建六个模型。首先，检验市场拉动型产品创新战略在网络关系与创新绩效之间的中介效应，构建模型 1 和模型 2。模型 1 的回归中放入控制变量以及网络关系强度和网络关系质量两个自变量，模型 2 在模型 1 的基础上再加入市场拉动型产品创新这一中介变量。其次，检验市场拉动型产品创新战略在网络关系与创新绩效之间的中介效应，按照以上步骤构建模型 3 和模型 4。最后，检验市场拉动型产品创新战略在网络关系与财务绩效之间的中介效应，按照以上步骤构建模型 5 和模型 6。对于模型整体的显著性水平以及各变量间的关系，详见表 5 - 21。

表 5 - 21 的检验结果表明，从 F 值和显著性看，本书所构建的六个模型均整体显著（$p < 0.001$），加入中介变量后模型的 R^2 值显著增大，说明模型的解释力度在加入市场拉动型产品创新后显著增强了。

从回归系数和显著性来看：

表 5 - 21　市场拉动型产品创新战略对网络关系与企业绩效之间关系的中介效应

因变量		创新绩效		市场绩效		财务绩效	
		模型 1	模型 2	模型 3	模型 4	模型 5	模型 6
控制变量	行业类型	0.054	0.050	0.028	0.025	0.036	0.034
	企业性质	0.116 *	0.092	0.115 *	0.097	0.097	0.081
	国际化程度	-0.196 ***	-0.080	-0.201 ***	-0.113 *	-0.213 ***	-0.135 *
	企业规模	0.079	0.064	-0.017	-0.029	0.125 *	0.114 *
自变量	网络关系强度	0.153 **	0.044	0.210 ***	0.128 *	0.227 ***	0.154 **
	网络关系质量	0.335 ***	0.142 **	0.332 ***	0.186 **	0.270 ***	0.141 *
	市场拉动型产品创新		0.548 ***		0.413 ***		0.365 ***
R^2		0.244	0.458	0.269	0.391	0.261	0.356
Adj - R^2		0.227	0.443	0.253	0.375	0.244	0.339
F 值		13.990 ***	31.282 ***	15.979 ***	23.797 ***	15.296 ***	20.477 ***

注：表中所示为标准化回归系数，* 表示显著性水平 $p<0.05$，** 表示显著性水平 $p<0.01$，*** 表示显著性水平 $p<0.001$。

资料来源：笔者整理。

（1）与模型 1 相比，模型 2 在加入市场拉动型产品创新这一中介变量后，R^2 值由 0.244 增加到 0.458；并且市场拉动型产品创新对创新绩效的影响显著（$\beta=0.548$，$p<0.001$），网络关系强度对创新绩效的影响不再显著（$\beta=0.044$，$p>0.05$），而网络关系质量对创新绩效的影响仍然显著（$\beta=0.142$，$p<0.01$），但显著水平有所降低，其回归系数变小，这说明市场拉动型产品创新对于网络关系强度与创新绩效之间的中介效应存在，而且为完全中介，对于网络关系质量与创新绩效之间的中介效应则为部分中介。

（2）检验结果表明，模型 4 中市场拉动型产品创新对市场绩效的影响显著（$\beta=0.413$，$p<0.001$）。加入中介变量后，网络关系强度和网络关系质量对市场绩效的影响仍然显著（$\beta=0.128$，$p<0.05$；$\beta=0.186$，$p<0.01$），但显著水平有所降低，其回归系数变小，这说明市场拉动型产品创新对于网络关系与市场绩效之间的中介效应存在，而且为部分中介。

（3）模型 6 中加入市场拉动型产品创新后，中介效应显著（$\beta=0.365$，$p<0.001$），网络关系强度和网络关系质量对财务绩效的影响仍然显著。但其回归系数变小，说明市场拉动型产品创新对于网络关系与财务绩效之间的中介效应存

在，而且为部分中介。综上所述，假设 H16a、H16b 均得到支持。

（五）设计驱动型产品创新在网络位置与企业绩效之间的中介效应

如前文所述，该部分对于设计驱动型产品创新在网络位置与企业绩效间的中介效应的检验，分别以创新绩效、市场绩效和财务绩效作为因变量构建六个模型。从表 5-22 的检验结果看，六个模型均整体显著（$p<0.001$），加入中介变量后模型的 R^2 值显著增大，说明模型的解释力度在加入设计驱动型产品创新后显著增强了。此外，中介变量设计驱动型产品创新对于创新绩效、市场绩效和财务绩效的影响均正向显著（$\beta=0.421$，$p<0.001$；$\beta=0.149$，$p<0.01$；$\beta=0.151$，$p<0.01$），同时，在加入中介变量后，网络中心性和网络中介性对三种企业绩效的影响减弱，回归系数变小。这说明设计驱动型产品创新在网络位置与企业绩效之间的中介效应存在，并且为部分中介。因此，假设 H11 和 H14 均得到支持。

表 5-22　设计驱动型产品创新战略对网络位置与企业绩效之间关系的中介效应

因变量		创新绩效		市场绩效		财务绩效	
		模型 1	模型 2	模型 3	模型 4	模型 5	模型 6
控制变量	行业类型	-0.002	-0.009	0.003	0.001	0.028	0.025
	企业性质	0.088	0.075	0.069	0.064	0.053	0.048
	国际化程度	-0.132*	-0.069	-0.100*	-0.078	-0.123**	-0.101*
	企业规模	0.074	0.036	-0.018	-0.031	0.113*	0.099*
自变量	网络中心性	0.224***	0.151**	0.340***	0.314***	0.322***	0.296***
	网络中介性	0.408***	0.314***	0.463***	0.429***	0.417***	0.384***
	设计驱动型产品创新		0.421***		0.149**		0.151**
R^2		0.401	0.545	0.571	0.589	0.519	0.537
Adj-R^2		0.387	0.532	0.560	0.577	0.507	0.524
F 值		28.015***	42.804***	55.605***	51.115***	45.054***	41.425***

注：表中所示为标准化回归系数，* 表示显著性水平 $p<0.05$，** 表示显著性水平 $p<0.01$，*** 表示显著性水平 $p<0.001$。

资料来源：笔者整理。

（六）设计驱动型产品创新在网络关系与企业绩效之间的中介效应

本部分对于设计驱动型产品创新在网络关系与企业绩效间的中介效应的检验，分别以创新绩效、市场绩效和财务绩效作为因变量构建六个模型。从表 5-23

的检验结果看，六个模型均整体显著（$p<0.01$），加入中介变量后模型的 R^2 值显著增大，说明模型的解释力度在加入设计驱动型产品创新后显著增强了。此外，中介变量设计驱动型产品创新对于创新绩效、市场绩效和财务绩效的影响均正向显著（$\beta=0.461$，$p<0.001$；$\beta=0.210$，$p<0.01$；$\beta=0.192$，$p<0.01$），同时，在加入中介变量后，网络关系强度对创新绩效的影响不再显著（$\beta=0.005$，$p>0.05$），说明设计驱动型产品创新对网络关系强度与创新绩效的中介效应存在，并且为完全中介。除此之外，加入中介变量后，网络关系强度和网络关系质量对其他企业绩效的影响减弱，回归系数变小。这说明设计驱动型产品创新在网络关系与企业绩效之间的中介效应存在，并且为部分中介。因此，假设H17a 和 H17b 均得到支持。

表 5-23 设计驱动型产品创新战略对网络关系与企业绩效之间关系的中介效应

因变量		创新绩效		市场绩效		财务绩效	
		模型 1	模型 2	模型 3	模型 4	模型 5	模型 6
控制变量	行业类型	0.054	0.048	0.028	0.025	0.036	0.034
	企业性质	0.116*	0.098*	0.115*	0.107*	0.097	0.090
	国际化程度	-0.196***	-0.128*	-0.201***	-0.170**	-0.213***	-0.185**
	企业规模	0.079	0.057	-0.017	-0.027	0.125*	0.115*
自变量	网络关系强度	0.153**	0.005	0.210***	0.143*	0.227***	0.165**
	网络关系质量	0.335***	0.198***	0.332***	0.270***	0.270***	0.213***
	设计驱动型产品创新		0.461***		0.210**		0.192**
R^2		0.244	0.393	0.269	0.300	0.261	0.287
Adj-R^2		0.227	0.377	0.253	0.281	0.244	0.268
F 值		13.990***	23.949***	15.979***	15.869**	15.296***	14.877**

注：表中所示为标准化回归系数，* 表示显著性水平 $p<0.05$，** 表示显著性水平 $p<0.01$，*** 表示显著性水平 $p<0.001$。

资料来源：笔者整理。

五、网络封闭性的调节效应

（一）网络封闭性对网络位置与产品创新战略之间关系的调节效应

为了对网络封闭性的调节效应进行检验，首先对调节变量和自变量进行中心化处理；其次分别将网络封闭性与网络中心性和网络中介性相乘，得到交互项1和交互项2；最后分别以技术推动型、市场拉动型和设计驱动型三种产品创新战略为因变量构建模型，并且通过多层回归检验调节效应。

从表5-24中的检验结果可以看出：

（1）模型1和模型2整体显著（$p<0.05$），网络封闭性对于网络中心性与技术推动型产品创新之间的关系具有正向显著调节作用（$\beta=0.161$，$p<0.05$），对于网络中介性与技术推动型产品创新之间的关系调节效应不显著（$\beta=-0.088$，$p>0.05$）。

（2）模型3和模型4整体显著（$p<0.01$），网络封闭性对于网络中心性与市场拉动型产品创新之间的关系具有正向显著调节作用（$\beta=0.260$，$p<0.001$），同时，对于网络中介性与市场拉动型产品创新之间的关系具有负向显著调节作用（$\beta=-0.223$，$p<0.01$）。

（3）模型5整体显著（$p<0.01$），而模型6则整体不显著（$p>0.05$）。网络封闭性对于网络中心性和网络中介性与设计驱动型产品创新之间的关系不具有显著调节作用（$\beta=0.126$，$p>0.05$；$\beta=-0.034$，$p>0.05$）。因此，假设H18a、H18b、H19b得到支持，假设H18c、H19a、H19c没有得到支持。

表5-24　网络封闭性对网络位置与产品创新战略之间关系的调节效应检验

因变量	技术推动型产品创新		市场拉动型产品创新		设计驱动型产品创新	
	模型1	模型2	模型3	模型4	模型5	模型6
网络中心性	0.170*	0.197**	0.346***	0.385***	0.196**	0.219**
网络中介性	0.235**	0.229**	0.274***	0.246***	0.248**	0.250**
网络封闭性	-0.163**	-0.152**	-0.088*	-0.076	-0.096	-0.084
交互项1		0.161*		0.260***		0.126
交互项2		-0.088		-0.223**		-0.034
R^2	0.168	0.182	0.324	0.361	0.174	0.184
$Adj-R^2$	0.159	0.167	0.316	0.348	0.164	0.169
F值	17.815***	11.671*	42.096***	29.563**	18.498***	11.827

注：表中所示为标准化回归系数，*表示显著性水平$p<0.05$，**表示显著性水平$p<0.01$，***表示显著性水平$p<0.001$。

资料来源：笔者整理。

（二）网络封闭性对网络关系与产品创新战略之间关系的调节效应

如同上一部分内容，该部分重点检验网络封闭性对网络关系与产品创新战略间关系的调节效应。首先对调节变量和自变量进行中心化处理，然后分别将网络封闭性与网络关系质量和网络关系强度相乘，得到交互项1和交互项2，最后分别以技术推动型、市场拉动型和设计驱动型三种产品创新战略为因变量构建模型，并且通过多层回归检验调节效应。

从表5-25中的检验结果可以看出：

（1）模型1和模型2整体显著（$p<0.10$），网络封闭性对于网络关系质量与技术推动型产品创新之间的关系具有负向显著调节作用（$\beta=0.093$，$p<0.10$），对于网络关系强度与技术推动型产品创新之间的关系具有正向显著调节效应（$\beta=-0.115$，$p<0.05$）。

（2）网络封闭性对于网络关系强度和网络关系质量与市场拉动型产品创新之间关系的调节作用不显著（$\beta=-0.019$，$p>0.10$；$\beta=0.083$，$p>0.10$）。

（3）网络封闭性对于网络关系强度和网络关系质量与设计驱动型产品创新之间的关系的调节作用不显著（$\beta=0.001$，$p>0.10$；$\beta=-0.015$，$p>0.10$）。因此，假设H20a得到部分支持，调节效应存在但不是假设中的正向调节，而是负向调节；假设H21a得到支持。假设H20b、H20c、H21b和H21c没有得到支持。

表5-25 网络封闭性对网络关系与产品创新战略之间关系的调节效应检验

因变量	技术推动型产品创新		市场拉动型产品创新		设计驱动型产品创新	
	模型1	模型2	模型3	模型4	模型5	模型6
网络关系强度	0.323***	0.308***	0.204***	0.200***	0.317***	0.318***
网络关系质量	0.245***	0.233***	0.383***	0.395***	0.316***	0.313***
网络封闭性	-0.120*	-0.131*	-0.089+	-0.091+	-0.060	-0.060
交互项1		-0.115*		-0.019		0.001
交互项2		0.093+		0.083		-0.015
R^2	0.242	0.256	0.252	0.258	0.273	0.273
Adj-R^2	0.234	0.242	0.244	0.244	0.265	0.260
F值	29.268***	18.759+	30.885***	18.984	34.455***	20.544

注：表中所示为标准化回归系数，*表示显著性水平$p<0.05$，**表示显著性水平$p<0.01$，***表示显著性水平$p<0.001$。

资料来源：笔者整理。

（三）结果说明与讨论

对于以上假设检验的结果，已经通过检验的假设表明前文的理论推演的合理性。对于没有通过检验的研究假设，前文的理论推演则无法完全解释数据检验的结果，因此，需要从理论和现实的不同层面找到合理的解释和说明。本书中假设H18c、H19a、H19c、H20b、H20c、H21b 和 H21c 没有得到数据检验结果的支持。其中，H18c、H19c、H20c、H21c 均与设计驱动型产品创新有关，均是检验网络封闭性对模型自变量与设计驱动型产品创新战略间关系的调节效应，这些假设没有通过检验的原因，在理论上可能的解释主要有：

（1）设计驱动型的产品创新并不需要彼此连接密切的创新网络，而是需要多样化和松散的网络结构，它的创新过程关键在于“创意”质量和数量，而这些创意的主要来源是设计师和外部社会文化的“诠释者”，设计师和外部“诠释者”则是一个松散的创新网络，并且具备较强的流动性，因此，网络封闭性对这一松散和多元化的创新网络的影响比较微弱。

（2）伴随信息技术和人才、资源流动速度的加快，网络封闭性的作用越来越小，价值网络总体上是处于动态变化的过程，其封闭静止的状态是暂时的、相对的，动态变化才是常态，因此，这一外部环境的变化更加削弱了网络封闭性对于网络位置和关系与设计驱动型创新战略间的关系，从而导致假设没有得到支持。

对于假设 H19a、H20b、H21b 没有得到支持，可能的解释在于：

（1）技术推动型产品创新一般是指重大技术变革或重要的技术研发成果所推动的产品创新，不论网络封闭程度的高或低，都很难显著影响网络中介位置与技术推动型产品创新之间的关系，因此，假设 H19a 没有得到支持。

（2）信息化和网络化的发展导致企业之间交流的多样化和频率增加，市场信息可以凭借信息化和网络化手段在网络内部和外部迅速传播，企业很难利用价值网络暂时的、相对的封闭性阻止和隔绝这些信息的传递和共享，因此，在高度信息化和透明化的市场环境中，网络关系与市场推动型产品创新之间的关系受到网络封闭性影响不大。因此，假设 H20b、H21b 没有得到支持。

六、假设检验结果汇总

综合前文回归分析的结果，本书对假设检验进行汇总如表 5－26 所示。有关各项假设检验的详细分析已在结果说明、数据分析等部分分别作了说明和解释。

最终研究结论和分析将在“研究结论与管理启示”中进行分析总结。

表 5－26　研究假设检验结果汇总

假设	假设内容	检验结果
假设 1a	网络中心位置对企业的创新绩效具有显著的正向影响	支持
假设 1b	网络中心位置对企业的市场绩效具有显著的正向影响	支持
假设 1c	网络中心位置对企业的财务绩效具有显著的正向影响	支持
假设 2a	网络中介位置对企业的创新绩效具有显著的正向影响	支持
假设 2b	网络中介位置对企业的市场绩效具有显著的正向影响	支持
假设 2c	网络中介位置对企业的财务绩效具有显著的正向影响	支持
假设 3a	网络关系强度显著正向影响企业的创新绩效	支持
假设 3b	网络关系强度显著正向影响企业的市场绩效	支持
假设 3c	网络关系强度显著正向影响企业的财务绩效	支持
假设 4a	网络关系质量显著正向影响企业的创新绩效	支持
假设 4b	网络关系质量显著正向影响企业的市场绩效	支持
假设 4c	网络关系质量显著正向影响企业的财务绩效	支持
假设 5a	网络中心位置对技术推动型创新战略具有显著正向影响	支持
假设 5b	网络中心位置对市场拉动型创新战略具有显著负向影响	不支持
假设 5c	网络中心位置对设计驱动型创新战略具有显著正向影响	支持
假设 6a	网络中介位置对技术推动型创新战略具有显著正向影响	支持
假设 6b	网络中介位置对市场拉动型创新战略具有显著正向影响	支持
假设 6c	网络中介位置对设计驱动型创新战略具有显著正向影响	支持
假设 7a	网络关系强度显著正向影响技术推动型产品创新战略	支持
假设 7b	网络关系强度显著负向影响市场拉动型产品创新战略	不支持
假设 7c	网络关系强度显著正向影响设计驱动型产品创新战略	支持
假设 8a	网络关系质量显著正向影响企业的技术推动型产品创新战略	支持
假设 8b	网络关系质量显著正向影响企业的市场拉动型产品创新战略	支持
假设 8c	网络关系质量显著正向影响企业的设计驱动型产品创新战略	支持
假设 9	技术推动型产品创新战略正向影响企业的（H9a）创新绩效、（H9b）市场绩效和（H9c）财务绩效	支持
假设 10	市场拉动型产品创新战略正向影响企业的（H10a）创新绩效、（H10b）市场绩效和（H10c）财务绩效	支持

续表

假设	假设内容	检验结果
假设 11	设计驱动型产品创新战略正向影响企业的（H11a）创新绩效、（H11b）市场绩效和（H11c）财务绩效	支持
假设 12	技术推动型产品创新战略在网络中心位置（H12a）和网络中介位置（H12b）影响企业绩效过程中发挥中介作用	支持
假设 13	市场拉动型产品创新战略在网络中心位置（H13a）和网络中介位置（H13b）影响企业绩效过程中发挥中介作用	支持
假设 14	设计驱动型产品创新战略在网络中心位置（H14a）和网络中介位置（H14b）影响企业绩效过程中发挥中介作用	支持
假设 15	技术推动型产品创新战略在网络关系强度（H15a）和网络关系质量（H15b）影响企业绩效过程中发挥中介作用	支持
假设 16	市场拉动型产品创新战略在网络关系强度（H16a）和网络关系质量（H16b）影响企业绩效过程中发挥中介作用	支持
假设 17	设计驱动型产品创新战略在网络关系强度（H17a）和网络关系质量（H17b）影响企业绩效过程中发挥中介作用	支持
假设 18a	网络封闭性强化了网络中心位置对技术推动型产品创新战略的正向调节作用	支持
假设 18b	网络封闭性削弱了网络中心位置对市场拉动型产品创新战略的负向调节作用	支持
假设 18c	网络封闭性强化了网络中心位置对设计驱动型产品创新战略的正向调节作用	不支持
假设 19a	网络封闭性削弱了网络中介位置对技术推动型产品创新战略的正向调节作用	不支持
假设 19b	网络封闭性削弱了网络中介位置对市场拉动型产品创新战略的正向调节作用	支持
假设 19c	网络封闭性削弱了网络中介位置对设计驱动型产品创新战略的正向调节作用	不支持
假设 20a	网络封闭性强化了网络关系强度对技术推动型产品创新战略的正向调节作用	支持
假设 20b	网络封闭性强化了网络关系强度对市场拉动型产品创新战略的负向调节作用	不支持
假设 20c	网络封闭性强化了网络关系强度对设计驱动型产品创新战略的正向调节作用	不支持
假设 21a	网络封闭性强化了网络关系质量对技术推动型产品创新战略的正向调节作用	支持
假设 21b	网络封闭性强化了网络关系质量对市场拉动型产品创新战略的正向调节作用	不支持
假设 21c	网络封闭性强化了网络关系质量对设计驱动型产品创新战略的正向调节作用	不支持

资料来源：笔者整理。

第六章　研究结论与管理启示

互联网信息技术的快速发展和经济全球化的不断深化，促使全球企业间的竞争格局不断升级、竞争程度不断加剧。在此情景下，产品创新成为企业持续不断获取新的竞争优势的重要来源和手段，尤其在全球制造业逐步成为经济增长和增加就业的主要动力源的发展过程中，制造企业的产品创新成为作为微观个体的企业获取持续竞争优势和绩效提升的主要方式和手段。在全球制造企业价值网络不断形成和演化的过程中，中国制造企业如何通过借助价值网络资源促进企业的产品创新以适应未来全球竞争和持续发展，成为中国制造企业亟待突破和解决的问题。鉴于此，本书结合现实和理论发展的需要，在借鉴和吸收以往研究成果的基础上，着重对价值网络位置和关系资源如何通过三种产品创新战略的选择和实施促进企业绩效的持续提升等问题展开研究。

为了对以上问题进行有效的研究，本书通过对国内外相关文献的阅读和梳理，构建了网络位置和网络关系、产品创新战略以及企业绩效的理论模型，并通过访谈、问卷调研和数据统计分析等方式对279家中国制造企业的数据进行实证分析，最终得到一些具有启发性的研究结论。这些结论不仅是对现有理论研究的有益补充，也对中国制造企业转变发展战略、加速产品创新和绩效提升具有一定的实践意义。本章内容将在前五章内容的基础上进行总结和升华，对本书的研究结论、理论贡献、管理启示，以及研究不足和未来方向进行阐述和总结，不仅为现有研究提供有益补充和探索，也为未来研究奠定一定的理论基础。

第一节　研究结论与理论贡献

本节将在前文文献综述、理论推导和实证分析的基础上，重点对本书的研究结论和相关理论贡献进行详细的总结和阐述。

一、研究结论

通过对网络位置和网络关系、企业产品创新战略以及企业绩效三者之间关系的实证分析和研究，主要得到以下结论：

（一）优势的网络位置和网络关系是企业重要的外生性资源，对企业绩效的提升具有重要的积极影响

以往研究对于网络位置和网络资源与企业绩效的关系有所涉及，但其研究缺乏系统性和深入具体的分析（钱锡红等，2010；Zaheer and Soda，2009）。本书通过实证分析发现，企业在价值网络中的网络位置和网络关系资源的差异对企业绩效具有不同的重要影响，网络位置的中心性和中介性、网络关系强度和网络关系质量均正向影响企业绩效。首先，网络位置对企业绩效具有重要影响。企业越靠近价值网络中心的位置，则在绩效提升的过程中越具有位置优势，当企业处于网络中心位置时，可以支配和调集更多的外部网络资源，同时也可以选择更加多样化和资源能力相对丰富的合作伙伴。从知识获取的角度看，处于网络中心位置可以帮助企业获得重要而丰富的市场信息和创新知识，最终更加有利于企业创新绩效、市场绩效和财务绩效的提升；相反，当企业处于远离价值网络中心的位置时，尤其处于边缘位置时，企业可以掌握的知识、资源十分有限，同时也很难寻找到更加具有丰富资源和能力的合作伙伴，从而不利于企业的创新行为和市场竞争，最终不利于企业绩效的提升。因此，企业在价值网络中的位置可以看作一种企业的外生性资源，当企业占据有利的网络位置时，便意味着企业获得了优势的外生性位置资源，从而更加有利于企业绩效的提升。

从网络关系对企业绩效的影响来看，网络关系强度和网络关系质量是网络关系中最重要的外生性关系资源。当制造企业处于较强的网络关系强度中更加有利于企业绩效的提升，因为在中国人情社会的商业环境下，强网络关系能够为企业

提供更加丰富的情感资源，更加有利于复杂知识的传递和共享，从而更加有利于企业创新绩效、市场绩效和财务绩效的提升。而网络关系质量代表了网络成员间合作的相互信任程度和承诺程度，因此，网络关系质量越高，越有利于网络成员间的合作和共享，这更加有利于企业间增加相互信任与互惠，从而更加有利于企业绩效的提升。在价值网络情境下，企业拥有与自身情况相宜的网络关系和网络质量，可以看作企业所拥有的一种重要的网络资源。

综上所述，企业在价值网络中拥有的有利的网络位置和网络关系，是企业的一种重要的外生性资源，对于企业绩效的提升具有重要的积极作用。

（二）企业的网络位置和网络关系资源对于企业产品创新战略的选择和实施具有重要的积极影响，网络中心性和网络中介性、网络关系强度和网络关系质量均对企业产品创新战略具有显著正向影响

从本书的数据检验结果来看，网络中心性和网络中介性对技术推动型、市场拉动型和设计驱动型三种产品创新战略均产生显著的正向影响。从影响的程度来看，网络位置对市场拉动型产品创新战略的影响最为突出，这可能与本书的调研对象密切相关。本书主要选择中国制造企业为调研对象和研究样本，但中国制造企业，尤其是中小型的制造企业主要的产品创新方式仍以市场拉动型的产品创新为主，因此，企业所处的价值网络位置对市场拉动型产品创新战略的影响最为明显。同样，网络关系强度和网络关系质量均与企业产品创新战略显著正相关。换言之，在中国人情社会环境下，对于中国制造企业而言，关系强度越强、关系质量越高，则越有利于促进企业的产品创新战略的选择和实施。当企业处于较强的网络关系强度和较高的网络关系质量环境时，合作成员间的相互交流和互动更加频繁，彼此之间也更加容易建立信任关系和契约关系，从而有利于彼此互惠与合作，也更加有利于复杂知识与缄默知识在网络内组织成员间的传递和共享，从而为企业的产品创新提供基础要素和知识要素，最终促进企业产品创新战略的选择和实施。

在全球价值网络体系中，制造企业所拥有的网络位置和网络关系资源对其产品创新战略的选择和实施具有重要的影响。所拥有的位置和关系资源不同也决定了其产品创新战略的不同。当企业处于网络中心或中介位置时，企业在产品创新战略的选择中便具有更多的主动权，处于中心位置的企业往往倾向于积极主动地选择适合自身发展的产品创新战略，处于网络中介位置的企业由于具有信息优势和控制优势，在产品创新战略选择过程中也可以掌握一定的主动权，获得短期的

竞争优势。而处于网络边缘位置的企业往往不具备完全的主动权，其产品创新战略的选择往往是激烈竞争和被动妥协的选择结果。从网络关系资源角度看，现有研究仍存在一些分歧和争议，有的学者认为弱关系可以获得多样化和异质性知识，因而更加有利于企业创新行为的产生，尤其有利于技术推动型和设计驱动型等突破式创新的产生（Tiwana，2008；Tortoriello et al.，2015）；也有的学者认为，强网络关系可以为企业合作提供相互信任和情感资源，同时有利于复杂知识的传播和共享，因此更有利于企业创新行为的产生（Uzzi，1997）。而对于网络关系质量则具有较为一致的共识，普遍认为网络关系质量有助于企业进行产品创新。从本书数据检验的结果来看，网络关系强度和网络关系质量均对企业的产品创新具有重要的正向影响。换言之，网络关系强度越强、关系质量越高则越有利于产品创新战略的选择和实施。这一结论与中国制造企业的样本特征以及中国人情社会注重关系强度和关系质量的文化特点密切相关，因此，中国制造企业在国内商业环境下应该更加重视网络关系强度和网络关系质量的维护。

（三）技术推动型、市场拉动型和设计驱动型三种产品创新战略在网络位置和网络关系与企业绩效之间起到中介作用，是网络位置和网络关系资源促进企业绩效提升的有效的中间机制

本书遵循“资源—战略—绩效”经典研究框架，通过对279家中国制造企业的调研和数据分析表明，从产品创新的视角看，技术推动型、市场拉动型和设计驱动型三种产品创新战略在网络位置和网络关系资源影响企业绩效过程中发挥中介效应，成为网络位置和关系资源影响企业绩效提升的三种中间机制和传递路径。换言之，网络位置和网络关系对企业绩效的显著影响并非一种直接的影响关系，这中间的内在机理和传递机制便是三种产品创新战略在发挥作用。企业的位置和关系等资源优势是通过技术推动、市场拉动、设计驱动三条路径和机制来影响企业绩效，进而促进企业绩效提升的。

从理论上看，企业的产品创新方式总体可以归纳为技术创新、市场创新和设计创新，其中设计创新成为近几年国外产品创新研究的热点和焦点。本书将在以往研究的基础上，按照现行的划分方式将设计驱动型的产品创新纳入企业的产品创新战略，与技术推动型产品创新、市场拉动型产品创新共同构成企业的产品创新战略，是对现有研究结论的有益补充和升华。从本书的数据分析结果来看，三种产品创新战略的确可以代表企业普遍选择和实施的三种侧重点不同的产品创新模式，因此，从产品创新角度看，三种产品创新战略成为企业网络位置和网络关

系影响企业绩效的三条路径和内在机理是符合理论推演逻辑的。企业处于中心或者中介位置本身并不能成为企业的资源，但是附着于这些网络特征上的社会资本则是一种有效的外部资源。此时，处于网络中心或者中介位置便可以为企业带来资源优势，由此，这种网络位置特征属性必然会对企业绩效产生影响，而从产品创新的角度看，这种作用的产生是一种间接的影响，需要通过企业的三种产品创新战略的传递才能发挥作用。同样，对于网络关系强度和网络关系质量而言，与企业战略相匹配的优势网络关系也可以看作一种企业创新的外部资源，这种网络关系资源对企业绩效的影响也是间接的，从产品创新视角看，同样需要通过技术、市场和设计三种产品创新战略产生作用。综上所述，技术推动型、市场拉动型和设计驱动型三种产品创新战略均在网络位置和网络关系影响企业绩效提升的过程中发挥中介效应，而这一内在影响机制的存在对于中国制造类企业积极利用价值网络资源，并通过产品创新战略进而提升企业绩效具有重要的积极意义。

（四）价值网络封闭性对于网络中心性与技术推动型和市场拉动型产品创新之间的关系具有显著的调节作用；对于网络中介性与市场拉动型产品创新具有显著的调节作用；同时对于网络关系与技术推动型产品创新之间的关系具有显著的调节作用

网络封闭性是一种网络结构特征。当价值网络处于相对封闭状态时，网络内部企业之间的交互和信息传递将更加频繁，往往能够增强网络内部成员之间的关系强度，同时也会阻隔网络内部与外部的信息交流和互动。但网络封闭性是一个相对的概念，尤其在当今互联网信息化高度发达的商业时代，企业间的信息交流和传递更加及时便捷，已经不同于传统工业时代的网络封闭程度，因此，网络封闭是一种暂时的、相对的状态，而动态变化才是价值网络的常态。在此背景下，本书数据检验的结果表明，网络封闭性对于网络中心性与技术推动型和市场拉动型产品创新之间的关系具有正向调节作用，这说明在价值网络较为封闭的状态下，企业越是处于网络中心位置，就越需要进行技术和市场创新以维持其中心位置的地位，否则可能会动摇其在价值网络中的有利地位，从而影响其核心竞争优势的形成。而当企业处于网络中介位置时，在网络相对封闭的状态下，企业主要依靠对信息的及时获取和控制获得竞争优势，但对于重要的技术创新和外部技术进步，单纯依靠占据结构洞的中介位置是无法维持的，必须在相对封闭程度较低的状态下才能更加及时地获取对企业创新有用的信息和知识，因此，对于网络中介性与市场拉动型产品创新具有负向调节作用。以上分析中，网络封闭性对于网络位置与设计驱动型产品创新间的关系没有显著调节效应，其原因主要在于设计驱动型产品创新是一种松散式的创新网络，与技术创新和市场创新存在明显不同，具体原因已在实证部分结果说明中进行分析，在此不再赘述。

实证结果表明，网络封闭性对于网络关系强度与技术推动型产品创新之间的关系具有显著负向调节作用，对于网络关系质量技术推动型产品创新之间的关系具有显著正向调节作用。这一结论表明，在网络封闭程度较高的情况下，网络关系强度对技术推动型产品创新战略的正向影响将被削弱，这是因为尽管在中国情境下强关系更加有利于企业的产品创新行为，但是过分封闭的网络结构会导致网络内外部信息交换受阻，无法及时产生知识和信息的传递和共享，从而最终影响企业的产品创新。同时，网络封闭性对于网络关系质量技术推动型产品创新之间的关系具有显著正向调节作用，因为越是封闭的环境，网络内部成员间的互动和交流越是频繁和密切，也就越有利于形成更高的网络关系质量，从而会强化网络关系质量与技术推动型产品创新战略间的正向关系。此外，需要注意的是，本书的研究结论是以中国制造企业为样本展开的实证分析，突出体现了中国制造企业所具备的现实特点和理论关系，具有较强的代表性和一定的普适性，但仍存在需要进一步探索完善的空间和可能。

二、理论贡献

本书在充分借鉴和吸收以往研究成果的基础上，对研究问题展开深化和拓展研究，是对以往研究的系统梳理、理论升华和创新，其主要理论贡献包括以下几方面：

（一）将价值网络理论与产品创新理论相结合，构建了价值网络资源与产品创新战略间的理论联系，进一步深化了价值网络理论在产品创新战略选择中的应用和演化

在开放创新时代，企业的产品创新过程很难通过单纯的内部研发来完成。积极合理地利用价值网络资源，将价值网络与企业的产品创新过程进行连接，成为解决产品创新难题的重要手段和方法。以往研究已经涉及价值网络特征与企业创新行为之间的关系和影响作用，Gwendolyn（2007）着重研究了网络资源对于企业进入新产品市场和产品创新的作用和影响；而 Fang 等（2016）则研究了企业的网络中心性对企业渐进式和突破式产品创新的作用机制问题。这些研究均具有重要的理论创新价值，但并未具体深入地将价值网络资源与企业的产品创新战略

密切结合，同时也缺乏对产品创新战略的系统的划分和研究，因此，没有全面、系统地将价值网络位置和关系资源与产品创新战略选择及其绩效进行连接，尤其缺乏与设计驱动型产品创新进行联系并对其相互关系展开研究。鉴于此，本书在研读以往文献和研究的基础上构建了新的理论模型，并展开实证研究。

本书在借鉴相关研究和理论文献的基础上，通过对 279 家中国制造企业的调研，从产品创新视角对价值网络位置和关系资源影响企业绩效提升的内在机制进行深入的实证研究。不仅厘清了网络位置和网络关系、企业产品创新战略以及企业绩效之间的影响关系，更重要的是，也证实了企业在价值网络中的网络位置和网络关系可以通过技术推动、市场拉动和设计驱动三种产品创新战略促进企业的绩效提升，或者从产品创新视角来说价值网络位置和关系属性特征可以通过三种路径影响企业绩效提升。这一发现不仅进一步拓展了价值网络特征影响企业绩效的内在机理和机制，而且整合了价值网络理论与产品创新理论的交叉融合，深化了价值网络理论在企业创新过程中的应用和发展。

（二）系统梳理了价值网络和技术、市场、设计三种产品创新战略方面的文献和研究成果，是对以往相关研究的总结、完善和提升，为后续深入研究奠定了理论基础

本书在选择研究问题过程中以及研究问题确定后，对于价值网络理论、产品创新相关研究进行了尽可能详细深入的搜寻和研读。在此过程中，对价值网络理论、企业产品创新研究等进行了系统的总结和梳理，并在此基础上进行对比、评述和提炼，为后续相关研究奠定了较好的理论基础，也是对已有文献的有益补充和总结发展。本书对价值网络的理论来源和理论发展脉络进行了详细梳理，并结合社会学和管理学领域的发展现状和相互融合，对社会网络理论应用于管理学领域并演化为价值网络理论进行了综合分析。并对比价值链理论进行了对比分析和总结，同时对于价值网络理论在企业战略方面不同方向的应用展开分析和梳理，尤其对于价值网络位置和网络关系特征进行了系统的文献梳理和提炼总结。

对于企业产品创新战略，本书在充分借鉴和研读以往文献的基础上，将产品创新从技术、市场、设计三个维度进行了区分，分别对技术推动型创新、市场拉动型创新和设计驱动型创新进行了系统的理论回顾和文献梳理。特别是设计驱动型创新方面，由于国内研究仍然匮乏，本书则重点详细地将国外相关研究和国内相关研究进行了梳理和总结，为后续对于该问题的研究奠定了较好的理论基础。综上所述，本书通过对研究问题相关国内外文献的梳理、总结和提炼，对现有研

究作出了有益的补充和完善，为后续研究提供了更加丰富、翔实和可靠理论文献。

（三）从产品创新视角出发，厘清了网络位置和网络关系资源影响企业绩效的内在机理和作用机制，进一步深化了价值网络理论在企业战略管理领域的应用，丰富了企业战略管理和创新的理论知识体系

本书在以往研究的基础上，以资源基础和资源依赖理论为理论依据，将企业在价值网络中的位置和网络关系属性视为一种影响企业战略行为的外生性资源，着重研究了企业在价值网络中的网络位置和网络关系对企业绩效的影响机理和作用机制问题。研究表明，企业的网络位置和网络关系对企业绩效的影响是间接的而非直接影响，处于网络中心和中介位置有利于企业绩效的提升，但从产品创新角度看，必须通过技术推动、市场拉动、设计驱动三种产品创新战略中的一种或者多种战略行为，才能够实现对企业绩效的最终影响。对于企业的价值网络关系强度和关系质量也同样如此。因此，实证研究的结果表明，技术推动、市场拉动和设计驱动型产品创新战略是网络位置和网络关系影响企业绩效的三种中介机制和传递路径，同时这三种中介机制还不同程度地受到价值网络封闭性的影响。这一研究发现进一步深化了价值网络理论在企业战略管理领域的应用，丰富了企业战略管理和创新的理论知识体系，是对已有研究的必要补充和完善。

（四）将产品设计创新作为第三种创新模式纳入企业产品创新战略，并构建价值网络位置和关系特征与设计驱动创新之间的理论逻辑，是对国内设计驱动创新方面研究的有效补充和完善，进一步推动了设计驱动型创新在国内的深入研究和理论发展

设计驱动型产品创新是继技术推动型创新和市场拉动型创新之后的第三种产品创新模式。尽管该创新模式已成为近几年国外营销和创新领域的研究热点和焦点，但在国内的研究仍然十分匮乏。陈雪颂和陈劲（2016）对国内外设计驱动型创新的最新研究进展进行综述和梳理中指出，国内对于设计驱动型创新研究十分匮乏，而这一研究主题已在国外研究中引起普遍关注，具有重要的研究价值和理论意义。同时将创新价值网络的网络特征和属性与设计驱动型创新进行结合，研究网络特征与产品设计创新之间的关系及其内在机制，成为该领域未来研究的重要方向。

在充分研读设计驱动型创新相关文献和研究的基础上，本书根据 Roberto Vergant（2008）的研究，将产品设计创新作为第三种创新模式纳入企业产品创

新战略，并对以往相关研究进行了较为系统的梳理和总结。在此基础上，构建了价值网络位置和关系特征与设计驱动创新之间的理论逻辑。该研究将价值网络理论与产品设计创新理论相结合，构建了两者的逻辑连接，是对国内设计驱动创新方面研究的有效补充和完善，进一步推动了设计驱动型创新在国内的研究深入和理论发展。综上所述，本书较为系统地梳理和总结了设计驱动型创新的研究成果，在吸收和借鉴以往研究的基础上，构建价值网络和设计创新之间的理论逻辑，对推动设计驱动型创新在国内的研究发展、弥补国内对于设计驱动型创新的匮乏和不足具有重要的补充、完善作用。

第二节　管理启示、局限及未来研究

本书通过理论梳理、推演以及实证分析得到了一些具有启发性的研究结论，这些研究结论不仅具有一定的理论贡献，同时对于中国制造类企业的产品创新战略选择和绩效提升也具有一定的指导价值和实践意义。具体而言，本书的管理启示主要有以下几方面：

一、管理启示

（一）中国制造企业应该充分借助价值网络资源促进企业产品创新，尤其要注重企业的网络位置和网络关系资源对企业产品创新战略选择及其绩效提升的积极推动作用

经济全球化和互联网信息技术的迅猛发展，致使企业的创新过程更加复杂多变，单纯依靠企业的内部研发已经难以维持持续创新的需要。尤其在当前开放创新时代，企业的创新行为需要积极地寻求合作伙伴，构建价值创造和不断演化的创新网络并充分借助网络中的各种资源促进企业的创新行为的产生和发展。产品创新是企业创新最为重要的创新形式，尤其对于近年来的中国制造企业而言，始终面临创新的窘境和“瓶颈”无法突破。因而，积极构建和利用价值网络系统，为企业的创新战略提供充分的外部资源，应该成为中国制造企业进行全球扩张和竞争的重要的资源获取方式和基础。

本书的实证研究结果表明，价值网络资源是企业进行产品创新和绩效提升的

重要的外生性资源，对于企业产品创新过程中创新资源的获取和整合具有积极作用，也为企业绩效提升提供了外部资源基础，因此，价值网络资源是企业创新和绩效提升的重要的外部资源和资源载体。在企业所拥有的价值网络资源中，企业的网络位置和网络关系应该是企业产品创新过程中最为重要的价值网络资源。当前，中国制造企业大多没有能力构建或者领导全球价值网络，因此，企业在全球价值网络中往往难以占据中心位置。在此现实情境下，企业应该针对自身在价值网络中的位置进行资源的获取和整合，在不断提升企业竞争力的同时其网络位置也会逐步向网络中心位置靠拢，或者更加容易获得网络中介位置。中国制造企业可以利用自身在价值网络中的位置的相对优势和网络关系资源，不断寻求更加适合自身发展和竞争优势获取的合作伙伴和优势资源，在全球范围内积极进行资源整合与能力互补，以促进企业的产品创新战略的选择和实施，从而不断推动企业进行持续的产品创新，以获取全球竞争优势和发展动能。研究结果表明，在中国情境下较高的关系质量和较强的关系强度更加有利于企业维持良好的合作关系，促进企业产品创新战略的选择和实施。因此，中国制造企业应该注重网络关系资源的构建和维护。综上所述，企业借助价值网络位置和关系资源，可以为企业的产品创新持续提供丰富的外部资源和要素，才能保证中国制造企业竞争优势的获取和保持以及企业绩效的持续提升。

（二）产品创新是企业绩效提升的重要途径和手段，选择正确的产品创新战略，尤其是注重设计驱动型产品创新战略的作用，成为企业绩效提升的关键战略举措

伴随全球制造业的不断复苏和消费需求的不断升级，产品创新成为企业不断满足消费需求多样化和快速变化的重要手段，也是企业获取持续竞争优势的重要途径，因此，产品创新成为中国制造企业进行全球扩张和竞争的关键环节和增长瓶颈。如何积极利用和整合内外部资源，不断进行产品创新以获得消费者的信任和青睐，已经成为全球制造企业竞争的焦点。

互联网和消费快速变化的商业环境下，产品的重要性越来越受到企业的重视和关注。互联网和信息技术使营销传播的速度和效率急剧提升，营销和传播的作用正在逐步减弱，而产品的重要性已经作为一种交易的本质重新回归，因此，重视产品本身的创新成为全球制造企业的创新焦点和重点。在此全球背景下，中国制造企业由于长期采用加工制造环节的模式，严重缺乏产品创新能力，而产品创新又是中国制造企业在全球市场保持竞争优势和进行扩张的必由之路，因此，如

何选择和实施正确的产品创新战略，以促进企业产品创新和企业绩效的持续提升成为中国制造企业未来战略发展的重点。从创新角度来看，目前普遍存在三种创新模式：技术推动型产品创新、市场拉动型产品创新和设计驱动型产品创新。以往中国制造企业主要采用市场拉动型产品创新以不断满足和适应消费者的需求变化，而市场拉动型的产品创新是一种被动式的创新模式，需要持续不断地关注消费者需求和持续创新，创新成本较高、创新作用的持续时间较短。因此，无法完全满足全球经济一体化和互联网迅速发展环境下消费者需求快速多变和不断升级的需求。此时，技术推动型产品创新和设计驱动型产品创新成为企业长期创新战略所关注的主要方向，尤其在当前中国制造企业全球扩张受阻、创新效益较低的情形下，如何充分重视和利用设计创新推动企业产品创新成为制造类企业关注的焦点。从发达国家企业的发展和制造企业的产品创新历程来看，市场拉动型产品创新主要适用于大部分中小型制造企业，因为这些企业无力完成较大的技术变革和创新，也很难寻找到比自身实力强大的企业作为合作伙伴，因此，尽管有的中国小型企业也非常注重设计创新，但并未集中在制造行业，而大多数中国制造类的中小型企业会主动选择市场拉动型产品创新。但对于具有一定规模和形成一定合作网络的大型制造企业而言，主动推动技术创新和设计创新成为更加重要的战略选择。但目前中国制造企业的原创性技术革新仍然不足，由于我国基础研究的不足导致先进领域的技术创新严重不足，因此，技术推动型产品创新尽管一直是中国制造类企业所重视的创新模式，也在某些领域取得了一些突破，但整体创新水平仍然不高，战略实施难度较大、周期较长。而设计驱动型创新近年来在发达国家引起了高度重视，其创新周期较短、创新效果明显，应该引起中国制造企业的充分重视。

产品创新是中国制造企业在全球范围内提升绩效的重要手段和途径，重视企业的产品创新并选择和实施正确的产品创新战略成为中国制造企业在全球范围内获取核心竞争优势和进行全球扩张的重要战略举措。当前全球商业环境下，中国制造企业应该紧密结合自身实际，在技术推动型、市场拉动型和设计驱动型三种产品创新战略中进行战略选择和平衡配置，尤其要重视和利用设计驱动型产品创新战略的积极作用，以便不断提升企业的创新能力和竞争优势，进而促进企业绩效的持续提升。

（三）在企业产品创新过程中，必须对网络封闭性等整体网络特征的影响给予合理的重视和关注，这将有利于企业结合自身价值网络资源选择和实施正确的产品创新战略并对不同产品创新战略进行合理的配置和平衡，进而促进企业绩效持续提升

价值网络理论认为，网络封闭性是价值网络的一种整体性结构特征，这一特征对于企业内部成员间的合作和竞争关系产生较为显著的影响。尽管价值网络是一种动态的价值创造系统，伴随互联网和信息化的普及和加速发展其动态性更加明显，网络封闭性特征正在不断减弱，但从价值网络的相对静态来看，网络封闭性的整体特征仍然在某一阶段和局部空间存在，不同的网络封闭程度必定对于网络内部企业间的合作和竞争等产生一定影响，进而会影响网络内部企业间的各种关系，最终也会对单个企业的产品创新战略的选择产生影响。

从本书的实证检验结果来看，价值网络整体封闭性对于网络位置和网络关系对企业产品创新战略的影响具有不同程度的调节作用，尤其对于网络中心性与技术推动型和市场拉动型产品创新战略影响较为显著，该内容在研究结论中已经详细阐述，在此不再赘述。总之，在不同的网络封闭性程度下，企业的网络位置和网络关系资源对企业的产品创新战略的影响也不同。因此，中国制造企业在利用价值网络资源推动企业产品创新战略制定和实施的过程中，应该充分重视价值网络整体网络封闭件的影响和作用，积极利用网络封闭性特征中有利于企业创新战略制定和实施的因素，结合企业实际情况选择和实施正确的产品创新战略以及对不同产品创新战略进行合理的配置和平衡，最终促进企业绩效持续提升。

二、研究局限

本书将价值网络理论与企业产品创新战略相关理论相结合，构建了价值网络特征属性—企业创新战略—企业绩效的理论逻辑框架，着重研究了价值网络位置和网络关系资源影响企业绩效提升的内在机理和作用机制问题。通过理论分析和实证研究，本书得到了一些有价值的研究结论和管理启示，但由于研究资源和作者水平所限，本书仍然存在一些不足和局限，需要在未来研究中不断拓展和深入研究。具体而言包括以下几方面：

第一，在模型构建方面，本书主要将遵循“资源—战略—绩效”的经典逻辑思路，从资源基础角度，将企业的价值网络位置和网络关系等网络特征属性看作一种资源，研究该资源对于企业战略选择和绩效的影响。整体模型的理论逻辑

是科学规范的，但在控制变量的选择方面，本书选取了行业、规模、企业性质、国际化水平四个变量作为控制变量，然而，现实商业环境中影响企业绩效的变量众多，在控制变量选择方面远不止四个可选的控制变量。因此，在模型构建方面，由于本书研究的资源所限，无法收集过多的变量数据，只选择了四个控制变量，控制变量的数量较少，未来研究可以适度增加控制变量的数量。

第二，在研究对象和样本选择方面，本书的调研对象是中国制造类企业。尽管本书尽量进行较为全面的调研，调研对象尽量涵盖东部、中部和西部地区，在规模方面也尽量包含大型、中型和小型规模的制造类企业，但由于中国制造类企业的数量众多，不可能面面俱到、彻底覆盖和代表所有的中国制造类企业。因此，调研的企业仍然以东部地区为主，尤其以北上广深津等大型中心城市企业为主，由此可能造成研究结论对于西部地区制造类企业的适用性相对较低的可能性，也可能致使研究结论的普适性方面有待进一步提高。

第三，在数据收集和整理方面，尽管本书做了大量工作进行调研获取数据，但由于研究资源和精力所限，数据收集的准确性方面仍然有待进一步提高。比如，在进行实地访谈和问卷调研时，对有些企业或集团最高层领导的访谈存在较大难度，则转而面向企业中层进行替补，因此所获得 279 份有效数据可能在精确度方面存在一些偏差。此外，从数据特点来看，本书以横截面数据为主，这在一定程度上可能对数据统计分析方面达不到预期效果。

总之，中国制造企业的产品创新战略研究是一个不断动态演化的研究问题，既存在理论价值和具有现实迫切性。本书在理论分析和模型构建以及实证分析等方面做出了一些新的探索，存在的不足和局限在一定程度上也为今后的研究指明了方向。

三、未来研究

在未来研究中，应该从以下方面进行不断的完善和深入探索，以期在本研究基础上进行拓展和深化：

第一，进一步完善模型设计。正如前文所言，本书在进行模型构建和理论分析时遵循“资源—战略—绩效”的经典逻辑思路，但是在控制变量选择方面仍然有进一步完善和提升的空间。未来研究可以结合研究主题和理论模型，在现有的四个控制变量的基础上增加诸如环境不确定性、竞争强度、研发密度、商业周期等作为控制变量，以使研究结论更加精确、完善。

第二，在样本的选择方面，未来研究可以在本书的基础上扩大样本量，通过平衡东部、中部、西部地区制造企业的数量，使研究样本更加均衡和具有代表性。同时也可以调研制造业之外的其他行业企业样本，并与本书结论进行综合对比研究，从而增加实证研究的说服力和普适性。

第三，在数据收集和处理方面，未来研究可以进行长期的跟踪调研和数据收集，考虑运用面板数据进行实证分析，以动态发展的研究思路进行继续深入研究，以增加研究结论的可靠性和适用性，从而对中国制造企业的产品创新战略进行更加深入和动态的研究。

参考文献

［1］陈占夺，齐丽云，牟莉莉．价值网络视角的复杂产品系统企业竞争优势研究——一个双案例的探索性研究［J］．管理世界，2013（10）：156－169.

［2］陈劲，陈雪颂．设计驱动式创新——一种开放社会下的创新模式［J］．技术经济，2010，29（8）：1－5.

［3］陈雪颂，陈劲．设计驱动型创新理论最新进展评述［J］．外国经济与管理，2016，38（11）：45－57.

［4］陈国栋，陈圻．设计驱动创新的企业价值研究——基于宁波方太的案例分析［J］．中国地质大学学报（社会科学版），2012，12（4）：80－86.

［5］陈雪颂．设计驱动式创新机理研究［J］．管理工程学报，2011，25（4）：191－196.

［6］陈国栋，张海波，陈圻．设计驱动在企业创新行为中的地位研究［J］．科学学与科学技术管理，2012，33（5）：122－129.

［7］陈雪颂．设计驱动式创新机理与设计模式演化研究［D］．杭州：浙江大学，2011.

［8］陈国栋，沈云霞．设计在技术创新中的角色演化研究［J］．中国科技论坛，2013（8）：20－26.

［9］陈圻，陈国栋．三维驱动力网络创新路径及其组合研究［J］．科学学研究，2014，32（1）：122－129.

［10］陈雪颂，王志玮．企业外部知识网络嵌入性、设计学习与意义创新能力［J］．科技进步与对策，2016，33（20）：140－146.

［11］迟考勋．新创企业商业模式设计的认知机制与绩效影响研究［M］．北京：经济管理出版社，2018.

［12］崔晓明，姚凯，胡君辰．交易成本、网络价值与平台创新——基于 38 个平台实践案例的质性分析［J］．研究与发展管理，2014，26（3）：22－31.

［13］杜威剑，李梦洁．环境规制对企业产品创新的非线性影响［J］．科学学研究，2016，34（3）：462－470.

［14］奉小斌．集群新创企业平行搜索对产品创新绩效的影响：管理者解释与竞争强度的联合调节效应［J］．研究与发展管理，2016，28（4）：11－21.

［15］奉小斌．集群新创企业平行搜索对产品创新绩效的影响：管理者联系的调节作用［J］．科研管理，2017，38（10）：22－30.

［16］苟昂，廖飞．基于组织模块化的价值网研究［J］．中国工业经济，2005（2）：66－72.

［17］古继宝，王冰，吴剑琳．双向开放式创新、创新能力与新产品市场绩效［J］．经济与管理研究，2017，38（11）：134－144.

［18］高良谋，马文甲．开放式创新：内涵、框架与中国情境［J］．管理世界，2014（6）：157－169.

［19］何郁冰．技术多元化促进企业绩效的机理研究［J］．科研管理，2011，32（4）：9－18.

［20］何晓斌，蒋君洁，杨治，蔡国良．新创企业家应做“外交家”吗？——新创企业家的社交活动对企业绩效的影响［J］．管理世界，2013（6）：128－152.

［21］洪茹燕．集群企业创新网络、创新搜索及创新绩效关系研究［D］，浙江大学，2012（1）：20－25.

［22］李文东，金辉．企业产品创新与网络嵌入——组织学习的中介作用［J］．管理评论，2016，28（1）：62－72.

［23］李晓翔，霍国庆．组织冗余对产品创新的作用机制研究［J］．科研管理，2015，36（9）：72－79.

［24］李泽，何培旭，彭正龙．关键资源获取、新产品创造性、战略地位优势与新服务产品开发绩效［J］．科学学与科学技术管理，2017，38（7）：129－140.

［25］李海舰，陈小勇．企业无边界发展研究——基于案例的视角［J］．中国工业经济，2011（6）：88－98.

［26］李涛，高良谋．“大数据”时代下开放式创新发展趋势［J］．科研管

理，2016，27（7）：1－7.

［27］卢启程，陈俊杰，梁琳琳．协同创新网络视角下设计驱动式创新实现路径研究［J］．科技进步与对策，2015，32（14）：65－69.

［28］卢福财，胡平波．全球价值网络下中国企业低端锁定的博弈分析［J］．中国工业经济，2008（10）：23－32.

［29］卢泰宏，周懿瑾，何云．价值网研究渊源与聚变效应探析［J］．外国经济与管理，2012（1）：65－73.

［30］廖勇海，刘益，贾兴平．基于 Meta 视角的市场导向、产品创新、产品竞争优势与新产品绩效关系研究［J］．研究与发展管理，2015，27（3）：105－113.

［31］赖红波，芮明杰，梁磊．设计驱动的产品创新对顾客感知和购买意向影响实证研究［J］．研究与发展管理，2016，28（4）：22－30.

［32］孟庆红，戴晓天，李仕明．价值网络的价值创造、锁定效应及其关系研究综述［J］．管理评论，2011，23（12）：139－147.

［33］彭华涛，吴莹．高技术服务企业跨国战略联盟的研发创新能力、资源共享与新产品市场绩效研究［J］．科研管理，2017，38（1）：54－61.

［34］彭新敏，吴丽娟，王琳．权变视角下企业网络位置与产品创新绩效关系研究［J］．科研管理，2012，33（8）：137－145.

［35］彭伟，符正平，李铭．网络位置、知识获取与中小企业绩效关系研究［J］．财经论丛，2012（2）：98－103.

［36］彭伟，符正平，联盟网络、资源整合与高科技新创企业绩效关系研究［J］．管理科学，2015，28（3）：26－37.

［37］秦佩恒，赵兰香，万劲波．中低技术企业创新模式与创新绩效研究——基于中国制造业创新调查的实证分析［J］．科研管理，2016，37（11）：26－34.

［38］秦敏，梁溯．在线产品创新社区用户识别机制与用户贡献行为研究：基于亲社会行为理论视角［J］．南开管理评论，2017，20（3）：28－39.

［39］钱锡红，杨永福，徐万里．企业网络位置、吸收能力与创新绩效——一个交互效应模型［J］．管理世界，2010（5）：118－129.

［40］任胜钢，吴娟，王龙伟．网络嵌入结构对企业创新行为影响的实证研究［J］．管理工程学报，2011，25（4）：75－80.

［41］孙晓华，郑辉．买方势力对工艺创新与产品创新的异质性影响［J］．管理科学学报，2013，16（10）：25－39.

［42］石俊国，郁培丽，孙广生．颠覆性创新行为、消费者偏好内生与市场绩效［J］．系统管理学报，2017，26（2）：287－294.

［43］王玮，李随成，禹文钢，李娜．产品创新导向与供应商网络形态适配对产品创新绩效的影响［J］．管理评论，2016，28（6）：86－99.

［44］王琴．基于价值网络重构的企业商业模式创新［J］．中国工业经济，2011（1）：79－88.

［45］王海花，谢富纪．企业外部知识网络能力的结构测量——基于结构洞理论的研究［J］．中国工业经济，2012（7）：134－146.

［46］王树祥，张明玉，郭琦．价值网络演变与企业网络结构升级［J］．中国工业经济，2014（3）：93－106.

［47］吴晓云，王建平．网络关系强度对技术创新绩效的影响——不同创新模式的双重中介模型［J］．科学学与科学技术管理，2017，38（7）：155－166.

［48］吴晓云，张欣研．企业能力、技术创新和价值网络合作创新与企业绩效［J］．管理科学，2015，28（6）：12－26.

［49］吴松强，苏思骐，沈忠芹，宗峻麒．产业集群网络关系特征对产品创新绩效的影响——环境不确定性的调节效应［J］．外国经济与管理，2017，39（5）：46－72.

［50］吴晓冰．集群企业创新网络特征、知识获取及创新绩效关系研究［D］．杭州：浙江大学，2009：45－181.

［51］吴伟伟，刘业鑫，于渤．技术管理与技术能力匹配对产品创新的内在影响机制［J］．管理科学，2017，30（2）：3－15.

［52］吴海平，宣国良．价值网络的本质及其竞争优势［J］．经济管理，2002（24）：11－17.

［53］吴海平，宣国良．价值链系统构造及其管理演进［J］．外国经济与管理，2003，25（3）：19－23.

［54］魏龙，党兴华．网络闭合、知识基础与创新催化：动态结构洞的调节［J］．管理科学，2017，30（3）：83－96.

［55］熊捷，孙道银．企业社会资本、技术知识获取与产品创新绩效关系研究［J］．管理评论，2017，29（5）：23－39.

［56］姚山季，来尧静，金晔，王万竹．客户协同产品创新、转化式学习和新产品开发绩效：一项实证研究［J］．管理工程学报，2017，31（4）：63－71.

［57］薛捷．顾客感知视角下设计驱动力对创新的影响研究［J］．科学学研究，2016，34（7）：1111－1120.

［58］徐蕾．基于设计驱动型创新的浙商商业模式演化研究——以万事利为例［J］．商业经济与管理，2015（1）：55－63.

［59］徐建中，徐莹莹．企业协同能力、网络位置与技术创新绩效——基于环渤海地区制造业企业的实证分析［J］．管理评论，2015，27（1）：114－125.

［60］应洪斌．结构洞对产品创新绩效的作用机理研究——基于知识搜索与转移的视角［J］．科研管理，2016，37（4）：9－15.

［61］叶伟巍，王翠霞，王皓白．设计驱动型创新机理的实证研究［J］．科学学研究，2013，31（8）：1260－1267.

［62］俞湘珍．基于设计的创新过程机理研究——组织学习的视角［D］．杭州：浙江大学，2011.

［63］余东华．模块化企业价值网络——形成机制、竞争优势与治理结构［M］．上海：格致出版社，2008.

［64］袁青燕．价值网的竞争优势形成机理研究［D］．南昌：江西财经大学，2013.

［65］余东华，芮明杰．基于模块化的企业价值网络及其竞争优势研究［J］．中央财经大学学报，2007（7）：52－57.

［66］张超．产品创新重要吗？［J］．科学学与科学技术管理，2012，33（7）：68－76.

［67］张文红，赵亚普．转型经济下跨界搜索战略与产品创新［J］．科研管理，2013，34（9）：54－63.

［68］张婧，段艳玲．市场导向对创新类型和产品创新绩效的影响［J］．科研管理，2011，32（5）：68－77.

［69］张婧，段艳玲．市场驱动型学习对新产品绩效的影响——基于我国制造型出口企业的实证研究［J］．科学学研究，2010，28（6）：912－919.

［70］张华，张向前．个体是如何占据结构洞位置的：嵌入在网络结构和内容中的约束与激励［J］．管理评论，2014，26（5）：89－98.

［71］张闯．管理学研究中的社会网络范式：基于研究方法视角的12个管理学顶级期刊（2001～2010）文献研究［J］．管理世界，2011（7）：154－168.

［72］章丹，胡祖光．网络结构洞对企业技术创新活动的影响研究［J］．科

研管理，2013，34（6）：34－41.

［73］周煊．企业价值网络竞争优势研究［J］．中国工业经济，2005（5）：112－118.

［74］钟运动．全球价值网络下企业战略研究［D］．南昌：江西财经大学，2013.

［75］郑晓博，朱振坤，雷家．社会网络与战略匹配及其对企业绩效影响的实证研究［J］．科学学与科学技术管理，2011，32（1）：133－140.

［76］Azadegan A. Benefiting from Supplier Operational Innovativeness：The Influence of Supplier Evaluations and Absorptive Capacity［J］. Journal of Supply Chain Management，2011，47（2）：49－64.

［77］Atuahene，Gima K.，Ko A. An Empirical Investigation of the Effect of Market Orientation and Entrepreneurship Orientation Alignment on Product Innovation［J］. Organization Science，2001，12（1）：54－74.

［78］Akbar Zaheer，Geoffrey G. Bell. Benefiting from Network Position：Firm Capabilities，Structural Holes，and Performance［J］. Strategic Management Journal，2005，26（2）：809－825.

［79］Ahuja G. Collaboration Networks，Structural Holes and Innovation：A Longitudinal Study［J］. Administrative Science Quarterly，2000，45（3）：425－455.

［80］Ashley Morris，Marc Halpern，Rossi Setchi and Paul Prickett. Assessing the Challenges of Managing Product Design Change Through－Life［J］. Journal of Engineering Design，2016，27（3）：25－49.

［81］Andrew B. Hargadon，Yellowlees Douglas. When Innovations Meet Institutions：Edison and the Design of the Electric Light［J］. Administrative Science Quarterly，2001（46）：476－501.

［82］Atuahene－Gima K.，Murray J Y. Exploratory and Exploitative Learning in New Product Development：A Social Capital Perspective on New Technology Ventures in China［J］. Journal of International Marketing，2007，15（2）：1－29.

［83］Andrew V. Shipilov. Firm Scope Experience，Historic Multimarket Contact With Partners，Centrality，and the Relationship between Structural Holes and Performance［J］. Organization Science，2009，20（1）：85－106.

［84］Andrew V. Shipilov，Stan Xiao Li. Can You Have Your Cake and Eat It

Too? Structural Holes' Influence on Status Accumulation and Market Performance in Collaborative Networks [J]. Administrative Science Quarterly, 2008 (53): 73 - 108.

[85] Akbar Zaheer, Remzi GÖZüBüYüK, and Hana Milanov. It's the Connections: The Network Perspective in Interorganizational Research [J]. Academy of Management Perspectives, 2010, 24 (1): 62 - 77.

[86] Anastasios G. Karamanos. Effects of A Firm's and Their Partners' Alliance Ego - Network Structure on Its Innovation Output in An Era of Ferment [J]. R&D Management, 2016, 46 (S1): 261 - 276.

[87] Amrit Tiwana. Do Bridging Ties Complement Strong Ties? An Empirical Examination of Alliance Ambidexterity [J]. Strategic Management Journal, 2008 (29): 251 - 272.

[88] Adrian Slywotzky. The Profit Zone: How Strategic Business Design Will Lead You to Tomorrow's Profits [M]. Wiley 1998.

[89] Andrews, Smith. In Search of the Marketing Imagination: Factors Affecting the Creativity of Marketing Programs for Mature Products [J]. Journal of Marketing Research, 1996, 33 (2): 174 - 187.

[90] Allee V. Value Network Analysis and Value Conversion of Tangible and Intangible Assets [J]. Journal of Intellectual Capital, 2008, 9 (1): 5 - 24.

[91] Achrol R. S. and Kotler P. Marketing in the Network Economy [J]. Journal of Marketing, 1999 (63) (Special Issue): 146 - 163.

[92] Aihie Osarenkhoe. A Study of Inter - Firm Dynamics, between Competition and Cooperation - A Coopetition Strategy [J]. Journal of Database Marketing & Customer Strategy Management, 2010, 17 (3/4): 201 - 221.

[93] Antonio Capaldo. Network Structure and Innovation: the Leveraging of A Dualnetwork As A Distinctive Relational Capability [J]. Strategic Management Journal, 2007 (28): 585 - 608.

[94] Booz, Allen, and Hamilton Inc. New Product Management for the 1980s [J]. New York: Booz, Allen, and Hamilton Inc., 1982.

[95] Brown S. L., Eisenhardt K. M. Product Development: Past Research, Present Findings, and Future Research [J]. Academy of Management Review,

1995, 20 (2): 343 -378.

[96] Baker W. E., Sinkula J. M. The Synergistic Effect of Market Orientation and Learning Orientation on Organizational Performance [J]. Journal of Academy of Marketing Science, 1999, 27 (4): 411 -427.

[97] Burt R S. Structural Holes: the Social Structure of Competition [M]. Cambridge, MA: Harvard University Press, 1992: 14 -32.

[98] Bovet D and Martha J. Value Nets: Breaking the Supply Chain to Unlock Hidden Profits [M]. Chichester: John Wiley, 2000.

[99] Brian Low, Wesley J. Johnston. The Evolution of Network Positions in Emerging and Converging Technologies [J]. Journal of Business & Industrial Marketing, 2009, 24 (5/6): 431 -438.

[100] Bian, Yanjie. Bringing Strong Ties Back In: Indirect Ties, Network Bridges, and Job Searches in China [J]. American Sociological Review, 1997, 62 (3).

[101] Bruce Kogut. The Network As Knowledge: Generative Rules and the Emergence of Structure [J]. Strategic Management Journal, 2000 (21): 12 -23.

[102] Barney J. B. Firm Resource and Sustained Competitive Advantage [J]. Journal of Management, 1991, 17 (1): 99 -120.

[103] Barney J B. Gaining and Sustaining Competitive Advantage [M]. New York: Pearson Education Incorporated, 2002.

[104] Birger Wernerfelt. The Comparative Advantages of Firms, Markets and Contracts: A Unified Theory [J]. Economica, 2015 (82): 350 -367.

[105] Carmen Abril, Joaquin Sanchez, Jesu's Garc$_1$'A - Madariaga. The Effect of Product Innovation, Promotion, and Price on Consumer Switching to Private Labels [J]. Journal of Marketing Channels, 2015 (22): 192 -201.

[106] Cusumano M. A. Staying Power: Six Enduring Principles for Managing Strategy and Innovation in An Uncertain World [M]. Oxford: Oxford University Press, 2010: 17 -52.

[107] Claudio Dell'Era and Roberto Verganti. Collaborative Strategies in Design - Intensive Industries: Knowledge Diversity and Innovation [J]. Long Range Planning, 2010 (43): 123 -141.

[108] Chesbrough H. Open Innovation, the New Imperative for Creating and Profiting from Technology [M]. Boston: Harvard Business School Press, 2003: 23 - 80.

[109] Coleman, J. S. Foundations of Social Theory [M]. Cambridge: Harvard University Press, 1994.

[110] Capaldo A. Network Structure and Innovation: the Leveraging of A Dual Network As A Distinctive Relational Capability [J]. Strategic Management Journal, 2007, 28 (6): 585 -608.

[111] Coleman J S. Foundations of Social Theory [M]. Cambridge, MA: Harvard University Press, 1990: 17 -19.

[112] Coleman, J. S. Social Capital in the Creation of Human Capital [J]. American Journal of Sociology, 1988, 94: S95 -S 120.

[113] Chesbrough H W, Brunswicker S. Managing Open Innovation in Large Firms: Survey Report; Executive Survey on Open Innovation 2013 [M]. Fraunhofer - Verlag, 2013.

[114] Chesbrough, Henry; Brunswicker, Sabine. A Fad or A Phenomenon? the Adoption of Open Innovation Practices in Large Firms [J]. Research - Technology Management, 2014, 57 (2): 16 -25.

[115] Danneels E, Kleinschmidtb E J. Product Innovativeness from the Firm's Perspective: Its Dimensions and Their Relation with Project Selection and Performance [J]. Journal of Product Innovation Management, 2001, 18 (6): 357 -373.

[116] David A Griffith, Gaia Rubera. A Cross - Cultural Investigation of New Product Strategies for Technological and Design Innovations [J]. Journal of International Marketing, 2014, 22 (1): 5 -20.

[117] Deborah Dougherty, Cynthia Hardy. Sustained Product Innovation in Large, Mature Organizations: Overcoming Innovation - To - Organization Problems [J]. Academy of Management Journal, 1996, 39 (5): 1120 -1153.

[118] Dosi G. Technological Paradigms and Technological Trajectories: A Suggested Interpretation of the Determinants and Directions of Technical Change [J]. Research Policy, 1982, 6 (1): 74 -78.

[119] Daniela Grudinschi Et Al. Creating Value in Networks: A Value Network

Mapping Method for Assessing the Current and Potential Value Networks in Cross – Sector Collaboration [J] . The Innovation Journal: the Public Sector Innovation Journal, 2015, 20 (2): 1 –28.

[120] Daskalakis, M. , M. Kauffeld – Monz. On the Dynamics of Knowledge Generation and Trust Building in Regional Innovation Networks. A Multi Method Approach [J]. Agent – Based Economics, 2007 (5): 278 –296.

[121] Dovev Lavie. Alliance Portfolios and Firm Performance: A Study of Value Creation and Appropriation in the Us Software Industry [J] . Strategic Management Journal, 2007 (28): 1187 –1212.

[122] Dyer J H. Singh. The Relational View: Cooperative Strategies and Sources of Interorganizational Competitive Advantage [J] . Academy of Management Review, 1998, 23 (4): 660 –679.

[123] David J. Teece, Garypisano, and Amyshuen. Dynamic Capabilities and Strategic Management [J] . Strategic Management Journal, 1997, 18 (7): 509 –533.

[124] Eric (Er) Fang, Jongkuk Lee, Robert Palmatier, and Zhaoyang Guo. Understanding the Effects of Plural Marketing Structures on Alliance Performance [J] . Journal of Marketing Research, 2016, LIII (8): 628 –645.

[125] Eric (Er) Fang, Jongkuk Lee, Zhi Yang. The Timing of Codevelopment Alliances in New Product Development Processes: Returns for Upstream and Downstream Partners [J] . Journal of Marketing, 2015 (79): 64 –82.

[126] Eric Fang, Jongkuk Lee, Robert Palmatier, and Shunping Han. If It Takes A Village to Foster Innovation, Success Depends on the Neighbors: the Effects of Global and Ego Networks on New Product Launches [J] . Journal of Marketing Research, 2016, 53 (6) 319 –337.

[127] Felipe Thomaz & Vanitha Swaminathan. What Goes Around Comes Around: the Impact of Marketing Alliances on Firm Risk and the Moderating Role of Network Density [J] . Journal of Marketing, 2015 (79): 63 –79.

[128] Franck Celhay and Jean FrançOis Trinquecoste. Package Graphic Design: Investigating the Variables That Moderate Consumer Response to Atypical Designs [J]. Journal of Product Innovation Management, 2015, 32 (6): 1014 –1032.

[129] Freeman C. Critical Survey: the Economics of Technical Change [J].

Cambridge Journal of Economics, 1994, 18 (5): 463 -514.

[130] Fu T, Zhangy A. Simulation of Technological Innovation Network Diffusion in Focal Firm Cored Industrial Clusters [J] . International Journal of Modelling, Identification and Control, 2012, 15 (4): 310 -319.

[131] Freeman C. The Nature of Innovation and the Evolution of the Productive System. In: OECD, Editors. Technology and Productivity – the Challenge for Economic Policy, Paris: OECD, 1991: 303 -314.

[132] Goksel Yalcinkaya, Roger J. Calantone, and David A. Griffith. An Examination of Exploration and Exploitation Capabilities: Implications for Product Innovation and Market Performance [J] . Journal of International Marketing, 2007, 15 (4): 63 - 93.

[133] Gulati R. Network Location and Learning: the Influence of Network Resources and Firm Capabilities on Alliance Formation [J] . Strategic Management Journal, 1999, 20 (5): 397 -420.

[134] Gnyawali D. R. , Srivastava M. K. Complementary Effects of Clusters and Networks on Firm Innovation: A Conceptual Model [J] . Journal of Engineering and Technology Management, 2013, 30 (1): 1 -20.

[135] Gorb P, Dumas A. Silent Design [J] . Design Studies, 1987, 8 (3): 150 -151.

[136] Gulati R. Alliances and Networks [J] . Strategic Management Journal, 1998, 19 (4): 293 -317.

[137] Granovetter M. Economic Action and Social Structure: the Problem of Embeddedness [J] . American Journal of Sociology, 1985: 481 -510.

[138] Gwendolyn K. Lee. The Significance of Network Resources in the Race to Enter Emerging Product Markets: the Convergence of Telephony Communications and Computer Networking, 1989 -2001 [J] . Strategic Management Journal, 2007, 28: 17 -37.

[139] Gulati R. , Others. Network Location and Learning: the Influence of Network Resources and Firm Capabilities on Alliance Formation [J] . Strategic Management Journal, 1999, 20 (5): 397 -420.

[140] Gulati R. Alliances and Networks [J] . Strategic Management Journal,

1998, 19 (4): 293 - 317.

[141] Granovetter, M. S. The Strength of Weak Tie [J]. American Journal of Sociology, 1973, 78 (6): 1360 - 1380.

[142] Geoffrey Martin Et Al. Interlocks and Firm Performance: the Role of Uncertainty in the Directorate Interlock - Performance Relationship [J]. Strategic Management Journal, 2015, 36 (2): 235 - 253.

[143] Grewal, Rajdeep, Alok Kumar, Girish Mallapragada, and Amit Saini. Marketing Channels in Foreign Markets: Control Mechanisms and the Moderating Role of Multinational Corporation Headquarters - Subsidiary Relationship [J]. Journal of Marketing Research, 2013, 50 (6): 378 - 398.

[144] Homburg C. and Plesser C. A Multiple - Layer Model of Market - Oriented Organizational Culture: Measurement Issues and Performance Outcomes [J]. Journal of Marketing Research, 2000, 37 (4): 449 - 452.

[145] Hakil Moon, Jeongdoo Park, and Sangkyun Kim. The Importance of An Innovative Product Design on Customer Behavior: Development and Validation of A Scale [J]. Journal of Product Innovation Management, 2015, 32 (2): 224 - 232.

[146] Irina V. Kozlenkova, Stephen Samaha, Robert Palmatier. Resource - Based Theory in Marketing [J]. Journal of the Academy of Marketing Science, 2014 (42): 1 - 21.

[147] Jeanne Liedtka. Perspective: Linking Design Thinking with Innovation Outcomes Through Cognitive Bias Reduction [J]. Journal of Product Innovation Management, 2015, 32 (6): 925 - 938.

[148] Junfeng Zhang, C. Anthony Di Benedetto, and Scott Hoenig. Product Development Strategy, Product Innovation Performance, and the Mediating Role of Knowledge Utilization: Evidence from Subsidiaries in China [J]. Journal of International Marketing, 2009, 17 (2): 42 - 58.

[149] Julie H. Hertenstein, Marjorie B. Platt, and Robert W. Veryzer. The Impact of Industrial Design Effectiveness on Corporate Financial Performance [J]. Journal of Product Innovation Management, 2005 (22): 3 - 21.

[150] Janell D. Townsend, Mitzi M. Montoya, and Roger J. Calantone. Form and Function: A Matter of Perspective [J]. Journal of Product Innovation Management,

2011 (28): 374 -377.

[151] Jiwon Paik, Hyun Joon Chang. Open Innovation Strategies of Smart Phone Manufacturers: External Resources and Network Positions [J] . International Journal of Industrial Engineering, 2014, 21 (5): 253 -270.

[152] Ji Youn (Rose) Kim, Michael Howard, Emily Cox Pahnke, and Warren Boeker. Understanding Network Formation in Strategy Research: Exponential Random Graph Models [J] . Strategic Management Journal, 2016, 37: 22 -44.

[153] Jonathon N. Cummings. Work Groups, Structural Diversity, and Knowledge Sharing in A Global Organization [J] . Management Science, 2004, 50 (3): 352 -364.

[154] Kalle Lyytinen, Youngjin Yoo & Richard J. Boland Jr. Digital Product Innovation Within Four Classes of Innovation Networks [J] . Information Systems Journal, 2015, 26: 47 -75.

[155] Kohli, A. and Jaworski, B. Market Orientation: the Construct, Research Propositions and Managerial Implications [J] . Journal of Marketing, 1990, 54 (2): 1 -18.

[156] Knudsen P, Mortensen B. Some Immediate - But Negative - Effects of Openness on Product Development Performance [J] . Technovation, 2011, 31 (1): 54 -64.

[157] Kafouros M, Forsans N. The Role of Open Innovation in Emerging Economies: Do Companies Profit from the Scientific Knowledge of Others? [J] . Journal of World Business, 2012, 47 (3): 362 -370.

[158] Kim N., IM S, Slater S F. Impact of Knowledge Type and Strategic Orientation on New Product Creativity and Advantage in High - Technology Firms [J]. Journal of Product Innovation Management, 2013, 30 (1): 136 -153.

[159] Kearns G S. The Effect of Top Management Support of SISP on Strategic Is Management: Insights from the US Electric Power Industry [J] . Omega - International Journal of Management Science, 2006, 34 (3): 236 -253.

[160] Katsamakas E. Value Network Competition and Information Technology [J] . Human Systems Management, 2014, 33 (1): 7 -17.

[161] Katrin Talke, Soren Salomo, Jaap E. Wieringa, and Antje Lutz. What About Design Newness? Investigating the Relevance of A Neglected Dimension of Product

Innovativeness [J] . Journal of Product Innovation Management, 2009 (26): 601 - 615.

[162] Kogut, Bruce. The Network As Knowledge: Generative Rules and the Emergence of Structure [J] . Strategic Management Journal, 2000, 21 (3), 404 - 425.

[163] Kothandaraman, P. & Wilson, D. T. Implementing Relationship Strategy [J] . Industrial Marketing Management, 2000, 29 (4): 339 - 349.

[164] Luigi M. De Luca & Kwaku Atuahene - Gima. Market Knowledge Dimensions and Cross - Functional Collaboration: Examining the Different Routes to Product Innovation Performance [J] . Journal of Marketing, 2007 (71): 95 - 112.

[165] Li Y. Q. , Wang X. H. , Huang L. L. , Et Al. How Does Entrepreneurs' Social Capital Hinder New Business Development? A Relational Embeddedness Perspective [J] . Journal of Business Research, 2013, 66 (12): 2418 - 2424.

[166] Lu, Q. W. China's Leap Into the Information Age: Innovation and Organization in the Computer Industry [M] . New York: Oxford University Press, 2000.

[167] Lane P J, Lubatkin M. Relative Absorptive Capacity and Interorganizational Learning [J] . Strategic Management Journal, 1998, 19 (5): 461 - 477.

[168] Love J. H. , Roper S. , Vahter P. Dynamic Complementarities in Innovation Strategies [J] . Research Policy, 2014, 43 (10): 1774 - 1784.

[169] Luchs, M. G. , and K. S. Swan. Perspective: the Emergence of Product Design As A Field of Marketing Inquiry [J] . Journal of Product Innovation Management, 2011, 28 (3): 327 - 345.

[170] Luo, Y. D. Industrial Dynamics and Managerial Networking in An Emerging Market: the Case of China [J] . Strategic Management Journal, 2003, 24 (13): 1315 - 1327.

[171] Lars LöFqvist. Product and Process Novelty in Small Companies' Design Processescai [J] . Creativity and Innovation Management, 2010, 19 (4): 405 - 416.

[172] Lambert D M, Pohlen T L. Supply Chain Metrics [J] . International Journal of Logistics Management, 2001, 12 (1): 11 - 19.

[173] Lichtenthaler U. Open Innovation: Past Research, Current Debates, and Fu-

ture Directions [J] . The Academy of Management Perspectives, 2011, 25 (1): 75 – 93.

[174] Lei Xu. How Camera Makers Knit Their Social Networks to Become More Innovative? [J] . Journal of Management Policy and Practice, 2013, 14 (5): 11 – 23.

[175] Lin N. Social Capital: A Theory of Social Structure and Action [M] . New York: Cambridge University, Press, 2001.

[176] Laursen, K. & Salter, A. Open for Innovation: the Role of Openness in Explaining Innovation Performance Among UK Manufacturing Firms [J] . Strategic Management Journal, 2006, 27 (2): 131 – 150.

[177] Lee J. Heterogeneity, Brokerage, and Innovative Performance: Endogenous Formation of Collaborative Inventor Networks [J] . Organization Science, 2010, 21 (4): 804 – 822.

[178] Liehtenthaler U. Open Innovation: Past Research, Current Debates, and Future Directions [J] . Academy of Management Perspectives, 2011, 25 (1): 75 – 93.

[179] Muammer Ozer and Wen Zhang. The Effects of Geographic and Network Ties on Exploitative and Exploratory Product Innovation [J] . Strategic Management Journal, 2015, 36: 1105 – 1114.

[180] Mu J. , Di Benedetto A. Networking Capability and New Product Development [J] . IEEE Transactions on Engineering Management, 2012, 59 (1): 4 – 19.

[181] Mosarrat Farhana, Eric Bimenyimana. Design Driven Innovation As A Differentiation Strategy in the Context of Automotive Industry [J] . Journal of Technology Management & Innovation, 2015, 10 (2): 24 – 38.

[182] Michael B. Beverland, Pietro Micheli, and Francis J. Farrelly. Resourceful Sensemaking: Overcoming Barriers between Marketing and Design in NPD [J] . Journal of Product Innovation Management, 2016, 33 (5): 628 – 648.

[183] Mcevily, B. , A. Zaheer. Bridging Ties: A Source of Firm Heterogeneity in Competitive Capabilities [J] . Strategic Management Journal, 1999, 20 (2): 1133 – 1156.

[184] Morris M H, Shirokova G, Shatalov A. The Business Model and Firm Performance: the Case of Russian Food Service Ventures [J] . Journal of Small Business Management, 2013, 51 (1): 46 – 65.

［185］ Mutanen U M. Developing Organisational Design Capability in A Finland – Based Engineering Corporation: the Case of Metso ［J］. Design Studies, 2008, 29 (5): 500 – 520.

［186］ Michael G. Luchs, K. Scott Swan, and MariëLle E. H. Creusen. Perspective: A Review of Marketing Research on Product Design with Directions for Future Research ［J］. Journal of Product Innovation Management, 2016, 33 (3): 320 – 341.

［187］ Margaret Bruce, Lucy Daly, and Kenneth B. Kahn. Delineating Design Factors That Influence the Global Product Launch Process ［J］. Journal of Product Innovation Management, 2007, 24: 456 – 470.

［188］ Martin Schreier, Christoph Fuchs, & Darren W. Dahl. The Innovation Effect of User Design: Exploring Consumers' Innovation Perceptions of Firms Selling Products Designed By Users ［J］. Journal of Marketing, 2012, 76 (9): 18 – 32.

［189］ Minu Kumar, Janel D. Townsend, and Douglas W. Vorhies. Enhancing Consumers' Affection for A Brand Using Product Design ［J］. Journal of Product Innovation Management, 2015, 32 (5): 716 – 730.

［190］ Muammer Ozer and Wen Zhang. The Effects of Geographic and Network Ties on Exploitative and Exploratory Product Innovation ［J］. Strategic Management Journal, 2015 (36): 1105 – 1114.

［191］ Marina Candi. Benefits of Aesthetic Design As An Element of New Service Development ［J］. Journal of Product Innovation Management, 2010 (27): 1047 – 1064.

［192］ Mckinley W, Latham S, Braun M. Organizational Decline and Innovation: Turnarounds and Downward Spirals ［J］. Academy of Management Review, 2014, 39 (1): 88 – 110.

［193］ Manne H. G. Mergers and the Market for Corporate Control ［J］. The Journal of Political Economy, 1965, 73 (2): 110 – 120.

［194］ Narver J. D. and Slater S. F. The Effect of A Market Orientation on Business Profitability ［J］. Journal of Marketing, 1990, 5 (10): 20 – 35.

［195］ Narver J. C., Slater S. F., Maclachlan D. L. Responsive and Proactive Market Orientation and New Product Success ［J］. Journal of Product Innovation Management, 2004, 21 (5): 334 – 347.

[196] Nalebuff, Brandenburger. Co - Opetition: A Revolution Mindset That Combines Competition and Cooperation: the Game Theory Strategy that's Changing the Game of Business [M] . Crown Business, 1997.

[197] Nader Salman and Anne - Laure Saives. Indirect Networks: An Intangible Resource for Biotechnology Innovation [J] . R&D Management, 2005, 35 (2): 203 - 215.

[198] Obstfeld, David. Social Networks, the Tertius Iungens Orientation, and Involvement in Innovation [J] . Administrative Science Quarterly, 2005, 50 (1): 100 - 130.

[199] Oecd. The Nature of Innovation and the Evolution of the Productive System. Technology and Productivity - the Challenge for Economic Policy. Paris: OECD, 1991: 303 - 314.

[200] Pierre - Antoine Arrighi, Pascal Le Masson and Benoit Weil. Managing Radical Innovation As An Innovative Design Process: Generative Constraints and Cumulative Sets of Rules [J] . Creativity and Innovation Management, 2015, 24 (3): 373 - 390.

[201] Pablos - Heredero C. , Botella J. , Lossantos I. The Effectiveness of Open Innovation Practices: An Application to Efficient Replenishment [J] . Procedia Technology, 2012 (5): 133 - 140.

[202] Parkhe, Arvind, Stanley Wasserman and David A. Ralston. New Frontiers in Network Theory Development [J] . Academy of Management Review, 2006, 31 (2): 560 - 568.

[203] Peppard J and Rylander A. Form Value Chain to Value Network: Insights for Mobile Operators [J] . European Manngement Journal, 2006, 24 (2 - 3): 128 - 141.

[204] Porter, Michael E. Competitive Strategy: Techniques for Analyzing Industriesand Competitors [M] . New York: The Free Press, 1980.

[205] Pfeffer J, Salancik G R. The External Control of Organizations: A Resource Dependence Perspective [M] . New York: Harper & Row, 1978.

[206] Prabakar Kathandaraman, David T. Wilson. The Future of Competition - Value - Creating Networks [J] . Industrial Marketing Management, 2001 (30):

379 - 389.

[207] Robert M. Grant. Toward A Knowledge - Based Theory of the Firm [J]. Strategic Management Journal, 1996, 17 (S2): 109 - 122.

[208] Roger T. A. J. Leenders and Wilfred A. Dolfsma. Social Networks for Innovation and New Product Development [J]. Journal of Product Innovation Management, 2016, 33 (2): 123 - 131.

[209] Rajesh Chandy, Brigitte Hopstaken, Om Narasimhan, and Jaideep Prabhu. From Invention to Innovation: Conversion Ability in Product Development [J]. Journal of Marketing Research, 2006, XLIII: 494 - 508.

[210] Rosenkopf L., Nerkar A. Beyond Local Search: Boundary - Spanning, Exploration, and Impact in the Optical Disk Industry [J]. Strategic Management Journal, 2001, 22 (4): 287 - 306.

[211] Ronald S Burt. Structural Holes: the Social Structure of Competition [M]. Massachusetts: Harvard University Press, 1995.

[212] Raji Srinivasan, Gary L. Lilien, Arvind Rangaswamy, Gina M. Pingitore, Daniel Seldin. The Total Product Design Concept and An Application to the Auto Market [J]. Journal of Product Innovation Management, 2012, 29 (S1): 3 - 20.

[213] Ravindra Chitturi, Rajagopal Raghunathan, & Vijay Mahajan. Delight By Design: the Role of Hedonic Versus Utilitarian Benefits [J]. Journal of Marketing, 2008 (72): 48 - 63.

[214] Rodan S & Galunic C. More Than Network Structure: How Knowledge Heterogeneity Influences Managerial Performance and Innovativeness [J]. Strategic Management Journal, 2004, 25 (6): 541 - 562.

[215] Ruth Mugge and Jan P. L. Schoormans. Newer Is Better! The Influence of A Novel Appearance on the Perceived Performance Quality of Products [J]. Journal of Engineering Design, 2012, 23 (6): 469 - 484.

[216] Roberto Vergant. Design, Meanings, and Radical Innovation: A Metamodel and A Research Agenda [J]. Journal of Product Innovation Management, 2008 (25): 436 - 456.

[217] Richard Normann and Rafael Ramirez. From Value Chain to Value Constellation: Designing Interactive Strategy [J]. Harvard Business Review, 1993, 71

(4): 21 –36.

[218] Rayport J., Sviokla J. Exploiting the Virtual Value Chain [J]. Harvard Business Review, 1995, 73 (6): 75 –85.

[219] Ranjay Gulati. Does Familiarity Breed Trust? the Implications of Repeated Ties for Contractual Choice in Alliances [J]. Academy of Management Journal, 1995, 38 (1): 85 –112.

[220] Ritter T., Gem? Nden H. G. Network Competence: Its Impact on Innovation Success and Its Antecedents [J]. Journal of Business Research, 2003, 56 (14): 37 –58.

[221] Scott F. Turner, Will Mitchell, Richard A. Bettis. Responding to Rivals and Complements: How Market Concentration Shapes Generational Product Innovation Strategy [J]. Organization Science, 2010, 21 (4): 854 –872.

[222] Shu C., Page A. L., Gao S, Et Al. Managerial Ties and Firm Innovation: Is Knowledge Creation A Missing Link? [J]. Journal of Product Innovation Management, 2012, 29 (1): 125 –143.

[223] Smith Blr, Barfield CE. Technology, R&D, and the Economy [M]. Washington, D. C.: the Brookings Institution, 1996.

[224] Suarez F., Utterback J. M. Domiant Designs and the Survival of Firms [J]. Strategic Management Journal, 1995, 16 (3): 415 –430.

[225] Scott K. Radford and Peter H. Bloch. Linking Innovation to Design: Consumer Responses to Visual Product Newness [J]. Journal of Product Innovation Management, 2011, 28 (S1): 208 –220.

[226] Srinivasan R. J. I., G. L. Lilien, A. Rangaswamy, G. M. Pingitore, and D. SELDIN. The Total Product Design Concept and An Application to the Auto Market [J]. Journal of Product Innovation Management, 2012, 29 (S1): 3 –20.

[227] Singh R. P. Entrepreneurial Opportunity Recognition Through Social Networks [M]. New York: Garland Publishing, 2000.

[228] Sigvald J. Harryson, Rafal Dudkowski and Alexander Stern. Transformation Networks in Innovation Alliances – the Development of Volvo C70 [J]. Journal of Management Studies, 2008, 45 (4): 745 –773.

[229] Simmie J., Sennett J. Innovative Clusters and Competitive Cities in the

UK and Europe [C]. Oxford Brookes School of Planning Working Paper, 1999.

[230] Salih Zeki Ozdemir, Peter Moran, Xing Zhong, Martin J. Bliemel. Reaching and Acquiring Valuable Resources: The Entrepreneur's Use of Brokerage, Cohesion, and Embeddedness [J]. Entrepreneurship Theory and Practice, 2016, 1: 49-70.

[231] Sturat, T. E. Network Positions and Propensities to Collaborate: An Investigation of Strategic Alliance Formation in A High-Technology Industry [J]. Administrative Science Quarterly, 1998, 43 (3): 668-698.

[232] Shaker A. Zahra, H. Sapienza & P. Davidsson. Entrepreneurship and Dynamic Capabilities: A Review, Model, and Research Agenda [J]. Journal of Management Studies, 2006 (5): 34-51.

[233] Tsai, Wenpin, Sumantra Ghoshal. Social Capital and Value Creation: the Role of Intrafirm Networks [J]. Academy of Management Journal, 1998 (41): 464-476.

[234] Tichy N., Michael L., Fombrun C. Social Network Analysis for Organizations [J]. Academy of Management Review, 1979, 4 (4): 507-519.

[235] Tan J., Peng M. W. Organizational Slack and Firm Performance During Economic Transitions: Two Studies from An Emerging Economy [J]. Strategic Management Journal, 2003, 24 (13): 1249-1263.

[236] Tortoriello M., Mcevily B., Krackhardt D. Being A Catalyst of Innovation: the Role of Knowledge Diversity and Network Closure [J]. Organization Science, 2015, 26 (2): 423-438.

[237] Utterback Jm, Abernathy W. J. A Dynamic Model of Process, and Product Innovation [J]. Omega, 1975 (33): 639-656.

[238] Utterback J. M. Mastering the Dynamics of Innovation [M]. Boston, MA: Harvard Business School Press, 1996.

[239] Utterback J., Vedin B.-A., Alvoyez E., et al. Design-Inspired Innovation [M]. New York: World Scientific, 2006.

[240] Uzzi B. Social Structure and Competition in Interfirm Networks: the Paradox of Embeddedness [J]. Administrative Science Quarterly, 1997, 42 (1): 17-31.

[241] Uzzi B. The Sources and Consequences of Embeddedness for the Economic Performance of Organizations: the Network Effect [J]. American Sociological Review,

1996, 61 (4): 674 -698.

[242] Utterback J. M., Abernathy W J. A Dynamic Model of Product and Process Innovation [J]. Omega, 1975, 3 (6): 639 -656.

[243] Verna Allee. Reconfiguring the Value Network [J]. Journal of Business Strategy, 2000, 21 (4).

[244] Wu J. F., Shanley M. T. Knowledge Stock, Exploration, and Innovation: Research on the United States Electromedical Device Industry [J]. Journal of Business Research, 2009, 62 (4): 474 -483.

[245] Westergren U, Holmstrom J. Exploring Preconditions for Open Innovation: Value Networks in Industrial Firms [J]. Information and Organization, 2012, 22 (4): 209 -226.

[246] Wal Al T, Alexy O, Block J, et al. The Best of Both Worlds: the Benefits of Open - Specialized and Closed - Diverse Syndication Networks for New Ventures' Success [J]. Administrative Science Quarterly, 2016, 61 (3): 393 -432.

[247] Wynarczyk P, Piperopoulos P, Mcadam M. Open Innovation in Small and Medium - Sized Enterprises: An Overview [J]. International Small Business Journal, 2013, 31 (3): 240 -255.

[248] Wen Z., Marsh H. W., Hau K. T., Structural Equation Models of Latent Interactions: An Appropriate Standardized Solution and Its Scale Free Properties [J]. Structural Equation Modeling, 2010, 17 (1): 1 -22.

[249] Y. HSU. Comparative Study of Product Design Strategy and Related Design Issues [J]. Journal of Engineering Design, 2006, 17 (4): 357 -370.

[250] Yen Hsu. Exploring Design Innovation and Performance: the Roles of Issue Related to Design Strategy [J]. Journal of Engineering Design, 2009, 20 (6): 555 - 569.

[251] Yoo J., and G. L. Frankwick. New Product Development Capabilities and New Product Performances: Moderating Role of Organizational Climate [J]. Journal of Global Scholars of Marketing Science, 2012, 22: 83 -100.

[252] Ziamou P. L., Ratneshwar S. Innovations in Product Functionality: When and Why Are Explicit Comparisons Effective [J]. Journal of Marketing, 2003, 67 (2): 49 -61.

［253］ Zhang D. , P. Hu and M. Kotabe. Marketing – Industrial Design Integration in New Product Development：the Case of China ［J］ . Journal of Product Innovation Management ［J］ . 2011，28 （3）：360 – 373.

［254］ Zaheer A. , Soda G. Network Evolution：the Origins of Structural Holes ［J］ . Administrative Science Quarterly，2009，54 （1）：1 – 31.

［255］ Zhixing Xiao，Anne S. Tsui. When Brokers May Not Work：the Cultural Contingency of Social Capital in Chinese High – Tech Firms ［J］ . Administrative Science Quarterly，2007，52 （1）：1 – 31.

附　录

调查问卷　　　　　　　　NO.

尊敬的先生/女士，您好！

衷心感谢您百忙之中参加此次问卷调研！本问卷调查旨在调研您所在企业产品创新战略的选择和实施问题。请您根据所在企业的实际情况对相关问题做出客观评价。您的答案仅代表您个人对问题的理解，并无对错之分。

我们向您郑重承诺：本问卷获取的数据仅供学术研究使用，调研完全采用匿名的方式，任何显示您身份或企业情况的信息均会被严格保密。

请您完成问卷后通过邮寄、E－mail、微信等方式将问卷反馈给我们，如果您需要相关分析结果，请与我们联系，我们将尽可能为您提供相关信息。

再次感谢您的参与和支持！

一、相关概念界定和说明

首先，本研究对问卷中可能出现的相关理论概念进行界定和说明，以避免问卷填写人员出现理解偏差。

（一）价值网络：企业为创造和整合资源，与相关利益者构成的相互联系和相互合作的价值创造系统和关系网络，其中，既包括供应商、零售商、顾客等纵向价值链成员，也包括竞争者、科研机构、金融机构等横向价值链成员。

（二）网络中心位置：本书采用程度中心度为代表，它主要代表一个企业在价值网络中的整体地位，拥有程度中心度越高，说明该网络成员在网络中的威望和地位越高，也就具有更高的影响力和号召力，从而处于优势位置。

（三）网络中介位置：控制信息流动的中介者，在价值网络中具有信息控制优势和利益先得优势。

（四）网络关系强度：网络成员之间互动的频率、持续时间、互惠程度等。

（五）网络关系质量：网络成员之间相互信任的程度和相互承诺的程度等。

二、公司价值网络相关特征

1. 与本企业存在密切的技术、市场或产品方面合作的企业有哪些？请您详细列举3~5家。

---

2. 请您客观评价贵公司在所处价值网络中的状态和特征。本表采用7级量表：1代表非常不同意，4代表基本认同，7代表非常同意。

请您仔细阅读每一项内容，在适当的数字下面打“√”或标红该数字		
网络关系强度		
A	公司与网络伙伴接触的时间	1 2 3 4 5 6 7
B	公司与网络伙伴接触的频率	1 2 3 4 5 6 7
C	公司与网络合作伙伴交流合作过程中所投入的人、财、物等各种资源	1 2 3 4 5 6 7
D	与创新伙伴合作开展的正式与非正式交流合作的延伸范围	1 2 3 4 5 6 7
E	双方在合作或者交流过程中是否以诚相待并为对方利益考虑	1 2 3 4 5 6 7
网络关系质量		
A	企业与其他网络成员很容易结成联盟	1 2 3 4 5 6 7
B	企业与合作伙伴的合作具有较长的历史	1 2 3 4 5 6 7
C	企业与合作伙伴的合作交流很频繁	1 2 3 4 5 6 7
D	企业与合作伙伴合作过程中彼此信任对方	1 2 3 4 5 6 7
E	企业与合作伙伴都投入了大量的资源维系合作	1 2 3 4 5 6 7
F	企业与合作伙伴之间信息共享的效率和质量较高	1 2 3 4 5 6 7
网络封闭性		
A	企业与不同区域、不同行业和性质的企业产生合作或竞争	1 2 3 4 5 6 7
B	过去三年不断有新的成员企业加入价值网络	1 2 3 4 5 6 7
C	企业与价值网络外的其他企业长期保持联络和关系	1 2 3 4 5 6 7
D	价值网络内部企业间的关系模式基本固化	1 2 3 4 5 6 7
E	价值网络内部企业间的交流和沟通十分频繁	1 2 3 4 5 6 7

三、企业产品创新战略

请您客观评价贵公司有关产品创新战略的问题。本表采用7级量表：1代表非常不同意，4代表基本认同，7代表非常同意。

请您仔细阅读每一项内容，在适当的数字下面打“√”或标红该数字		
技术推动型产品创新战略		
A	关键技术信息对企业产品创新具有重要影响	1 2 3 4 5 6 7
B	产品创新过程中需要有效识别新的技术机会	1 2 3 4 5 6 7
C	产品创新过程中主动响应行业技术变化	1 2 3 4 5 6 7
D	产品创新过程中积极掌握行业内最新技术	1 2 3 4 5 6 7
E	技术创新促进了企业产品持续创新	1 2 3 4 5 6 7
市场拉动型产品创新战略		
A	持续扫描和关注新的市场趋势会促进产品创新	1 2 3 4 5 6 7
B	为了能够及时响应顾客需求必须进行产品创新	1 2 3 4 5 6 7
C	公司对新产品在市场上的竞争产品非常熟悉	1 2 3 4 5 6 7
D	新产品符合本企业客户的消费理念	1 2 3 4 5 6 7
E	新产品符合本企业客户的使用习惯	1 2 3 4 5 6 7
F	新产品开发的市场目标定位范围是新用户	1 2 3 4 5 6 7
设计驱动型产品创新战略		
A	新产品设计过程中注重产品的视觉效果	1 2 3 4 5 6 7
B	新产品的外观设计十分精美	1 2 3 4 5 6 7
C	新产品的设计十分具有吸引力	1 2 3 4 5 6 7
D	新产品的性能很好	1 2 3 4 5 6 7
E	新产品能够满足工作需要	1 2 3 4 5 6 7
F	新产品存在多种用途	1 2 3 4 5 6 7
G	新产品可以帮助本人建立独特的形象	1 2 3 4 5 6 7
H	企业能针对好的机会迅速做出反应	1 2 3 4 5 6 7
I	新产品有助于将本人与大众区分开来	1 2 3 4 5 6 7
J	新产品可以准确地表达或象征本人的成就感	1 2 3 4 5 6 7

四、企业绩效

请您客观评价贵公司的绩效。本表采用7级量表：1代表非常不同意，4代表基本认同，7 代表非常同意。

请您仔细阅读每一项内容，在适当的数字下面打“√”或标红该数字		
企业创新绩效		
A	相比竞争对手，贵企业的新产品开发数量更多	1　2　3　4　5　6　7
B	相比竞争对手，贵企业的新产品产值占销售比重更大	1　2　3　4　5　6　7
C	相比竞争对手，贵企业的新产品开发速度更快	1　2　3　4　5　6　7
D	相比竞争对手，贵企业的新产品上市成功率更高	1　2　3　4　5　6　7
企业市场绩效		
A	新产品的顾客满意度超过本企业的预期	1　2　3　4　5　6　7
B	新产品市场化速度快于传统产品开发时间	1　2　3　4　5　6　7
C	新产品市场化速度快于竞争对手	1　2　3　4　5　6　7
D	新产品市场占有率超过竞争对手	1　2　3　4　5　6　7
企业财务绩效		
A	相比主要竞争对手，企业的新产品销售增长率更高	1　2　3　4　5　6　7
B	相比主要竞争对手，企业的新产品销售回报率更高	1　2　3　4　5　6　7
C	相比主要竞争对手，企业的新产品投资回报率更高	1　2　3　4　5　6　7

五、受访者及公司基本信息

1. 您的职位：

①基层管理人员　　②中层管理人员　　③高层管理人员

2. 您的受教育水平是：

①博士及以上　　②硕士　　③本科　　④本科以下

3. 贵公司的成立时间：________________

4. 贵公司的现有员工人数：____________

5. 贵公司的企业性质：

①国有企业　　②民营企业　　③混合所有制　　④其他

6. 贵公司具体所属行业：______________

7. 贵公司国际化业务范围：____________

后　记

本书是近年来我对全球价值网络理论与企业产品创新的研究成果和集中体现。该书在写作过程中得到了许多同行和朋友的帮助，拙作付梓之际，要特别感谢我家人给予的大力支持，感谢吴晓云教授、迟考勋博士、代海岩博士等在本书写作过程中提供的宝贵建议，同时还要感谢经济管理出版社杨国强、赵天宇两位编辑老师的细心工作和无私帮助。

此外，需要特别说明的是，本书也是以下项目的主要研究成果之一：①教育部人文社科青年项目“企业在设计与技术双重创新网络中的位置差异对产品创新的影响机制研究”（20YJCZH151）；②中央高校基本科研业务费专项资金项目“社会网络资源对设计驱动型产品创新的影响机制研究：以中国应急制造企业为样本”（3142020007）；③河北省软科学研究专项“社会网络资源影响企业创新的三重驱动机制：基于河北省应急装备制造业的实证研究”（20555401D）。

谨以此书献给所有关心、帮助和支持我的人！

王建平

2021 年元月